D1941997

Tilman Gerhardt

Strategie und Struktur in der deutschen Softwareindustrie

Eine industrieökonomische Untersuchung der Unternehmensentwicklung in der Softwarebranche

VVF

UNTERNEHMENSENTWICKLUNG

STRATEGIE ·
ORGANISATION · INFORMATION

Herausgeber:
Prof. Dr. Arnold Picot · Universität München
Prof. Dr. Ralf Reichwald · TU München

Band 13

Die Deutsche Bibliothek - CIP-Einheitsaufnahme

Gerhardt, Tilman:
Strategie und Struktur in der deutschen Software-industrie : eine industrieökonomische Untersuchung der Unternehmensentwicklung in der Softwarebranche / Tilman Gerhardt. - München : VVF, 1992
(Unternehmensentwicklung ; Bd. 13)
Zugl.: München, Univ., Diss., 1991
ISBN 3-88259-923-5

NE: GT

BIBLIOTHEK
der Industrie- und Handelskammer
für München und Oberbayern
Nt 1540/411

© 1992 by Verlag V. Florentz GmbH, 8 München 34, Postfach 34 01 63,
Gabelsbergerstraße 15, 8000 München 2, Tel. 089/285503

Alle Rechte vorbehalten.
Ohne Genehmigung des Verlages ist es nicht gestattet, das Buch oder Teile daraus nachzudrucken oder auf fotomechanischem Wege zu vervielfältigen.

Gesamtherstellung: Fotodruck Frank GmbH, 8000 München 2
Printed in Germany

Inhaltsübersicht

Inhaltsverzeichnis

Abbildungsverzeichnis

Kapitel I

Problemstellung und Vorgehensweise

In den vergangenen Jahren konnte der Softwaremarkt kontinuierlich hohe Wachstumsraten verzeichnen.[1] Dieses Wachstum nimmt sowohl in einer gesamtwirtschaftlichen Betrachtungsweise als auch im Vergleich zu verwandten Märkten eine herausragende Stellung ein.[2] Besonders die Gegenüberstellung der Entwicklung von Hardware- und Softwaremarkt unterstreicht die zunehmende Bedeutung der Software[3]. Trotz des absoluten Wachstums der Ausgaben für Hardware und deren Wartung, verschiebt sich die Ausgabenstruktur innerhalb der elektronischen Datenverarbeitung dergestalt, daß der Softwareanteil inzwischen etwa denjenigen der Hardware erreicht hat und bei anhaltendem Trend zukünftig eine dominierende Stellung einnehmen wird.[4]

Das hohe Wachstum des Softwaremarktes erklärt sich nicht allein durch die Ausbreitung und Weiterentwicklung bestehender DV-Anwendungen. Einen wesentlichen Beitrag leistet die laufende Erschließung neuer Einsatzmöglichkeiten. Einerseits resultiert die Berücksichtigung individueller Anwenderbedürfnisse in marktgetriebenen Innovationen, und andererseits führen technologiegetriebene, softwaretechnische Entwicklungen regelmäßig zu neuen Produkten und Leistungen, die das Leistungsangebot im Softwaremarkt grundlegend verändern können. Die branchentypische hohe Innovationsrate ist somit eine treibende Kraft im strukturellen Wandel des Softwaremarktes.[5]

Neben dem Strukturwandel ist derzeit eine Verschärfung der Wettbewerbssituation in der Softwarebranche[6] zu beobachten. Zahlreiche Übernahmen und beträchtliche Unterschie-

---

1 Vgl. z.B. GMD (1989), S. 19 f.; Streicher (1991), S. 32.

2 Vgl. z.B. IDC (1991), S. 14; Tüschen (1989), S. 2 f.

3 Nach Stahlknecht umfaßt Software die Gesamtheit aller Computerprogramme oder Teile davon (vgl. Stahlknecht (1989), S. 9). Als "Teile" versteht Sneed auch die Dokumentationen und definiert Software schließlich als geistiges Gut, das zum einen aus maschinenlesbaren Befehlen und zum zweiten aus menschenlesbaren Dokumenten besteht (vgl. Sneed (1986), S. 12). Zum typischen Leistungsangebot von Softwareunternehmen zählen jedoch auch Leistungen, die sich nicht in diese Kategorien einordnen lassen, so daß eine weiter gefaßte Definition berechtigt erscheint (vgl. z.B. OECD (1985), S. 63). Eine umfassende Definition findet sich in Kapitel III.

4 Vgl. z.B. IDC (1990), S. 68; Diebold (1990b), S. 7; Schäfer (1990), S. 62 (vgl. auch Kapitel IV, Abschnitt A, Punkt 3).

5 Vgl. z.B. Strunz (1985), S. 282 ff.

6 Unter Softwarebranche wird die Gesamtheit aller Softwareanbieter und das entsprechende marktbezogene Leistungsspektrum verstanden. Branche und Industrie stellen hier Begriffe gleichen Inhalts dar (vgl. Hinterhuber (1982), S. 21). Auch wenn im Schrifttum der Unterschied zwischen Markt und Industrie häufig als marginal eingestuft wird (vgl. z.B. Hanker (1990), S. 84 und S. 87, sowie die dort angegebene Literatur), können hier Akzente gesetzt werden: Während der Begriff Softwaremarkt das Leistungsangebot und die Austauschbeziehungen in den Vordergrund stellt, be-

de bezüglich der Umsatzentwicklung in Softwareunternehmen[7] sind hierfür erste Indikatoren.[8] Tatsächlich dringen zahlreiche neue Anbieter aus angrenzenden, stagnierenden Märkten in die Branche ein. Insbesondere verstärken Hardware- und Beratungsunternehmen ihr Engagement im Softwaremarkt. Darüber hinaus verfolgen etablierte Anbieter aggressive Expansionsstrategien, um eine weltweite Präsenz ihrer standardisierten Produkte zu erreichen. Besonders kleine, auf regionale Märkte beschränkte Anbieter sind durch die veränderte Wettbewerbssituation bedroht.

Die Verschärfung der Wettbewerbssituation und der rapide Strukturwandel machen eine systematische Unternehmensentwicklung[9] im Sinne einer abgestimmten Gestaltung strategischer und organisatorischer Verhaltensmaßnahmen in Softwareunternehmen immer dringlicher. Trotz der Fülle der aktuellen Publikationen zur Thematik der Software, finden sich im Schrifttum hierzu nur wenige Arbeiten. Die Mehrheit der Beiträge beschränkt sich auf die naheliegende Betrachtung von Eigenschaften und Möglichkeiten einzelner Software-Innovationen, führt also eine Momentaufnahme aus der Sicht eines isolierten Anwendungsgebietes bzw. eines Anwenders durch.[10] Es besteht hingegen ein Defizit in der Betrachtung des Softwaremarktes in seiner Gesamtheit, um Rahmenbedingungen für die Gestaltung der Unternehmensentwicklung in Softwareunternehmen zu beschreiben.[11]

A. Zielsetzung der Arbeit

Vor dem Hintergrund des steigenden Wettbewerbsdrucks sowie der Unterschiedlichkeit und der Veränderlichkeit des Softwarespektrums, steht in dieser Arbeit die Frage des Wettbewerbsverhaltens von Softwareunternehmen im Vordergrund. In einer methodisch fundierten Vorgehensweise soll diese Frage aus dem Blickwinkel der gesamten Softwarebranche angegangen werden und zu Ergebnissen führen, die den Gestaltungsrahmen

---

trachtet die Softwarebranche das Marktgeschehen vom Standpunkt der Anbieterseite, d.h. von den Softwareunternehmen.

7 Unter Softwareunternehmen werden hier solche Anbieter verstanden, deren Umsatzanteil an softwarebezogenen Produkten und Leistungen 30 Prozent erreicht (vgl. Kapitel IV, Abschnitt B, Punkt 2). Die "inhouse" betriebene Entwicklungsarbeit der Anwender ist somit explizit nicht erfaßt.

8 Vgl. z.B. Streicher (1991), S. 34.

9 Vgl. z.B. Bleicher (1979), S. 38 f.

10 Vgl. hierzu z.B. die zahlreichen Arbeiten zur Entwicklung von CASE-Werkzeugen (vgl. Kapitel VI, Abschnitt C, Punkt 2)a) und die dort angegebene Literatur), die zum Teil zwar von "CASE-Strategien" sprechen, dabei aber grundsätzlich den Herstellungsprozeß in den Vordergrund stellen und keine gesamtunternehmerischen Konsequenzen im Sinne einer Unternehmensentwicklung betrachten.

11 Eine Ausnahme stellen z.B. Tüschen (1989) und Neugebauer (1985) dar, die sich ausführlich mit dem Aspekt der Unternehmensplanung bzw. des Unternehmensverhaltens befassen.

für branchenspezifische strategische und strukturelle Verhaltensmaßnahmen beschreiben. Die tiefgreifende Analyse der Softwarebranche innerhalb ökonomischer Kategorien ist zentraler Bestandteil der Untersuchung, so daß sich die Zielsetzung der Arbeit in zwei Themenstellungen konkretisiert:

- Ausführliche **Analyse der Softwarebranche** und Erfassung des wettbewerbsrelevanten, branchenspezifischen Umfelds[12] der Softwareunternehmen (Kapitel III und IV).

- Beschreibung eines auf den Analyseergebnissen aufbauenden branchenspezifischen **Gestaltungsrahmens für Strategie- und Strukturvariablen** in Softwareunternehmen (Kapitel V und VI).

Der Gestaltungsrahmen zur Unternehmensentwicklung konzentriert sich in seiner strategischen Komponente auf das Wettbewerbsverhalten von Softwareunternehmen und schließt den Prozeß der Bildung strategischer Ziele, die Strategieformulierung und die Auswahl potentieller Marktsegmente aus. Ausgehend von der Branchenanalyse sollen vielmehr in einem ersten Schritt wettbewerbsrelevante strategische Verhaltensweisen identifiziert werden. In einem zweiten Schritt wird das Wettbewerbsverhalten durch adäquate, strategiestützende Strukturen auf der Ebene der Organisationsgestaltung ergänzt. Dabei stehen die formalen Strukturvariablen der Aufgabenverteilung und der Koordination im Mittelpunkt der Betrachtungen, nicht jedoch die Softwareentwicklung an sich.

B. Gang der Untersuchung

Die Industrieökonomie[13] bietet eine theoretische Basis zur Analyse der Softwarebranche und zur Untersuchung der Unternehmensentwicklung in Softwareunternehmen, da sie sowohl ein Instrumentarium zur systematischen Analyse von Märkten bzw. Branchen besitzt als auch die Wirkungskomplexe Umfeld, Unternehmensstrategie und Organisationsstruktur in Beziehung zueinander setzen kann. In Kapitel II wird die Industrieökonomie als allgemeiner Bezugsrahmen entsprechend der Untersuchungsziele konzeptualisiert. Grundlage des Bezugsrahmens bildet eine wechselseitige und nicht-deterministische Beziehung zwischen Umfeld-, Strategie- und Strukturmerkmalen (vgl. Abbildung 1-1), wie sie im Rahmen des *Struktur-Verhalten-Ergebnis-Konzeptes*[14] erfaßt werden kann. Die

---

12 Vgl. Kapitel II, Abschnitt C, Punkt 2)c) zur Konzeptualisierung des Begriffs Umfeld.

13 Vgl. zur Industrieökonomie ausführlich Kapitel II, Abschnitt A.

14 Vgl. zum Struktur-Verhalten-Ergebnis-Konzept als Weiterentwicklung des *Structure-Conduct-Performance-Paradigm* Kapitel II, Abschnitt B und C.

Synthese dieses traditionsreichen Konzeptes mit dem *Konzept der strategischen Gruppen*[15] bildet die integrierte Untersuchungskonzeption[16], die es ermöglicht, die Unternehmensentwicklung sowohl auf der Ebene der gesamten Branche als auch in ausgewählten Segmenten (strategische Gruppen) zu betrachten.

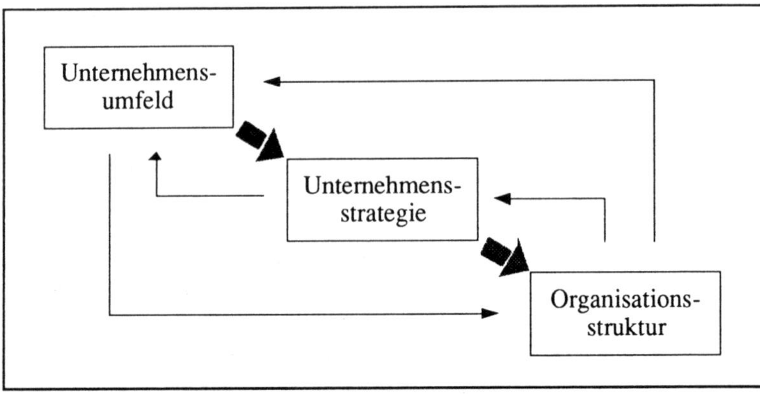

Abb. 1-1: Grundlegende Wirkungsbeziehungen zwischen strategischen und strukturellen Gestaltungsvariablen

Im Anschluß an Kapitel II folgen, wie in Abbildung 1-2 dargestellt, die vier zentralen Kapitel dieser Untersuchung, in denen die Branchenanalyse durchgeführt bzw. der Gestaltungsrahmen entwickelt wird:

- Systematische Strukturierung und Beschreibung des zugrundeliegenden Untersuchungsobjektes **Software** (Kapitel III).
- Ausführliche quantitative und qualitative Analyse der **Softwarebranche** im Rahmen des Instrumentariums der Industrieökonomie (Kapitel IV).
- Ableitungen zum Gestaltungsrahmen der **Unternehmensentwicklung** aus der übergeordneten Sicht der gesamten **Softwarebranche** (Kapitel V).
- Verfeinerung des branchenbezogenen Gestaltungsrahmens der **Unternehmensentwicklung** aus der Perspektive von **Branchensegmenten** (Kapitel VI).

---

15 Vgl. zum Konzept der Strategischen Gruppen Kapitel II, Abschnitt B und C.

16 Vgl. Abbildung 2-6.

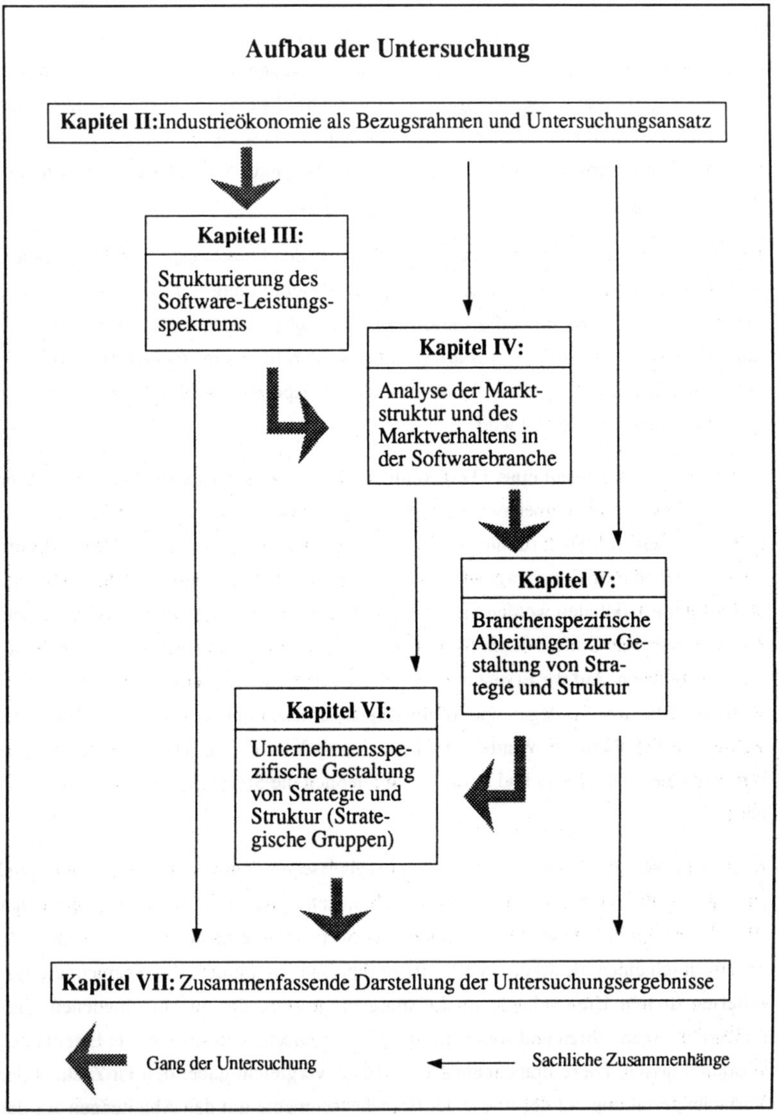

Abb. 1-2: Aufbau der Untersuchung

Die Notwendigkeit eines eigenen Kapitels zur Systematisierung des heterogenen Spektrums softwarebezogener Produkte und Leistungen (Kapitel III) erwies sich erst im Verlauf der Untersuchung. Der Mangel an ausführlicher Literatur und die Vielfalt unterschiedlicher Definitionen unterstreichen die Bedeutung dieses Kapitels als Voraussetzung für die Durchführung einer Branchenanalyse und die darauf aufbauenden Überlegungen zum Gestaltungsrahmen der Unternehmensentwicklung.

Die Branchenanalyse in Kapitel IV beinhaltet neben den branchenspezifischen Rahmenbedingungen eine quantitative und qualitative Beschreibung von Marktstruktur und Marktverhalten im Rahmen des industrieökonomischen Instrumentariums.[17] Die umfangreichen Informationen zur Marktstruktur werden in einem *integrierten Software-Marktmodell* zusammengefaßt, bevor das branchenspezifische Marktverhalten in den wichtigen Merkmalen erfaßt wird.

In Kapitel V erfolgen auf einer übergeordneten Ebene branchenspezifische Ableitungen zur Gestaltung von Unternehmensstrategie und Organisationsstruktur. Die Aussagen mit einer gewissen Gültigkeit für die gesamte Softwarebranche finden auf der Ebene zusammengefaßter Merkmalsausprägungen statt, d.h., Konfigurationen aus Umfeld-, Strategie- und Strukturmerkmalen werden hier kombiniert und auf ihr Zusammenspiel untersucht. Zunächst wird das Umfeld der Softwarebranche typisiert und mit abstrakten Umfeldtypologien verglichen. Auf der Erkenntnisbasis allgemeiner Studien werden anschließend verschiedene bekannte Strategie- und Strukturtypen auf ihre Eignung untersucht. Betrachtet werden die Typologie der Wettbewerbsstrategien nach Porter, die Typologie der Adaptationsstrategien nach Miles und Snow und schließlich die Strukturtypologie nach Mintzberg.[18]

Kapitel VI greift die branchenspezifischen Ergebnisse aus dem vorangegangenen Kapitel auf und verfeinert diese auf der Ebene von Branchensegmenten. Die Segmentierung der Branche erfolgt durch die Unterscheidung der Softwareunternehmen in fünf Typen, die jeweils durch einen idealtypischen Vertreter repräsentiert werden. Als Segmentierungskriterien dienen Unterschiede im Leistungsprogramm, die zu verschiedenen Umfeldbedingungen führen und somit spezifische strategische und strukturelle Eigenheiten vermuten lassen. Diese brancheninterne Analyse vergleicht dabei den Ist-Zustand der Variablengestaltung auf der Ebene der Branchensegmente mit den Ableitungen aus der

---

17 Das Vorgehen der Branchenanalyse orientiert an Oberender (1989), der in einer Sammlung von verschiedenen Branchenanalysen in Rahmen der Industrieökonomie die Hauptgliederungspunkte Marktstruktur und Marktverhalten vorschlägt.

18 Grundlegende Werke dazu sind jeweils Porter (1980), Miles/Snow (1978) und Mintzberg (1979).

Perspektive der Branche. Die Betrachtungsebene der Konfigurationen wird hier verlassen, um anhand einzelner Variablen relevante Gestaltungsmöglichkeiten für einzelne Unternehmen aufzuzeigen.

Abschließend werden in Kapitel VII wichtige Ergebnisse der Untersuchung zusammengefaßt und es erfolgt ein kurzer Ausblick.

C. Empirische Exploration

Eine Branchenanalyse im Rahmen der Industrieökonomie erfaßt branchenspezifische Besonderheiten hinsichtlich Marktstruktur und Marktverhalten, um charakteristische Eigenschaften von Branchen identifizieren zu können. Für den Zweck dieser Untersuchung kann auf unterschiedliche Erhebungen zum Softwaremarkt zurückgegriffen werden.[19] Die Mehrheit der verfügbaren Studien konzentriert sich auf quantitative Erhebungen, so daß diesbezüglich eine aktuelle und umfassende Basis vorhanden ist. Der Schwerpunkt eigener Erhebungen liegt daher auf der Erfassung qualitativer Beschreibungsmerkmale.

Die Beschränkung des Untersuchungsfeldes auf die deutsche Softwarebranche[20] ermöglicht eine detaillierte Analyse aufgrund des engeren Blickwinkels. Die starke Beeinflussung des deutschen Softwaremarktes durch andere nationale Märkte, insbesondere durch die USA, hat jedoch zur Folge, daß wesentliche Strömungen auf dem Weltmarkt der Software indirekt erfaßt werden. Darüber hinaus werden fallweise Vergleiche zu anderen Märkten durchgeführt, um Aufschluß über die Stellung der deutschen Softwarebranche zu erhalten.

Die eigenen Erhebungen fanden in intensiven persönlichen Gesprächen in 14 Softwareunternehmen und 5 Hardwareunternehmen statt (vgl. Abbildung 1-3). Die Mehrzahl der Gespräche lag in den ersten Monaten des Jahres 1990. Basierend auf einer vorgeschalteten Auswertung des verfügbaren schriftlichen Informationsmaterials der besuchten Unternehmen wurde ein umfangreicher Erhebungsleitfaden entwickelt.[21] Mit Hilfe dieses Leitfadens, der gleichzeitig Richtlinie für die Dokumentation der Erhebungsergebnisse war, wurden halbstrukturierte Interviews in den Unternehmen durchgeführt. Die

---

19 Vgl. insbesondere GMD (1989), Input (1991) und (1988), OECD (1985) sowie die in Kapitel IV jeweils angegebene Literatur. Wichtige Informationsquellen bezüglich Erhebungen zum Softwaremarkt sind auch Pressemitteilungen verschiedener Forschungs- und Beratungseinrichtungen.

20 Die geographische Abgrenzung der deutschen Softwarebranche bezieht sich in dieser Arbeit durchgängig auf die Bundesrepublik Deutschland (ohne neue Bundesländer).

21 Eine Darstellung des Erhebungsleitfadens findet sich im Anhang A. Die Ergebnisse der Befragung bilden die Grundlage der Ausführungen des Kapitels IV und finden sich dort entsprechend wieder.

Gesprächspartner waren ausnahmslos langjährige, leitende Mitarbeiter der Unternehmen, so daß die Interviews den Charakter von Expertenbefragungen aufwiesen. Im Anschluß an die Gespräche wurden einheitliche schriftliche Erhebungen zu verschiedenen Schwerpunkten durchgeführt.[22] Häufig wurden im Verlauf der Dokumentation offene Fragen telefonisch geklärt oder in einem erneuten Gespräch diskutiert.

Software-unter-nehmen	SOFTWARE AG (500)*			STRÄSSLE (93)	
	SAP (367)			PDV (91)	
	GEI (175)			GMO (88)	
	PLOENZKE (150)			IKOSS (87)	
	SCS (136)			INTEGRATA (65)	
	SOFTLAB (120)			PSI (65)	
	DAT (93)			SIETEC (51)	
Hardware-unter-nehmen	IBM (792)	DEC (49)	UNISYS (46)	HP (27)	PRIME (?)

* Angaben in Klammern entsprechen dem Umsatz in 1989. Bei den Hardwareunternehmen wurde der Softwareanteil des europäischen Umsatzes geschätzt.

Abb. 1-3: Besuchte Unternehmen[23]

Durch die Beschränkung der Untersuchungsgesamtheit auf große Unternehmen konnte zum einen sichergestellt werden, daß ein größtmöglicher Anteil des Marktvolumens trotz des kleinen Untersuchungsumfangs abgedeckt wurde, und zum anderen wurde eine homogene Untersuchungsgesamtheit gewählt, von der angenommen werden kann, daß eine Unternehmensentwicklung im Sinne dieser Untersuchung Gegenstand der Planung ist.[24]

22 Eine Zusammenstellung des Fragebogens findet sich im Anhang B (vgl. zur Auswertung Abbildung 4-14, 5-1 und 5-2).

23 Vgl. zu den Umsatzangaben der Softwareunternehmen z.B. Lünendonk (1990), o.S., und zu den geschätzten Softwareumsätzen der Hardwareunternehmen z.B. Ovum (1990), S. 11. Von der Berücksichtigung der Siemens AG und der Nixdorf Computer AG wurde aufgrund der laufenden Fusionierung zum Zeitpunkt der Erhebung abgesehen.

24 Die Softwareunternehmen und die Hardwareunternehmen stammen jeweils aus den 20 umsatzstärksten Unternehmen ihrer Branche.

Kapitel II

Theoretischer Bezugsrahmen: Der industrieökonomische Ansatz in der Unternehmensentwicklung

In diesem Kapitel soll die Industrieökonomie als Bezugsrahmen der Untersuchung konzeptualisiert werden. Dieses Unterfangen erfordert eine gewisse Ausführlichkeit, da die Industrieökonomie kein geschlossenes, einheitlich verstandenes Instrumentarium darstellt, sondern in seiner instrumentellen Vielfalt unterschiedlichen Ansprüchen genügen kann. Im Anschluß an die Positionsbestimmung der Industrieökonomie im Theoriegebäude der Wirtschaftswissenschaften, werden dominierende Forschungsansätze vorgestellt, bevor schließlich im dritten Abschnitt die Operationalisierung des Bezugsrahmens auf der Grundlage des Struktur-Verhalten-Ergebnis-Konzeptes erfolgt.

A. Positionsbestimmung der Industrieökonomie in den Wirtschaftswissenschaften

Nach dem heutigen Verständnis läßt sich der Ursprung der Industrieökonomie[1] in die dreißiger Jahre zurückverfolgen.[2] Das traditionsreiche Forschungsprogramm geht dabei maßgeblich auf Mason, und nachfolgend vor allem auf Bain zurück.[3] Bereits die gebräuchliche Bezeichnung eines *Forschungsprogramms der Industrieökonomie*[4] eröffnet jedoch eine in der letzten Dekade häufig geführte Diskussion über **Stellung** und **Stellenwert** der Industrieökonomie innerhalb der Wirtschaftswissenschaften.[5] Führende Wirtschaftswissenschaftler stimmen überein, daß die Industrieökonomie selbst kein eigenes Fachgebiet darstellt, sondern, in Form von "applied economics",[6] vielmehr als Schnittmenge verschiedener Theorien zwischen der Betriebswirtschaftslehre und der

---

1 Industrieökonomie und Industrieökonomik werden hier als Synonyme verwendet.

2 Schmalensee datiert den Ursprung noch weiter zurück, betont aber gleichzeitig, daß die ersten Arbeiten um die Jahrhundertwende ein limitiertes Verständnis des Untersuchungsobjektes einer Industrie hatten, so daß noch nicht von der heutigen Allgemeingültigkeit gesprochen werden kann: "Early writers largely equated 'industrial' with 'manufacturing' and focused markets for manufactured products" (Schmalensee (1987), S. 803).

3 Als grundlegende Werke sind z.B. Mason (1957) und Bain (1959) zu nennen. Ein aktueller und umfassender Überblick zur Industrieökonomie findet sich z.B. bei Williamson (1990) oder bei Reid (1989).

4 Vgl. Fritz (1990), S. 493 f.

5 Vgl. z.B. Ott (1985), S. 319 ff., zur "Ortsbestimmung der Industrie-Ökonomik" oder Scherer (1985), S. 3 ff., zum "Stand und Perspektiven der Industrieökonomik".

6 Diesen Konsens stellt z.B. Kantzenbach in der Generaldiskussion des Ottobeurer Wirtschaftswissenschaftlichen Seminars zum Thema "Industrieökonomik: Theorie und Empirie", September 1984, fest (vgl. Kantzenbach (1985), S. 333).

Volkswirtschaftslehre zum Einsatz kommt.[7] Der Stellenwert einer solchermaßen theoriegeleiteten empirischen Forschung ist, zumindest in der Form des traditionellen *Structure-Conduct-Performance-Paradigm*, umstritten.[8] So spricht Scherer beispielsweise von einem Zusammenbruch dieses zentralen Paradigmas und einer daraus resultierenden "intellektuellen Krise der Industrieökonomik".[9] Demgegenüber sieht Reid gerade in diesem Paradigma ein verkanntes Potential; denn er stellt fest, daß naive Interpretationen den Ansatz der Kritik preisgaben, gleichzeitig aber beispielsweise die Möglichkeiten des Einsatzes statistischer Mittel noch nicht erschöpft wurden.[10] Abbildung 2-1 veranschaulicht das Spannungsfeld, das eine Positionierung der Industrieökonomie durch die Möglichkeit vielschichtiger Ansprüche und Interpretationen erschwert.

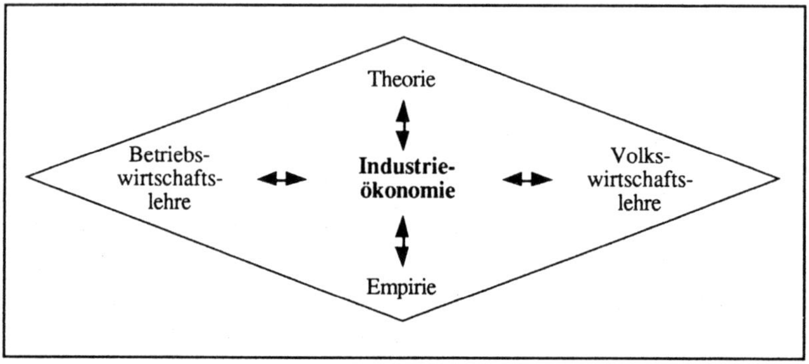

Abb. 2-1: Spannungsfeld der Industrieökonomie

Konsequenterweise führen Unterschiede in Ansprüchen und Interpretationen zu verschiedenen Auffassungen der Industrieökonomie, was wiederum eine einheitliche Positionierung hinsichtlich herrschender Theorien ausschließt. Drei unterschiedliche Einordnungen, die in den vergangenen Jahren in der deutschsprachigen Literatur vertreten wurden, sind im folgenden exemplarisch kurz vorgestellt.

---

7 Vgl. z.B. Neumann (1979), S. 645, und Fritz (1990), S. 494, die die Industrieökonomie als Brücke zwischen der Betriebswirtschaftslehre und der Volkswirtschaftslehre verstehen.

8 Vgl. z.B. Böbel (1984), S. 9 ff., zu einer umfangreichen Zusammenfassung von Kritikpunkten und konzeptionellen Einwänden gegen das *Structure-Conduct-Performance-Paradigm* und allgemein zur Stellung des Industrial Organization zwischen Theorie und Empirie Tirole (1989), S. 3, oder Hay/Morris (1979), S. 6. Vgl. die beiden folgenden Abschnitte zur Verwendung des Paradigmas in dieser Untersuchung.

9 Vgl. Scherer (1985), S. 3.

10 Vgl. Reid (1989), S. 33.

Fritz betrachtet die Industrieökonomie als einen der Wettbewerbstheorie untergeordneten Ansatz und stellt sie unter anderem auf dieselbe Ebene mit (1) dem Konzept des funktionsfähigen Wettbewerbs (Workable Competition), (2) den Ansätzen der Chicago School of Antitrust Analysis, (3) der New Austrian School und (4) dem Gegenmachtskonzept (Concept of Countervailing Power).[11] Inhaltlich setzt Fritz die Industrieökonomie dem angelsächsischen Begriff des Industrial Organization gleich und bezieht sich auf Tirole, der zwei Entwicklungsphasen in der Industrieökonomik unterscheidet: Die erste Phase bezeichnet er als Ära des *Structure-Conduct-Performance-Paradigm*, wohingegen die zweite Phase als vorwiegend theoretisch ausgerichtete "New Theoretical Industrial Organization"[12] bezeichnet wird.[13] Als neue Ansätze der Wettbewerbstheorie, d.h. wiederum auf gleicher Ebene mit der Industrieökonomie, sieht Fritz schließlich das Konzept der Strategischen Gruppen und den Ansatz der Contestable Markets. Die Gleichstellung der Begriffe Industrieökonomie und Industrial Organization sowie die Reduzierung des Industrial Organization auf ihr klassisches Paradigma zeigen die enge Sichtweise und erklären den vergleichsweise untergeordneten Rang, den die Industrieökonomie im Verhältnis zur Wettbewerbstheorie einnimmt.

In seiner "Ortsbestimmung der Industrie-Ökonomik"[14] verfolgt Ott eine Erklärung der Industrieökonomie durch eine Synthese bestehender Theorien. Unabhängig von herrschenden Paradigmen versteht Ott die Industrieökonomie als ein Teilgebiet der Wirtschaftswissenschaften und skizziert diese grafisch als Schnittmenge gleichgewichtiger Anteile von Preistheorie, Wettbewerbstheorie und Unternehmenstheorie.[15] In dieser Reihenfolge bringen die Anteile steigende empirische Komponenten in die Industrieökonomie ein und verursachen somit immanente Spannungen.

In der dritten Positionierung ordnet Oberender die Industrieökonomie innerhalb des Gebäudes der Mikroökonomie ein (vgl. Abbildung 2-2).[16] Oberender versteht die Industrieökonomie als Marktökonomie, d.h. als Markttheorie im weitesten Sinne, die er in eine unternehmensbezogene und eine übergeordnete, industriebezogene Perspektive aufgliedert und dabei "... die eigentlich mehr industriebezogenen Aspekte der Marktphasenentwicklung deshalb unter die Unternehmensperspektive subsumiert, da vornehmlich die

---

11 Vgl. Fritz (1990), S. 492 ff.

12 Vgl. hierzu z.B. Tirole (1989), S. 3.

13 Vgl. Fritz (1990), S. 494.

14 Ott (1985), S. 319.

15 Vgl. Ott (1985), S. 320. Zwischen der Preistheorie und der Wettbewerbstheorie sieht Ott die Unternehmenstheorie als herausragende Basis der Industrieökonomie.

16 Vgl. hierzu und zum folgenden Oberender (1989), S. 1 ff.

davon ausgehenden Effekte auf die Verhaltensweisen der Akteure analysiert werden"[17]. Diese beiden Perspektiven schliessen unter verschiedenen gleichbedeutenden Bezeichnungen das gesamte Theoriegebäude der Industrieökonomie ein. Hervorzuheben ist hierbei die begriffliche Gleichstellung der Industrieökonomie mit den angelsächsischen Bezeichnungen *Economics of Industry* und *Economics of Industrial Organization*, nicht jedoch mit dem *Industrial Organization*, das durch die ausschließliche Industrieperspektive in seiner traditionellen Form des *Structure-Conduct-Performance-Paradigm* einen zu engen Rahmen bildet, um alle Aspekte der Wettbewerbstheorie im Sinne einer Markttheorie erfassen zu können. Die Unterscheidung zwischen Industrieökonomie und dem Industrial Organization im angelsächsischen Sprachgebrauch ist jedoch undeutlich, da das Industrial Organization, verstanden als "Organization of Industry", der hier skizzierten Industrieökonomie sehr nahe kommt.[18]

Abweichend zur Positionierung von Fritz wird bei Oberender die Wettbewerbstheorie der Industrieökonomie innerhalb der Unternehmensperspektive untergeordnet und nicht umgekehrt. Ebenso ist bei Oberender das Konzept der Contestable Markets der Industrieökonomie untergeordnet und wird nicht – wie bei Fritz – auf der gleichen Ebene dargestellt. Trotz vorhandener Parallelen bestehen auch zwischen Oberender und Ott unterschiedliche Auffassungen, die zu verschiedenen Positionierungen führen. Während Ott die Industrieökonomie u.a. aus Teilmengen, d.h. bestimmten Ausschnitten, der Preis- und Wettbewerbstheorie zusammensetzt, stellt Oberender diese beiden Theorien als Untermengen der Industrieökonomie dar und spricht sogar von einem "ordinalen Unterordnungsverhältnis".[19] Die Komponente der Unternehmenstheorie im Erklärungsansatz nach Ott befindet sich bei Oberender außerhalb des Rahmens der Industrieökonomie, beeinflußt diese wiederum jedoch indirekt über Wechselwirkungen zur untergeordneten Wettbewerbstheorie.

Trotz der augenscheinlichen Orientierungslosigkeit und der zahlreichen Einwände, wie etwa einem statischen oder atheoretischen Charakter, beinhaltet die Industrieökonomie wichtige Ansatzpunkte, die sie – wenn auch nicht als eigenständiges Fachgebiet oder als Theorie – als bedeutendes Konzept in der Ökonomie qualifizieren.[20] Ohne hier bereits de-

---

17 Oberender (1989), S. 10.

18 Vgl. z.B. Reid (1989), S. 1.

19 Vgl. Oberender (1989), S. 3.

20 Vgl. z.B. Williamson (1990), S. ix f., der unter *industrial economics* den zentralen Bestandteil der Mikroökonomie versteht.

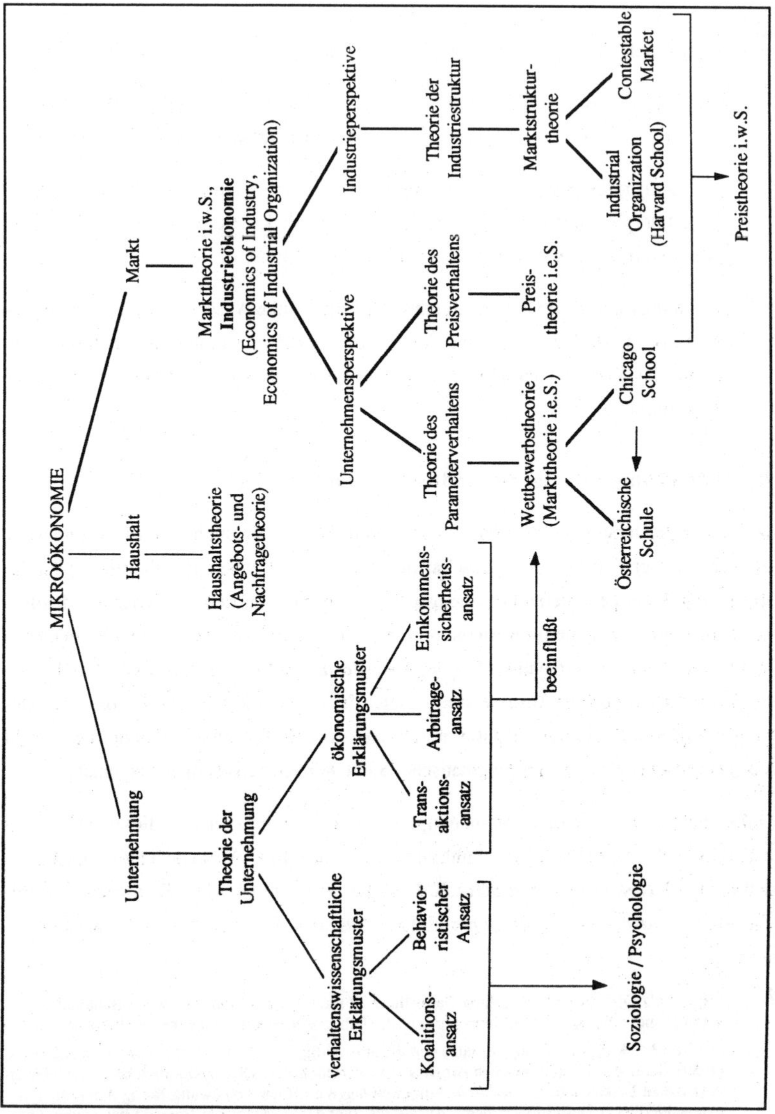

Abb. 2-2: Industrieökonomie im wirtschaftswissenschaftlichen Theoriegebäude[21]

---

21 Darstellung in Anlehnung an Oberender (1989), S. 25.

tailliert auf die Inhalte des Forschungsprogramms einzugehen, läßt sich vorab ein Konsens bezüglich des Anspruchs und der Verwendung der Industrieökonomie formulieren:

- Die Industrieökonomie ist in ihrer Intention ein primär deskriptiver Ansatz zur systematischen Analyse und Beschreibung von Marktstrukturen und Marktverhalten.
- Die Industrieökonomie bietet ein flexibles Instrumentarium, das durch unterschiedliche Interpretationen eine Deskription aus dem Blickwinkel gesamtwirtschaftlicher oder unternehmensbezogener Zielsetzungen durchführen kann.
- Die Industrieökonomie erhält durch weiterentwickelte Ansätze sowohl in der Theorie (z.B. durch den Ansatz der Contestable Markets) als auch in der Praxis (z.B. durch das Konzept der Strategischen Gruppen) wertvolle und zukunftsweisende neue Impulse.

B. Forschungsansätze der Industrieökonomie

Die bisherige Darstellung der Industrieökonomie und die Versuche ihrer Positionierung im Gebäude der wirtschaftswissenschaftlichen Theorien können als inhaltliche Charakterisierung des angedeuteten Forschungsprogramms nicht befriedigen. Hier soll deutlich gemacht werden, daß die Industrieökonomie einerseits über den begrenzten Rahmen des traditionellen *Structure-Conduct-Performance-Paradigm* hinausgewachsen ist und andererseits trotz vielfältiger Ansätze, die zugleich Indikator und Ursache für die Orientierungsmängel sind, dennoch Konturen aufweist, so daß die Industrieökonomie sowohl aus theoretischer als auch aus pragmatischer Sicht wertvolle Instrumente beinhaltet.[22]

Ohne den Rahmen dieser Untersuchung zu sprengen, wird daher in diesem Abschnitt eine Auswahl verschiedene Forschungsansätze vorgestellt.[23] Als bedeutende Ansätze innerhalb der Industrieökonomie faßt z.B. Reid das *Structure-Conduct-Performance-Paradigma*, den *Case Study Approach* und den *Structural Modelling Approach* unter der

---

22 Mit der als Orientierung gedachten Darstellung ist nicht beabsichtigt, den wissenschaftstheoretischen Disput innerhalb des Instrumentariums der Industrieökonomie umfassend zu behandeln.

23 Die Beschränkung auf wenige Ansätze und die notwendige Kürze ihrer Darstellung (vgl. z.B. Reid (1989), der in einer umfangreichen Arbeit acht verschiedener Ansätze ausführlich beschreibt) bieten Ansätze zu Diskussionen: *Inhaltliche* Fragestellungen eröffnen sich zwangsläufig durch die Fülle unterschiedlicher Definitionen, deren Anzahl die Zahl der tatsächlichen Begriffe bei weitem übersteigt (vgl. Scherer (1985), S. 3). Vor allem aber läßt die konzentrierte Zusammenfassung theoretischer Ansätze, die zum Teil als Weltbild oder Ideologie bezeichnet werden müssen, zwangsläufig wesentliche Aspekte unberührt. So kann – je nach Auffassung – der Charakter eines Ansatzes entweder getroffen oder auch verfehlt werden. *Strukturelle* Einwände an der folgenden Aufstellung können insofern entkräftet werden, als die genannten Ansätze nicht als Substitute betrachtet werden dürfen, gleichwohl aber Bestandteile der Industrieökonomie darstellen.

Überschrift "The Dominant Schools" zusammen.[24] In zweifacher Hinsicht können diese Ansätze hervorgehoben werden: Zum einen sind sie häufig rudimentär in andere Ansätze integriert und zum anderen behelfen sie sich selbst der Methoden und Werkzeuge anderer Ansätze. Die instrumentelle Vielfalt der Industrieökonomie kann mit der kurzen Darstellung der dominanten Ansätze nur angedeutet werden. Abschließend wird daher in einem Exkurs auf die Entwicklung der Forschungsansätze in der Industrieökonomie eingegangen, um einen Eindruck ihrer Möglichkeiten zu vermitteln

1. Das Struktur-Verhalten-Ergebnis-Konzept

In seiner klassischen Form untersucht das *Structure-Conduct-Performance-Paradigm*[25] kausale Wirkungsbeziehungen zwischen Marktstruktur, Marktverhalten und Marktergebnis: "Put simply, the content of this approach is that exogenous basic conditions determine market structure and that there is a unidirectional flow of causality from market structure, through conduct, to performance"[26]. Der Marktbezug der genannten drei Komplexe muß hervorgehoben werden; denn im Mittelpunkt der Betrachtungen steht die Gesamtheit einer Branche und nicht ein ausgewähltes Unternehmen.[27] Bezeichnend für den Anspruch, mit dem die Wirkungszusammenhänge betrachtet werden, sind die einleitenden Worte in Bains grundlegendem Werk "Industrial Organization": "My approach to the matters described is essential external and *behavioristic* (...) I do not take an internal approach, more appropriate to the field of management science, such as would inquire how enterprises do and should behave in ordering their internal operations ..."[28].

Während in den ersten Ansätzen vorwiegend mit einfachen, quantifizierbaren Größen gearbeitet wurde, verlagert sich ein Schwerpunkt der jüngeren Untersuchungen stärker auf die Betrachtung der Determinanten selbst und die Überprüfung der umgekehrten

---

24 Als weitere Ansätze nennt Reid (1989) auch (1) die *Marshallian Tradition*, (2) das *Austrian Revival*, (3) den Ansatz des *Workable Competition*, (4) den Ansatz der *Contestabel Markets* und (5) eine Zusammenfassung verschiedener Strömungen unter der Bezeichnung *Organizational View of the Firm*. Reid beschreibt sich selbst als "methodological pluralist" (vgl. Reid (1989), S. 7 und S. 211), indem er alle genannten acht Ansätze als methodisch eigenständig und gleichwertig im Sinne jeweils geeigneter Einsatzgebiete sieht.

25 Als Gründer und Wegbereiter des *Structure-Conduct-Performance-Paradigm* können vor allem Mason (1957) und Bain (1959) genannt werden.

26 Reid (1989), S. 11.

27 So definiert z.B. Bain auch *performance* als gesamtwirtschaftliche Größe: "... performance, that is, in aspects or dimensions which appear to affect importantly the general public welfare." (Bain (1959), S. 2).

28 Bain (1959), S. vii, Hervorhebung im Original.

Kausalität.[29] Diese Differenzierung der Untersuchungsobjekte gilt besonders für die Marktstruktur, tendenziell jedoch auch für das Marktverhalten, und setzt sich von dem ursprünglichen Ansatz Bains über Caves, Koch, Shepherd bis zu Scherer in den achtziger Jahren fort.[30] Nach wie vor sind jedoch (1) Konzentration (Angebots- und Nachfrageseite), (2) Produktdifferenzierung und (3) Markteintrittsbarrieren die wichtigsten Beschreibungsmerkmale der Determinante Marktstruktur.[31] In jeweils angepaßter Form sind sie in allen Ansätzen zu finden.

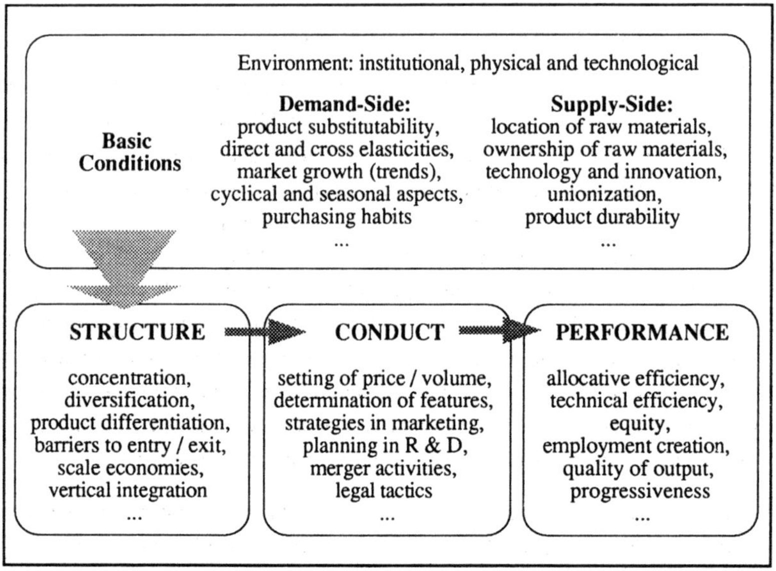

Abb. 2-3: Das *Structure-Conduct-Performance-Paradigm* [32]

Abbildung 2-3 zeigt das Schema des *Structure-Conduct-Performance-Paradigm* mit ausgewählten Determinaten und den grundlegenden Bedingungen der Angebots- und Nach-

29 Vgl. z.B. Harrington (1987), S. 513.

30 Eine Übersicht der Determinanten zu den Ansätzen dieser fünf Vertreter findet sich in Gablers Wirtschaftslexikon, Wiesbaden 1988, Spalte 2521 und 2522. Die Ergänzung der Wirkungskette um die grundlegenden Bedingungen, die in der Ursache-Wirkungsbeziehung der Marktstruktur vorgelagert sind, kann als symptomatisch für die Entwicklung des Paradigmas angesehen werden, die inzwischen mehrere Stufen durchlaufen hat. Vgl. z.B. Scherer (1980), Kapitel I, der diesbezüglich von primären Antriebskräften spricht oder Hanker (1990), Abschnitt 4.2, der hier von Ausgangsbedingungen spricht.

31 Vgl. Neumann (1979), S. 647 oder Böbel (1984), S. 8.

32 Die zusammenfassende Darstellung stützt sich im wesentlichen auf Bain (1959), Reid (1989) und Böbel (1984).

frageseite, die ihrerseits die Martkstruktur bestimmen. Hierbei wurde bewußt die Breite des Spektrums der Determinanten erfaßt. Gerade deshalb ist es möglich, den Ansatz mit verschiedenen Zielvorstellungen einzusetzen, wie dies beispielsweise Böbel und Hanker tun, indem sie einen gesamtwirtschaftlichen bzw. einen eher unternehmensbezogenen Anspruch an den Ansatz erheben.[33] Bewußt soll daher im folgenden mit der Bezeichnung Struktur-Verhalten-Ergebnis-Konzept ein breiterer Rahmen verstanden werden, als ihn das traditionelle Paradigma beschreibt.[34]

2. Das Konzept der Fallstudien

Das Konzept der Fallstudien auf der gleichen Ebene mit dem Struktur-Verhaltens-Ergebnis-Konzept zu behandeln, mag zunächst überraschen. Tatsächlich besteht ein essentieller Unterschied zwischen diesen beiden Ansätzen: Während das Struktur-Verhaltens-Ergebnis-Konzept vordefinierte kausale Wirkungszusammenhänge zwischen bekannten Kategorien voraussetzt, entstehen sowohl die Zusammenhänge als auch die Beschaffenheit der Kategorien im Konzept der Fallstudien durch sukzessive Erhebung und Verfeinerung bisheriger Ergebnisse. Glaser und Strauss beschreiben den Ansatz der Fallstudien als Prozeß der Sammlung detaillierter Fakten mit dem Ziel, ein System aus dynamischen Elementen und Beziehungen zu schaffen.[35] Empirische Erhebung und Konstruktion des Systems sind dabei parallele Schritte, die von einem primär unternehmensbezogenen Standpunkt industrieweite Allgemeingültigkeit zu erreichen versuchen.

Obwohl die iterative Art des Weges und das letztendliche Ziel eines stabilen Zustandes angesichts neuer Daten definiert sind,[36] bestehen weder einheitliche Instrumentarien noch Richtlinien, wie die Schritte zu vollziehen sind. Mit dem Ziel der sukzessiven Verbesserung eines sich entwickelnden Systems muß dem Konzept der Fallstudien methodisch eine Eigenständigkeit zugesprochen werden, die es von der Technik der einfachen Fallbe-

---

33 Hanker (1990), S. 86, spricht von Leistung bzw. dem Ergebnis, das die Unternehmen eines Marktes erzielen, wohingegen bei Böbel (1984), S. 10, nicht von der Summation einzelner Unternehmensergebnisse, sondern vielmehr von gesamtwirtschaftlichen, d.h. ausschließlich marktbezogenen Kenngrößen wie Wachstum und Vollbeschäftigung, aber ebenso von Produktion und allokativer Effizienz, spricht.

34 Der breite Rahmen entsteht automatisch durch die bereits angedeutete Möglichkeit der Verbindung zu anderen theoretischen Ansätzen: "... the structure-conduct-performance approach is enormously flexible, and in some measure can accomodate elements of any of the other approaches ..." (Reid (1989), S. 211).

35 Zum Konzept der Fallstudien vgl. z.B. Glaser/Strauss (1967).

36 Vgl. Reid (1989), der die Anforderungen an die angestrebte Stabilität des Ansatzes klar formuliert: "The theory in its final form, should have no counter examples (...) It should be stable in face of new data, and rich in detail" (Reid (1989), S. 35 f.).

schreibung, d.h. der Explikation anhand eines Beispiels, abhebt. Insbesondere im amerikanischen Raum sind sowohl das Konzept als auch die Technik der Fallstudien stark verbreitet.

Für die Zielsetzung dieser Untersuchung erscheint das Konzept der Fallstudien im Vergleich zum Struktur-Verhalten-Ergebnis-Konzept eine verhältnismäßig aufwendige Alternative, da sowohl die Kategorien als auch die Zusammenhänge zwischen diesen erst sukzessive entwickelt und anhand zahlreicher Fälle überprüft werden müssen. Vielmehr ist es sinnvoll, auf den Ergebnissen vorhandener Untersuchungen im Rahmen des Struktur-Verhalten-Ergebnis-Konzeptes aufzubauen und die bekannten Beschreibungen der Kategorien und Beziehungen dem Bedarf dieser Untersuchung anzupassen.[37]

3. Der ökonometrische Ansatz

Der ökonometrische Ansatz (Structural Modelling Approach) stellt den dritten dominanten Ansatz dar. In seiner Zielsetzung unterscheidet er sich deutlich von den beiden bereits genannten Ansätzen: "The purpose behind industrial econometrics is not to discover what goes on within firms (the province of the case study), or to be able to conclude what policy action is appropriate to correct for market failure (the concern of the structure-conduct-performance approach), but rather to construct estimable econometric models to the industry which generate predictions that can be falsified."[38] Anhand eines möglichst präzisen Abbildes der Elemente und Beziehungen des Marktgeschehens soll also ein *Modell* geschaffen werden, das die Industrie als Ganzes erfaßt und simulieren kann.[39]

Führende Vertreter dieses ökonometrischen Ansatzes, wie beispielsweise Klein oder Geroski,[40] sind immer wieder der Kritik ausgesetzt, daß ihre Modelle nur unvollständig sind und wesentliche Aspekte wie das dynamische oder stochastische Wesen des Marktprozesses nicht befriedigend berücksichtigen können.[41] Der Einsatz moderner Techniken

---

37 Tatsächlich weist Reid darauf hin, daß Mason einer der ersten Wissenschaftler war, der das Konzept der Fallstudien zur Untersuchung einer Industrie vorgeschlagen hatte. Dabei sind die Kategorien *structure*, *conduct* und *perfomance* entstanden und anhand von Fällen überprüft worden (vgl. Reid (1989), S. 211).

38 Reid (1989), S. 3 f.

39 Damit entspricht dieser Ansatz der holistischen Betrachtungsweise, die dem Systemdenken innerhalb der Systemforschung zugrunde liegt (vgl. z.B. Hanssmann (1987), S. 9).

40 Vgl. z.B. Klein (1969) und Geroski/Masson (1987).

41 Eine Auflistung führender Vertreter und zahlreicher Kritikpunkte des industrieökonometrischen Ansatzes findet sich z.B. bei Reid (1989), S. 53 f.

der Informationsverarbeitung erlaubt es jedoch zunehmend komplexere – und damit möglicherweise realitätsnähere – Systeme abzubilden und zu modellieren.[42]

Im Gegensatz zum Konzept der Fallstudien, das von einzelnen Unternehmen ausgeht und sukzessive seinen allgemeinen Erklärungswert steigert, greift der ökonometrische Ansatz aufgrund von a priori festgelegten Spezifikationen die gesamte Industrie als Modell auf und versucht in diesem künstlichen Gebilde Gesetzmäßigkeiten abzubilden, die nicht nur einen Erklärungswert besitzen, sondern auch als Prognoseinstrumente dienen können. Der auf die ausgewählte Industrie gerichtete Blickwinkel der Betrachtungen ermöglicht unmittelbar weder unternehmensbezogene Informationen noch Aussagen über Vergleiche zwischen Industrien. Dies ist anders bei einem fallbezogenen – und somit unternehmensbezogenen – Ansatz des Fallstudienkonzeptes bzw. bei dem Struktur-Verhaltens-Ergebnis-Konzept, das durch die Erfassung von Marktstruktur und Marktverhalten geeignet ist, einen Vergleich zwischen Industrien durchzuführen.

Im Vordergrund dieser Untersuchung steht die systematische Analyse der Softwarebranche und die Beschreibung des Handlungsrahmens zur Unternehmensentwicklung, so daß die Abbildung der Softwarebranche anhand eines ökonometrischen Industriemodells und die Gewinnung von Prognosen aus Simulationen zwar interessante Ergebnisse vermuten läßt, nicht jedoch dem primären Ziel dieser Arbeit entspricht.

Exkurs: Entwicklung der industrieökonomischen Forschungsansätze

Ausgehend von den historischen Ansätzen der Industrieökonomie kann über die dargestellten dominanten Forschnungsansätze ein Bogen bis hin zu neuen Entwicklungen der industrieökonomischen Theorie gespannt werden. Die Entwicklungen neuer Forschungsansätze und die Zusammenhänge zwischen bekannten Ansätzen veranschaulichen die Flexibilität und Vielfalt der Industrieökonomie. Als historische Ansätze können z.B. die *Schule Marshalls* und der *Austrianismus* betrachtet werden, da sie prägenden Einfluß auf die Entwicklung der Industrieökonomie zu Beginn des 20. Jahrhunderts hatten und zum Teil auch heute noch nicht an Aktualität verloren haben. Als Beispiel für neue Ansätze werden in diesem Exkurs schließlich das *Konzept der bestreitbaren Märkte* und das *Konzept der strategischen Gruppen* skizziert.

---

42 Vgl. z.B. Tse/Syed (1990), die anhand eines Expertensystems eine Industriestruktur abbilden und wettbewerbsrelevante Ableitungen durchführen.

Die Schule Marshalls

Durch seine Hauptwerke "Economics of Industry" und "Principles of Economics" bereitete der Nationalökonom Marshall vor über hundert Jahren das Fundament der heutigen Industrieökonomie.[43] Lange Zeit galten für die zentralen Untersuchungsgegenstände und Aussagen der Industrieökonomie: "it is all in Marshall", so daß Reid in Marshall zu Recht den Gründer der Industrieökonomie sieht.[44] Tatsächlich finden sich neben den wissenschaftlich bedeutungsvollen Beiträgen zur Untersuchung des Grenznutzens oder der Elastizität auch Arbeiten, die aus dem Blickwinkel der Industrieökonomie von besonderem Interesse sind. Marshalls breit angelegte Sicht des Wirtschaftsgeschehens und das Bestreben realitätsnaher Annahmen führten in seinen Gleichgewichtsbetrachtungen von Industriestrukturen zu einer *biologischen* und *evolutionären* Sicht der Entwicklung von Unternehmen und somit ganzer Industrien, die Marshall als Menge aller Unternehmen verstand.[45] Mit diesen beiden Attributen stellte Marshall Unternehmen und Industrien als lebendige Systeme dar und untersuchte somit erstmals explizit das Konzept des Lebenszyklusses auf der Ebene von Unternehmen und Industrien. Auch in der Zeit nach Marshall sind die Eigenschaften der biologischen und evolutionären Entwicklung Untersuchungsgegenstand oder Nebenbedingung wirtschaftswissenschaftlicher Forschung. Unter den Begriffen Unvollkommenheit und Dynamik werden ähnliche Fragestellungen auch in der heutigen Theorie intensiv betrachtet.

Es war möglicherweise die ungenügende Reife der technischen Hilfsmittel, die Marshall verleitete, stärker von graphischen als von algebraischen Darstellungsformen Gebrauch zu machen. Im gleichen Maße, in dem die formalen Werkzeuge weiterentwickelt wurden, stieg die Kritik an der Arbeit Marshalls, die heute als "... relatively crude, though undoubtedly suggestive"[46] beurteilt wird. Fraglich ist jedoch, ob der Einsatz formaler Methoden, die tendenziell ein höheres Abstraktionsniveau erfordern, im Sinne Marshalls gewesen wäre, denn, so Whitaker, die Beschreibung der Lehren Marshalls als "... deductive political economy guided by observation"[47] durch Keynes, hat auch heute noch Gültigkeit und trifft die Absicht Marshalls.

---

43 Economics of Industry, erstmals erschienen 1879, und Principles of Economics, erstmals erschienen 1890, wurden zuletzt im Macmillan Verlag, London, verlegt.

44 Vgl. Reid (1989), S. 65.

45 Vgl. zur Interpretation Marshalls z.B. Whitaker (1987), S. 353.

46 Reid (1989), S. 65.

47 Whitaker (1987), S. 353 zur Interpretation Marshalls durch Keynes.

Der Austrianismus

Als zweiter Grundstein der Industrieökonomie kann die Österreichische Schule[48], die als "Austrian Revival"[49] oder als "New Austrianism"[50] derzeit eine Renaissance erfährt, betrachtet werden. Wie die Schule Marshalls hatte auch die Österreichische Schule das Marktgeschehen als zentralen Gegenstand der Betrachtung. Anders als bei Marshall, der Gleichgewichte und Lebenszyklen von Industrien untersuchte, konzentrierten sich die Vertreter der Österreichischen Schule auf die Marktprozesse im Sinne des Wettbewerbsverhaltens der Marktteilnehmer als *Entdeckungsverfahren*.[51] Als Ausgangspunkt ihrer Untersuchungen sahen sie den *Individualismus*, den *Subjektivismus* und die *Unsicherheit* in Marktprozessen bzw. bezüglich der Teilnehmer.[52] Durch diese Grundannahmen lehnten die Vertreter – anders als Marshall – mathematische Modelle ab und arbeiteten vorwiegend mit verbalen Mitteln der Explikation. Kirzner, der sich selbst als Anhänger des Neuen Austrianismus bezeichnet, räumt jedoch ein, daß, obwohl das Gedankengut der alten Tradition aufrecht erhalten werden soll, zahlreiche formale Methoden, wie z.B. Ansätze der Spieltheorie, erfolgreich integriert werden können.[53]

Das Konzept der bestreitbaren Märkte

In gewisser Weise in Fortführung austrianischer Forschungsgedanken, rückt der neue Ansatz der bestreitbaren Märkte (Theory of Contestable Markets) eher das Marktverhalten und weniger die Marktstruktur in den Mittelpunkt der Betrachtungen. Der auf Baumol zurückzuführende Ansatz unterstellt dabei, daß potentielle Konkurrenten einen Markt durch freien Eintritt und kostenlosen Austritt schnell betreten und ebenso schnell wieder verlassen können (Bestreitbarkeit).[54] Die Möglichkeit sogenannter *hit-and-run-Strategien*[55]

---

48 Die Österreichische Schule findet, ebenso wie die Lehren Marshalls, ihren Ursprung in der Volkswirtschaftslehre. Gegründet und geprägt wurde sie durch die Arbeiten von Carl Menger, insbesondere durch sein Werk "Grundsätze der Volkswirtschaftslehre", aus dem Jahre 1871. Friedrich v. Wieser und Eugen v. Böhm-Bawerk waren die ersten Wegbegleiter Mengers. Nach der Entstehungsphase, in der erst durch den "Methodenstreit" die Bezeichnung der Österreichischen Schule entstand, waren es vor allem Friedrich A. v. Hayek und Gottfried v. Haberler, die das Gedankengut aufnahmen und weiterentwickelten.

49 Vgl. z.B. Reid (1989), S. 95 ff.

50 Vgl. z.B. Fritz (1990), S. 496 f.

51 Vgl. z.B. v. Hayek (1968), S. 14.

52 Vgl. z.B. Reid (1989). S. 114.

53 Vgl. Kirzner (1987), S. 149.

54 Vgl. zur Theorie der Contestabel Markets Baumol/Panzar/Willig (1982).

55 Vgl. z.B. Reid (1989), S. 6, S. 142 und S. 143.

kennzeichnet daher das Verhalten der Marktteilnehmer: "Contestable markets are those in which competitve pressures from potential entrants exercise strong constraints on the behaviour of incumbent suppliers."[56]

Für die Bestreitbarkeit der Märkte sind nicht die traditionellen Strukturdeterminanten des Struktur-Verhalten-Ergebnis-Konzeptes wie Konzentration oder Machtverhältnisse entscheidend, sondern vielmehr irreversible oder versunkene Kosten, die für Marktneulinge bei einem Eintritt anfallen und bei einem Marktaustritt nicht wiedergewonnen werden können.[57] Höhe und Art der mit einem Eintritt verbundenen Kosten sind dabei zweitrangig; denn entscheidend für den Verlust erforderlicher Investitionen ist letztendlich die Wiederveräußerbarkeit bei einem Rückzug aus dem Markt.

Obwohl vollständig bestreitbare Märkte in der Realität nicht zu finden sind – was die Vertreter dieses Ansatzes bestätigen – kommt dem Konzept der bestreitbaren Märkte in zweierlei Hinsicht nicht nur theoretische, sondern auch praktische Relevanz zu: (1) Die idealisierte Betrachtung eines vollständig bestreitbaren Marktes stellt eine von Nebenbedingungen befreite Analysegrundlage dar, die als Vergleichsbasis wertvolle Informationen zur Erklärung des herrschenden Marktverhaltens liefern kann, und (2) die Erforschung der Bedingungen, unter denen *hit-and-run*-Strategien möglich sind, kann Aufschluß über ein mögliches zukünftiges Verhalten potentieller und etablierter Wettbewerber geben.[58]

Das Konzept der bestreitbaren Märkte greift auch das Gedankengut Marshalls auf: Die Beschreibung des freien Wettbewerbs in der Schule Marshalls entwickelt sich über die Betrachtung der Funktionsfähigkeit des Wettbewerbs unter Bedingungen der Unvollkommenheit zum Ansatz der *Workable Competition* (competitive norm). Die theoretische und formale Bereicherung derselben Idee, die schließlich Leitidee geworden ist, entwickelt sich über die Betrachtung bestreitbarer Märkte zum Ansatze der *Contestable Markets*. Praktische Bedeutung erlangte diese Leitidee wiederum in verschiedenen "Antitrust-

---

56 Willig (1987), S. 618.

57 Bei den Betrachtungen ist es daher bedeutungslos, ob eine Monopolsituation vorliegt oder nicht (Vgl. z.B. Willig (1987), S. 619).

58 Zum Konzept der Contestable Marktes als Vergleichsgrundlage (Benchmark), vgl. z.B. Willig (1987), S. 618 ff., und zu den Bedingungen der Bestreitbarkeit vgl. z.B. Reid (1989), S. 141 ff. Insbesondere die Softwarebranche kommt mit ihrem Charakter der industriellen Dienstleistung (vgl. Kapitel III) den Anforderungen der vollständigen Offenheit des Marktes durch die vergleichsweise niedrigen Barrieren (vgl. Kapitel IV) nah, so daß, unter Berücksichtigung des Anspruchs "... as the general standard of comparison" (Willig (1987), S. 622) diesem Ansatz sehr wohl eine praktische Relevanz zugesprochen werden muß.

Bewegungen", die z.B. wiederum mit der Entstehung von der *Chicago School of Antitrust* verbunden ist.[59]

Das Konzept der strategischen Gruppen

Das strategische Verhalten sieht Scherer eng mit dem Marktgeschehen einer Industrie gekoppelt, da er Aktion und Reaktion potentieller Konkurrenten als bewußtes Verfolgen von Unternehmenszielen versteht.[60] Die Untersuchung der gezielten Ausnutzung oder gar der Steuerung von Barrieren durch Martkteilnehmer entspricht einem Wandel in den Ansprüchen bzw. der Intention der industrieökonomischen Theorie: Während die ursprüngliche Absicht der Theorie in einer eher gesamtwirtschaftlichen Deskription des Marktverhaltens in Abhängigkeit einer exogenen Marktstruktur lag, gehen moderne Ansätze davon aus, daß wiederum das Marktverhalten die Marktstruktur prägt. Die Fortführung dieses Gedankens ermöglicht die bewußte und gezielte Manipulation der ehemals als gegeben akzeptierten Rahmenbedingungen und eröffnet somit interessante Gestaltungs- und Anpassungsmöglichkeiten auf der Ebene einzelner Unternehmen.

Das Konzept der strategischen Gruppen, das im wesentlichen von Porter entwickelt wurde, bedient sich dieser strategischen Verhaltensweisen, um selbst "Hilfswerkzeug der Strukturanalyse"[61] zu werden. Maßgeblich für die Bildung der Gruppen ist die Übereinstimmung einzelner Unternehmen bezüglich strategischer Verhaltensmuster bzw. deren Indikatoren wie z.B. Spezialisierung und Integration.[62] Mit denselben Methoden der Branchenanalyse können nun "interne Branchenanalysen" durchgeführt werden, die konsequenterweise für Unternehmen innerhalb dieser Gruppe erhöhten Erklärungswert besitzen.[63] Da die Wettbewerbskräfte, die das Marktgeschehen einer Branche bestimmen, eine Übermenge derjenigen sind, die das direkte Umfeld einer strategischen Gruppe bestimmen, kann angenommen werden, daß ebenso die Menge der zur Verfügung stehenden strategischen Alternativen einen Ausschnitt des gesamten, branchenbezogenen Maßnahmenspektrums darstellt (vgl. Abbildung 2-4).

---

59 Vgl. z.B. Hay (1987), S. 110.

60 Vgl. Scherer (1985), S. 11.

61 Porter (1980), S. 178; vgl. allgemein zum Konzept der Strategischen Gruppen Porter (1980), S. 177 ff.

62 Vgl. z.B. Trux/Müller-Stewens/Kirsch (1988), S. 90; Hinterhuber (1982), S. 115.

63 Vgl. Porter (1985), S. 301.

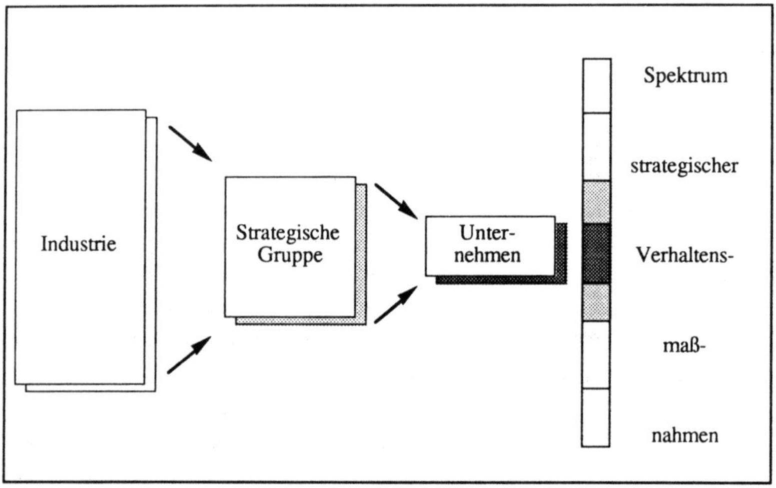

Abb. 2-4: Das Konzept der strategischen Gruppen

Mit der Positionierung der strategischen Gruppe zwischen Anbietergesamtheit und einzelnen Unternehmen wird der Blickwinkel der Betrachtung des Umfeldes aus der Sicht des Unternehmens von der Industrieperspektive auf eine übergeordnete strategische Gruppe fokussiert.[64] Die Reduktion der Vielfalt strategischer Verhaltensmaßnahmen unterstreicht die betriebswirtschaftliche Relevanz dieses Konzeptes, so daß Fritz grundsätzlich zugestimmt werden kann: "Das Konzept der strategischen Gruppen verknüpft die Betrachtungsebene der Marktstruktur mit der des strategischen Managements und des Unternehmenserfolgs."[65]

C. Industrieökonomie als Instrument der Unternehmensentwicklung

Seit der populären These Alfred Chandlers "Structure follows Strategy"[66] beschäftigten sich zahlreiche konzeptionelle und empirische Studien mit dem Zusammenhang zwischen Strategie und Struktur. In verschiedenen Variationen wurde die These dabei tendenziell eher bestätigt.[67] Gemeinsamer Ausgangspunkt dieser Arbeiten ist häufig das traditionelle *Structure-Conduct-Performance-Paradigm*, das primär gesamtwirtschaftliche Zusammen-

---

64 Vgl. z.B. Trux/Müller-Stewens/Kirsch (1988), S. 91, zur Dekomposition der Unternehmensposition innerhalb strategischer Gruppen

65 Fritz (1990), S. 498.

66 Vgl. Chandler (1962), S. 15.

67 Vgl. z.B. Miller (1986), S. 233.

hänge zwischen quantitativen Determinanten der Marktstruktur und des Marktverhaltens auf der einen Seite und den Variablen des Marktergebnisses auf der anderen Seite untersucht.[68]

In den achtziger Jahren wurde dieses traditionelle Verständnis der Industrieökonomie jedoch durch die Verbindung mit managementorientierten Ansätzen weiterentwickelt.[69] Insbesondere im angelsächsischen Schrifttum finden sich zahlreiche Arbeiten, die auf dem ursprünglichen Verständnis des Paradigmas aufbauen und es zu einem umfassenderen *Struktur-Verhalten-Ergebnis-Konzept* erweitern.[70] Ein gemeinsames Ziel ist die Nutzbarmachung der Erkenntnisse von Markt- bzw. Branchenanalysen für die individuelle Unternehmensentwicklung, indem Unternehmensumfeld, Unternehmensstrategie und Organisationsstruktur in Beziehung zueinander gesetzt werden. Die vorliegende Untersuchung knüpft an diese Weiterentwicklung an und berücksichtigt insbesondere jüngere amerikanische Forschungsergebnisse.[71]

1. Das Struktur-Verhalten-Ergebnis-Konzept und das Konzept der Strategischen Gruppen als theoretischer Bezugsrahmen

Grundlage des Bezugsrahmens ist das Struktur-Verhalten-Ergebnis-Konzept, indem es die zu definierenden Wirkungskomplexe in Beziehung zueinander setzt. Um die branchenbezogene Sichtweise dieses Konzepts und die Perspektive der Unternehmen zu verbinden, kann das Konzept der Strategischen Gruppen in das Struktur-Verhalten-Ergebnis-Konzept integriert werden. Die branchenbezogenen Analyseergebnisse aus dem ersten Schritt lassen sich so durch eine zweite, brancheninterne Analyse auf der Ebene von Branchensegmenten verfeineren.[72]

---

68 Vgl. z.B. Bain (1959), S. 3, der bewußt auch den Komplex *Market-Conduct* als Determinante beschreibt.

69 Interessante Impulse gingen insbesondere von den vielbeachten Arbeiten Porters zur Wettbewerbsstrategie aus (vgl. z.B. Porter (1980) oder (1985)).

70 Vgl. z.B. Dess/Ireland/Hitt (1990) zu einer allgemeinen Übersicht von 40 Studien.

71 Zu den Wirkungszusammenhänge der Komplexe liegen zahlreiche theoretischen und empirischen Arbeiten vor. Als jüngere theoretische Arbeiten fanden insbesondere Mintzberg (1991), Miles/Snow (1986), Miller (1986), Ginsberg (1984), Venkatraman/Camillus (1984), Bourgeois (1980), Porter (1980), Mintzberg (1979), sowie Miles/Snow (1978) Beachtung. Bei empirischen Arbeiten wurde insbesondere auf Segev (1989), Hambrick (1988), Miller (1988), Keats/Hitt (1988), Miller/Dröge/Toulouse (1988), Miller (1987) sowie Miller/Friesen (1986a) und (1986b) zurückgegriffen.

72 Vgl. Abbildung 2-6 zur Darstellung des Untersuchungsansatzes im industrieökonomischen Bezugsrahmen. Zur Erklärung der beiden Konzepte vgl. Punkt a) und b) unter diesem Punkt.

a) Das Struktur-Verhalten-Ergebnis-Konzept als Untersuchungsgrundlage

In der engen Sichtweise des oben skizzierten traditionellen *Structure-Conduct-Performance-Paradigm*[73] kann der Ansatz des Struktur-Verhalten-Ergebnis-Konzepts mit dem Ziel einer Beschreibung des Gestaltungsrahmens strategischer und struktureller Variablen nicht unmittelbar eingesetzt werden.[74] Die erforderliche Operationalisierung dieses Ansatzes orientiert sich vor allem an den Arbeiten Millers.[75] Vorausschickend umreißen Millers Grundannahmen auch den hier gewählten Bezugsrahmen:

> "... there are ties that unite strategy and structure; that given a particular strategy there are only a limited number of suitable structures and vice versa. (...) We believe that elements of structure cohere within common configurations, as do those of strategy. Furthermore, these configurations are themselves interlinked in that there are natural congruences between particular strategic, structural, and indeed environmental configurations."[76]

In diesem Verständnis verdeutlicht Abbildung 2-5 die Herleitung der dieser Arbeit zugrundeliegenden Interpretation des Struktur-Verhalten-Ergebnis-Konzepts aus dem traditionellen *Structure-Conduct-Performance-Paradigm*. Sowohl hinsichtlich der *Wirkungskomplexe* als auch bezüglich der *Wirkungsbeziehungen* muß hier unterschieden werden.

Das **Unternehmensumfeld** setzt sich aus den traditionellen Marktstrukturvariablen und den *grundlegenden Bedingungen* zusammen, wie Abbildung 2-5 zeigt. Bereits in der ursprünglichen Form des *Structure-Conduct-Performance-Paradigm* waren die grundlegenden Bedingungen erfaßt, indem sie die Marktstruktur als vorgelagerte Determinanten be-

---

73 Zur Darstellung der engen Sichtweise des *Structure-Conduct-Performance-Paradigm* vgl. Abschnitt B, Punkt 2)a).

74 Ausgangspunkt der Anpassung des Paradigmas ist nicht seine ursprüngliche Form nach Mason oder Bain (Vgl. Abschnitt B, Punkt 2), sondern vielmehr der Ansatz Chandlers, der die Komponente *Conduct* in die populäre Beziehung "structure follows strategy" zergliedert hat (Vgl. Chandler (1962)). Darauf aufbauend orientiert sich der Bezugsrahmen an den jüngeren Arbeiten Millers (hier insbesondere Miller (1986), (1987) und (1988)), der Interdependenzen der strategischen und strukturellen Variablen nicht isoliert, sondern in Konfigurationen betrachtet und die Wirkungszusammenhänge dieser beiden Blöcke nicht als unidirectional, sondern als wechselseitige Beziehungen versteht.

75 Als für diese Arbeit grundlegend sind insbesondere Miller (1988), (1987) und (1986) zu nennen. Diese grundsätzliche Orientierung an den oben genannten Arbeiten Millers bedeutet keine ausschließliche Limitierung auf die Ergebnisse seiner Arbeiten, ermöglicht aber, die Vielzahl konträrer Aussagen innerhalb dieses Forschungsgebietes von einer konsistenten Basis aus zu betrachten.

76 Miller (1986), S. 234 f.

einflussen.[77] Als Erklärung für verschiedene quantitative Größen der Marktstruktur mag diese indirekte Berücksichtigung der grundlegenden Bedingungen genügen. Ihr möglicher Einfluß auf das Marktverhalten außerhalb der Beschreibungsmöglichkeiten rein quantitativer Marktstrukturgrößen darf jedoch nicht ausgeschlossen werden. Gerade die Software zeichnet sich durch Besonderheiten in den Leistungsmerkmalen – wie beispielsweise einem hohen Informationsgehalt oder den verschiedenen Eigenschaften des Spektrums zwischen Dienstleistungen und Produkten – aus, so daß bei einer brancheninternen Betrachtung die klassischen quantitativen Marktstrukturgrößen allein ungenügend sein können.[78] Marktstrukturmerkmale und die *grundlegenden Bedingungen* ergänzen sich daher zu einer integrierten Betrachtung des Unternehmensumfeldes.

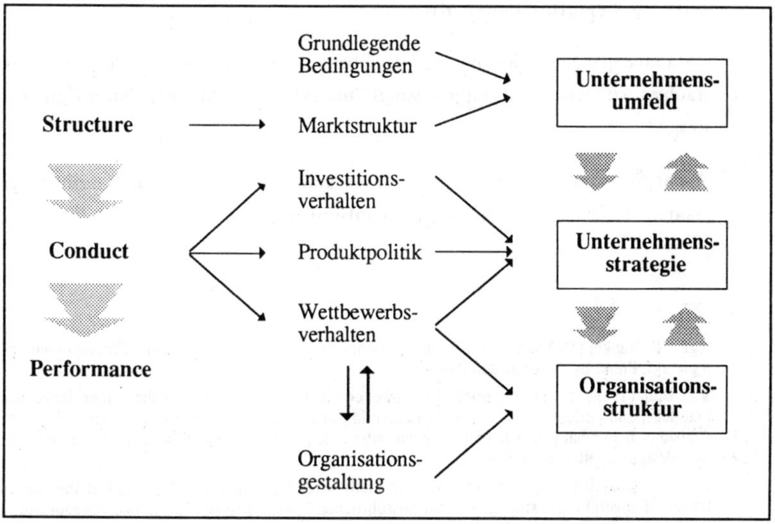

Abb. 2-5: Das Struktur-Verhaltens-Ergebnis-Konzept innerhalb der Untersuchung

Unternehmensstrategie und **Organisationsstruktur** leiten sich aus dem Komplex *conduct* des klassischen Paradigmas ab. Nach heutigem Verständnis, läßt sich *conduct* z.B. durch die Bereiche Wettbewerbsverhalten, Produktpolitik und Investitionsverhalten

77 Vgl. Bain (1959), S. 44 ff. Zur Bedeutung der "intrinsic market structure variables" als grundlegenden Bedingungen vgl. z.B. Schmalensee (1987), S. 803 f. Zur ausführlichen Darstellung des Komplexes Unternehmensumfeld vgl. Punkt a) im folgenden Abschnitt.

78 Vgl. Kapitel III zur ausführlichen Beschreibung dieser Merkmale.

beschreiben.[79] Auf das Element Organisationsgestaltung wird im klassischen Modell nicht explizit eingegangen.[80] Vielmehr erfolgt die Untersuchung der adäquaten Grundstrukturen häufig in Verbindung mit den ermittelten strategischen Verhaltensmaßnahmen in einem zweiten Schritt und beschränkt sich dann auf die Betrachtung grober Strukturkriterien.[81]

Abweichend vom Verständnis des traditionellen *Structure-Conduct-Performance-Paradigm* lassen sich drei wesentliche Punkte zusammenfassen, um die **Wirkungsbeziehungen** zwischen den Komplexen für die vorliegende Untersuchung zu beschreiben:[82]

- Wirkungsbeziehungen sind nicht einseitig, sondern bilateral im Sinne sich **wechselseitig beeinflussender** Komplexe.[83]
- Zusammenhänge werden nicht auf der Ebene isolierter Merkmalsausprägungen betrachtet, sondern im Zusammenspiel "**natürlicher" Merkmalskonfigurationen**.[84]
- Abhängigkeiten zwischen den Komplexen stellen keine funktionale Beziehung dar, sondern beschreiben **kongruente Konfigurationen**.[85]

---

79 Vgl. z.B. Hanker (1990), S. 114. Zur ausführlichen Darstellung des Komplexes Unternehmensstrategie vgl. Punkt b) im folgenden Abschnitt.

80 Vgl. Bain (1959), S. 266: "In brief, the market conduct of sellers concerns the composite of 'acts, practices, and policies' of sellers used in arriving at and in some way coordinating their several decisions as to what prices to charge, what outputs to produce, what selling costs incur what product designs to offer, an so forth."

81 Vgl. z.B. Chandler (1962), S. 14, wo festgestellt wird: "... structure is the result of the concentration of several basic strategies." Zur ausführlichen Darstellung des Komplexes Organisationsstruktur vgl. Punkt c) im folgenden Abschnitt.

82 Vgl. zu diesem Verständnis der Wirkungsbeziehungen z.B. Miller (1988), S. 282 f.

83 Aus diesen wechselseitigen Beziehungen ergibt sich demnach nicht nur eine Wirkungsbeziehung des Unternehmensumfeldes auf die Organisationsstruktur, sondern auch eine umgekehrte Wirkung (vgl. zur Bewältigung *und* Manipulation des Unternehmensumfeldes z.B. Smeltz/Miller (1988)). Wesentlich ist ebenso, daß die Organisationsstruktur direkte Einwirkung auf die Strategie besitzt. Dies kann z.B. durch die Berücksichtigung interner Kontextfaktoren wie z.B. der Größe oder dem Alter der Unternehmung erfolgen (vgl. zu den *Organizational Characteristics* z.B. Segev (1989), S. 504).

84 Vgl. z.B. Miller (1986), S. 235 f., der hier von "common configurations" spricht. Vgl. allgemein zum Begriff der *configuration* z.B. Mintzberg: "... a configuration is an image whose pieces all fit neatly together" (Mintzberg (1991), S. 56). Zu empirisch ermittelten Konfigurationen und Kombinationen dieser Konfigurationen vgl. z.B. Miller/Friesen (1978) und (1980) sowie Miller (1981), (1982), (1986) und zum allgemeinen Verständnis von Konfigurationen z.B. Niemeier (1986), S. 22 ff. und S. 30 ff.

85 Vgl. z.B. Child (1972), S. 1 ff. oder Whittington (1988), S. 529 ff., die diese Alternativen als "strategic choice" untersuchen, womit wiederum alternative Organisationsstrukturen denkbar sind.

Die Beschränkung auf einseitige Wirkungsbeziehungen und die unterstellte Kausalität zwischen den Komplexen sind die ältesten Kritikpunkte am traditionellen *Structure-Conduct-Performance-Paradigm*. Seit langem wird anerkannt, daß sowohl die Organisationsstruktur als auch die Unternehmensstrategie prägenden Einfluß aufeinander haben und gleichzeitig das Unternehmensumfeld prägen. Neben dieser Relativierung der externen Abhängigkeiten[86] zeichnet sich der verwendete Ansatz auch dadurch aus, daß keine atomistische Perspektive gewählt wird, sondern, daß die Beziehungen zwischen den Komplexen Unternehmensumfeld, Unternehmensstrategie und Organisationsstruktur auf der Ebene von Konfigurationen (auch Gestalten oder Archetypen genannt) von Merkmalen betrachtet werden.[87] Die Zusammenfassung von natürlicherweise gemeinsam auftretenden Merkmalsausprägungen (common configurations) innerhalb der Komplexe Unternehmensumfeld, Unternehmensstrategie und Organisationsstruktur zu Konfigurationen zeigt tendenziell stärkere Zusammenhänge zwischen den drei Komplexen als die isolierte Betrachtung einzelner Ausprägungen.[88] Schließlich stellen die Beziehungen zwischen den Komplexen keinen funktionalen Imperativ dar, sondern entsprechen vielmehr zusammengehörigen, nicht eineindeutigen Kombinationen der Konfigurationen (natural congruences).[89]

Die Untersuchung der Beziehungen zwischen Umfeld, Strategie und Struktur sowie der Ausgangspunkt der Branchenanalyse stellen eine Assoziation zu den Arbeiten in der Tradition der Kontingenztheorie bzw. des situativen Ansatzes der Organisationstheorie her.[90] Abgesehen von der Konkretisierung der situativen Bedingungen durch die Branchenanalyse weicht die vorliegende Untersuchung jedoch in zwei wesentlichen Punkten von dieser Tradition ab: Zum einen werden die Beziehungen nicht als Wirkungskette nach dem "Wenn-Dann-Schema" verstanden und zum anderen beziehen sich die Wirkungszusammenhänge nicht auf isolierte Variablen der jeweiligen Komplexe. Wie bereits darge-

86 Vgl. hierzu z.B. Niemeier (1986), S. 3.

87 Dabei sind die Konfigurationen nicht notwendigerweise a priori endgültig festgelegt, sondern können im Verlauf der Untersuchung entwickelt werden.Vgl. zur Abgrenzung von Konfigurationen, Typen und Taxonomien z.B. Niemeier (1986), S. 30 ff.

88 Vgl. z.B. Hambrick (1988), S. 113.

89 Vgl. Miller (1986), S. 236. Zur Aufteilung eines solchen Gestaltungsspielraums strategischer Variablen vgl. z.B. Lawless/Finch (1989), S. 352, die feststellen, daß unterschiedliche Konstellationen aus Umfeld und Strategie verschiedene Handlungsräume aufweisen (defender/cost-leader: low strategic choice & high environmental determinism; differentiation/focus-prospector: high strategic choice & low environmental determinism). Ebenso wie für die Strategie-Umfeld-Beziehung gilt dieser Spielraum auch für die kontextbezogene Gestaltung der Organisationsstruktur (Vgl. z.B. Bock (1986), S. 69).

90 Vgl. z.B. Staehle (1990), S. 437, wo die Bedingtheit (contingency) von Faktoren und Situationen gleichgestellt wird.

legt, werden die Komplexe hier vielmehr als Konfigurationen[91] von Merkmalen verstanden, zwischen denen jeweils wechselseitige Wirkungsbeziehungen bestehen.[92] Das Grundprinzip des Gestaltungsrahmens zur Unternehmensentwicklung ist damit gleichbedeutend mit der Beschreibung und fallbezogenen Präzisierung zusammengehöriger Konfigurationen der drei Komplexe.[93]

b) Integration des Konzepts der Strategischen Gruppen in den Untersuchungsansatz

Die wettbewerbstheoretischen Arbeiten Porters fanden seit Beginn der achtziger Jahre große Beachtung in Theorie und Praxis.[94] Trotz unterschiedlicher Wertschätzungen der Arbeiten seitens der Wissenschaft[95] bleibt unbenommen, daß auf umfassende Weise Grundelemente der Industrieökonomie mit der Managementlehre bzw. der Lehre der Unternehmensstrategie verbunden wurden.[96] Mit der Integration des Konzepts der Strategischen Gruppen in das Struktur-Verhalten-Ergebnis-Konzept läßt sich die von Kantzenbach geforderte Annäherung zwischen Industrieökonomie und betriebswirtschaftlichen Ansätzen vollziehen.[97]

Während sich das Struktur-Verhalten-Ergebnis-Konzept auf der Ebene der Branchen bewegt – also einen *Inter-Industrie-Vergleich* durchführt – analysiert das Konzept der Strategischen Gruppen Anbietergruppen innerhalb einer Branche und führt somit einen *Intra-Industrie-Vergleich* durch.[98] Zur Bildung strategischer Gruppen sind die Dimensio-

---

91 Vgl. z.B. Niemeier (1986), S. 22 ff., oder Kapitel II, Abschnitt C, Punkt 1)a) in dieser Arbeit.

92 Vgl. zur "erweiterten Konfigurationshypothese" z.B. Niemeier (1986), S. 135, wo festgestellt wird, daß zwischen den drei Elementen Umwelt, Strategie und Struktur Abhängigkeiten bestehen (Kongruenzhypothese), die auf der Ebene von intern konsistenen Merkmalsausprägungen (Konfigurationshypothese) betrachtet werden können.

93 Vgl. z.B. Miller (1986), S. 235 ff., der hier in einer konzeptionellen Arbeit Merkmalskonfigurationen auf den Ebenen Unternehmensumfeld, Unternehmensstrategie und Organisatonsstruktur bildet und diese zu zusammengehörigen Tripeln kombiniert.

94 Vgl. insbesondere Porter (1980) und (1985).

95 Kritik übt beispielsweise Kreikebaum, indem er anmerkt, "... daß zahlreiche inhaltliche Aussagen höchstens den Charakter von mehr oder minder plausiblen Hypothesen haben, die weder schlüssig aus Modellen abgeleitet noch durch empirische Untersuchungen gestützt werden" (Kreikebaum (1989), S. 66). Dagegen sieht Minderlein in Porters Arbeit eine konzentrierte Ergebnispräsentation: "Dieser Verzicht auf die Darlegung der jeweiligen theoretischen Grundlagen bzw. des industrieökonomischen Hintergrunds wird von uns wohlgemerkt *nicht* als ein Defizit gewertet. Vielmehr sehen wir darin eine geradezu genial vereinfachende Komplexitätsreduktion" (Minderlein (1988), S. 2, Hervorhebung im Original).

96 Vgl. z.B. Minderlein (1988), S. 2.

97 Vgl. zur theoretischen Kooperation Kantzenbach (1985), S. 333, und zum Konzept der Strategischen Gruppen Porter (1985), S. 301 ff.

98 Vgl. z.B. Porter (1980), S.180.

nen der Wettbewerbsstrategie maßgeblich. Insbesondere werden die Ausprägungen bezüglich der Dimensionen Spezialisierung (Spannweite des Leistungsspektrums), die vertikale Integration oder das Innovationsverhalten herangezogen.[99] Die primär nach unternehmensbezogenen Gliederungskriterien gebildeten strategischen Gruppen bedürfen jedoch einer Erweiterung, um Ausgangspunkt einer internen Branchenanalyse zu sein. Im Sinne einer Branche als Gesamtheit abgegrenzter, zusammengehöriger Angebots- und Nachfrageseiten muß auch die Aufgliederung einer Branche beide Seiten umfassen, so daß die Beschränkung auf unternehmensinterne Strategievariablen als Unterscheidungskriterium nicht sinnvoll ist.

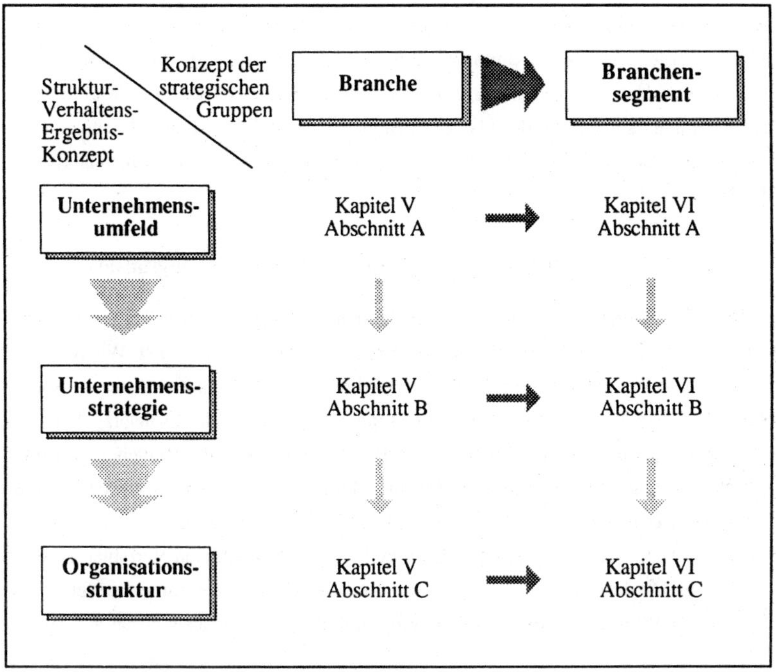

Abb. 2-6: Integrierte Untersuchungskonzeption

Die Berücksichtigung des Konzepts der strategischen Gruppen erfolgt daher über die Bildung von **Branchensegmenten**, indem jedes Segment selbst eine Kombination strategisch vergleichbar handelnder Unternehmen *und* dem dazugehörigen Marktsegment

---

99 Vgl. z.B. Kirsch (1990), S. 284; Hinterhuber (1982), S. 115; Porter (1980), S. 179.

ist.[100] Als Segmentierungsvariablen können dann verschiedene Varianten gewählt werden, die einen prägenden Einfluß auf die Wettbewerbsstrategie besitzten.[101] Von besonderer Bedeutung ist dabei die Produktvariante, die auch in der vorliegenden Untersuchung angewandt wird.[102]

Im Anschluß an die Branchensegmentierung kann eine Branchensegmentanalyse prinzipiell entweder mit dem selben Instrumentarium der Branchenanalyse durchgeführt werden oder aber die Ergebnisse der übergeordneten Branchenanalyse werden auf die Branchensegmente übertragen und dort interpretiert.[103] Die Übertragung der branchenbezogenen Ergebnisse auf die Branchensegmente entspricht der hier verfolgten Integration des Konzepts der Strategischen Gruppen in das Struktur-Verhalten-Ergebnis-Konzept. Abbildung 2-6 verdeutlicht den Zusammenhang der beiden industrieökonomischen Konzepte als *integrierte Untersuchungskonzeption*: Zunächst erfolgen Analyse und Beschreibung des Gestaltungsrahmens auf der Ebene der Branche (Kapitel V). Daran schließt sich die Detaillierung der gewonnen Ergebnisse auf der Ebene von Branchensegmenten an (Kapitel VI).

2. Das Umfeld-Strategie-Struktur-Tripel im Untersuchungsansatz

Die Komplexe Unternehmensumfeld, Unternehmensstrategie und Organisationsstruktur werden auf der Ebene der Branche und der Branchensegmente behandelt. Während die übergeordnete Perspektive der Branche die Wirkungsbeziehungen zwischen den Komplexen als Typen, d.h. in einer Zusammenfassung bestimmter Merkmalsausprägungen zu Konfigurationen, untersucht, werden auf der Betrachtungsebene der Branchensegmente bzw. deren Segmentierungskriterien einzelne Merkmale untersucht. Insbesondere die Ebene der Branchensegmente hat dabei einen deskriptiven Charakter. Ihr Ziel ist es, grundsätzliche Gestaltungsmöglichkeiten innerhalb der wesentlichen Variablen isoliert darzustellen. Die folgenden Punkte legen die drei Komplexe Unternehmensumfeld, Unternehmensstrategie und Organisationsstruktur im Sinne des Untersuchungsansatzes dar.

---

100 Markt- und Branchensegmente sind dabei zu unterscheiden: "Die Marktsegmentierung befaßt sich mit der Ermittlung unterschiedlicher Abnehmerbedürfnisse und unterschiedlichen Kaufverhaltens (...) Die Branchensegmentierung stellt den Zusammenhang zwischen dem Kaufverhalten der Abnehmer und dem Kostenverhalten sowohl der Fertigungskosten als auch der Kosten für die Bedienung verschiedener Abnehmer her." (Porter (1985), S. 301).

101 Vgl. Porter (1985), S. 309 ff.

102 Alternativ zur Produktvariante nennt Porter z.B. noch die Varianten (1) Abnehmertyp, (2) Vertriebskanäle und (3) geographischer Standort der Abnehmer; vgl. Porter (1985), S. 310.

103 Vgl. z.B. Trux/Müller-Stewens/Kirsch (1988), S. 90 f.

a) Unternehmensumfeld als Gestaltungsdeterminante

Die Umwelt einer Unternehmung beinhaltet zunächst alle Institutionen, d.h. Organisationen oder Personen, die mit dieser Unternehmung direkt oder auch nur indirekt in Beziehung stehen.[104] Marr unterscheidet beispielsweise die folgenden vier Bereiche: Der gesellschaftliche Bereich umfaßt die **sozio-kulturellen** Gegebenheiten innerhalb der Umwelt, der ökonomische Bereich entspricht der **binnen- und außenwirtschaftlichen** Situation, der technologische Bereich beinhaltet die **wissenschaftlich-technische** Situation in der Umwelt und unter den **rechtlich-politischen** Umweltbedingungen wird schließlich die Gesamtheit aller Rahmenbedingungen in Form von Gesetzen und Verordnungen verstanden.[105]

Die Grundstruktur der Komponenten der betrieblichen Umwelt, derer sich Marr bedient, um das Problem der Bestimmung einer *relevanten Umwelt* zu lösen, eignet sich zur Eingrenzung des Begriffes Umwelt in dieser Untersuchung.[106] Diese Grundstruktur trennt die Umwelt in eine marktliche und eine außermarktliche, wobei erstere im wesentlichen durch die Beziehung zu anderen Marktteilnehmern, d.h. durch Lieferanten, Abnehmer und Wettbewerber, bestimmt ist. Gerade die Beziehung zwischen den Marktteilnehmern ist sowohl in den traditionellen als auch den modernen Ansätzen der Industrieökonomie maßgeblich für die Beschreibung von Marktstruktur und Marktverhalten.[107] Für die vorliegende Arbeit soll der umfassende Begriff *Umwelt* auf die marktliche Komponente beschränkt werden und fortan als *Umfeld* bezeichnet werden. Das Verständnis des Umfeldes geht jedoch insofern über den Rahmen einer reinen Marktstruktur hinaus, als die grundlegenden Bedingungen für diese Struktur selbst Bestandteil des Umfeldes sind.[108]

---

104 Vgl. z.B. Mintzberg (1979), S. 267; Thommen (1988), S. 88; Nippa (1988), S. 268. Vgl. zu einer Übersicht von Ansätzen zur Betrachtung der Unternehmensumwelt z.B. Berchtold (1990), S. 33 ff.

105 Vgl. z.B. Marr (1984), S. 74; Harman/McClure (1985), S. 89. Andere Klassifizierungen sind jedoch auch denkbar. So nennt Thommen (1988), S. 89, z.B. einen ökologischen Bereich und ordnet gleichzeitig das rechtlich-politische Umweltsegment dem gesellschaftlichen Bereich unter. Eine Gliederung, die alle fünf genannten Umweltbedingungen umfaßt, findet sich z.B. bei Kreikebaum (1989), S. 34 f.

106 Vgl. Marr (1984), S. 68 ff. Zur allgemeinen Erörterung einer relevanten Umwelt vgl. z.B. auch Nippa (1988), S.267 ff.

107 Vgl. z.B. Bain (1959), S. 7: "Thus *market structure* refers here to ... the relations of sellers in the market to each other, of buyers in the market to each ohter, of sellers to the buyers, and of sellers establisched in the market to the actual or potential suppliers of goods, including potential new firms which enter the market" (Hervorhebung im Original). In dieser Beschreibung finden sich die Grundlagen der fünf Determinanten, die Porter vorschlägt, um die Wettbewerbssituation zu erfassen (vgl. Porter (1980), S. 25 ff.).

108 Vgl. Abbildung 2-3.

In dieser Interpretation gleicht das Umfeld dem angelsächsischen Begriff des *environments*, wie es von Emery und Trist geprägt wurde und in zahlreichen der hier zugrundeliegenden Arbeiten verwendet wird.[109]

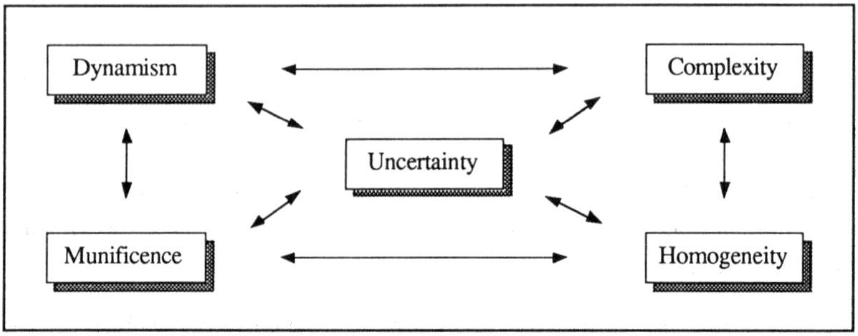

Abb. 2-7: Merkmale der Unternehmensumfeldbeschreibung[110]

Zur formalen Beschreibung eines Umfeldes weist das Schrifttum zahlreiche Merkmale auf, die zum Teil eng miteinander verwandt sind oder sogar in einem Ordnungsverhältnis zueinander stehen.[111] In Anlehnung an Hambrick zeigt Abbildung 2-7 die fünf bedeutenden Beschreibungsmerkmale *Dynamism, Heterogeneity, Complexity, Munificence* und vor allem *Uncertainty*.[112] Die Operationalisierung dieser Schlüsselkriterien wirft in empirischen Arbeiten jedoch große Probleme auf, die zum Teil unterschiedlich gelöst werden und dadurch abweichende Ergebnisse verursachen können.[113]

Nach der Analyse des branchenbezogenen Umfelds werden in Kapitel V Umfeldtypen aus den Typologien von Emery/Trist, McCann/Selsky, Niemeier und Nippa auf ihre Relevanz für die Softwarebranche untersucht.[114] Eine Verfeinerung der gefundenen Um-

---

109 Vgl. Emery/Trist (1965), S. 21 f. Ausführlich zum Begriff Environment vgl. z.B. Bourgeois (1980), S. 32 ff. oder Lenz/Engledow (1986), S. 329 ff.

110 Die Merkmale wurden mit folgenden Studien verglichen: Miller/Friesen (1978), Mintzberg (1979), Miller (1983), Miller/Friesen (1983), Bigler/Kedia (1988), Hambrick (1988), Keats/Hitt (1988), Miller (1988), Lawless/Finch (1989) und Segev (1989). Die Mehrheit der Studien bediente sich nur einer Auswahl der genannten Merkmale. *Hostillity, Unpredictability* und *Market Diversity* werden in einzelnen Fällen als Alternativen genannt.

111 Vgl. zu umfangreichen Aufzählungen von Umfeldmerkmalen in verschiedenen Studien z.B. Dess/ Ireland/Hitt (1990), S. 17, und Nippa (1988), S. 270 f.

112 Vgl. Hambrick (1988), S. 113, der bezüglich dieser fünf Merkmale von "environmental concepts" spricht.

113 Vgl. z.B. Hambrick (1988), S. 113.

114 Vgl. Kapitel V, Abschnitt A, Punkt 3 und die dort angegebene Literatur.

feldtypen ist möglich, indem die zu bildenden Branchensegmente in Kapitel VI einzeln anhand herausragender Merkmale beschrieben werden.[115]

b) Unternehmensstrategie als Gestaltungsvariable im Unternehmen

Während bezüglich der Herkunft und der ursprünglichen Entwicklung des Begriffes *Strategie*[116] im Schrifttum große Übereinstimmung besteht, gilt dies für die Vielfalt der differenzierten Betrachtungen in der heutigen Forschung nicht mehr. Die begriffliche und interpretative Vielfalt wird hier nur in soweit aufgegriffen, als es die Eingrenzung im Verständnis der Arbeit erforderlich macht.[117] Zur Beschreibung der Strategie ist ihre Funktion als *mediating force* zwischen Umfeld und Unternehmen, d.h. als Verbindung zwischen internem und externem Kontext, bestimmend.[118] Aus den zahlreichen Möglichkeiten zur Klassifizierung von Strategien werden hier drei einfache, zum Teil voneinander abhängige Abgrenzungskriterien ausgewählt, nämlich (1) der organisatorische *Geltungsbereich*, (2) der *Zweck* der Strategie und (3) die Einordnung hinsichtlich der *Planungsstufe*.[119]

Der **Geltungsbereich einer Strategie** bezieht sich in erster Linie auf den organisatorischen Wirkungskreis. Üblicherweise wird eine hierarchische Ordnung von Unternehmensgesamtstrategien *(corporate strategies)*, Geschäftsbereichsstrategien *(business strategies)* und Funktionsbereichsstrategien *(functional area strategies)* aufgestellt.[120] Obwohl diese drei Arten der Strategie gleichermaßen mit dem Umfeld in Einklang gebracht werden müssen und ihre Positionierung zwischen 'Politik' und 'Taktik' identisch ist, handelt es sich hierbei um Strategien unterschiedlicher Komplexität, die aufeinander aufbauen und dadurch Abhängigkeiten aufweisen.[121]

---

115 Vgl. Kapitel VI, Abschnitt A.

116 Zur etymologischen Ableitung des Begriffs aus dem griechischen *strategós* (= Heerführer) vgl. z.B. Kreikebaum (1989), S. 24, oder auch Hanker (1990), S. 47 ff.

117 Zur allgemeinen Darstellung des Begriffs Strategie vgl. z.B. Kreikebaum (1989) oder Staehle (1990). Zur Operationalisierung der Strategie vgl. z.B. Ginsberg (1984); Venkatraman/Camillus (1984); Bourgeois (1980); Snow/Hambrick (1980).

118 Vgl. z.B. Mintzberg (1979), S. 25; Miller/Friesen (1983), S. 221; Bourgeois (1980), S. 25.

119 Zu den drei Abgrenzungskriterien vgl. z.B. Kreikebaum (1989), S. 50, bzw. z.B. Bourgeois (1980), S. 27, bzw. z.B. Snow/Hambrick (1980), S. 528.

120 Vgl. z.B. Kreikebaum (1989), S. 50.

121 Mit der Definition des Geltungsbereichs sind dadurch häufig implizit inhaltliche Kriterien verbunden. So beschreiben z.B. Snow und Hambrick bereits *business-level strategies* mit "How should we compete in this business?" und *corporate-level strategies* mit "What business should we be in?" (Snow/Hambrick (1980), S. 528).

Mit dem Unterscheidungskriterium des **Zwecks einer Strategie** wird die inhaltliche Problematik erfaßt. Entsprechend dem Zweck einer Strategie unterscheidet Bourgeois zwischen *domain definition* und *domain navigation strategies*.[122] Während die *domain definition strategy* festlegt, in welchem Bereich die Unternehmung tätig sein soll *(economic mission)*, bestimmt die *domain navigation strategy* das Verhalten der Unternehmung innerhalb gegebener Tätigkeitsbereiche *(competitive approach)*.[123] Das Verhalten bedeutet hierbei insbesondere Planung und Einsatz langfristig wirksamer und wettbewerbsrelevanter Instrumente.

Die **Planungsstufe** stellt insofern eine Differenzierungsmöglichkeit der Strategie dar, als der Fokus entweder auf dem Inhalt der Strategie *(content)* oder dem Prozeß der Strategiebildung *(process)* liegen kann. Der klassische Ansatz der Inhaltsorientierung hat das Ziel erfolgreiche Strategien zu identifizieren, wohingegen die Prozessorientierung auf die Phasen der Vorbereitung, die Entscheidung selbst und die Implementierung abhebt.[124] Beide Ansätze nehmen in dem zugrundeliegenden Schrifttum der umfeldbezogenen Unternehmensentwicklung einen breiten Raum ein.

Der hier verwendete Begriff der Unternehmensstrategie läßt sich anhand der genannten Kriterien wie folgt präzisieren:

- Der Geltungsbereich bezieht sich auf die Ebene der **Geschäftsbereichsstrategie** und nicht auf ganzheitliche Unternehmens*gesamt*strategien oder isolierte Funktions- bzw. Teilbereichsstrategien (*business-level* und nicht *corporate-level*).

- Der inhaltliche Gegenstand der Betrachtungen sind **Wettbewerbsstrategien** im Sinne des Wettbewerbsverhaltens und nicht übergeordnete unternehmenspolitische oder auch untergeordnete fachbezogene Strategien (*domain navigation strategy* und nicht *domain definition strategy*).

- Die Einordnung des Untersuchungsschwerpunkts bezüglich der Planungsstufe liegt auf der **inhaltlichen Bestimmung** von Strategien und nicht auf dem Prozeß der

---

122 Vgl. Bourgeois (1980), S. 27.

123 Die beiden Strategiearten zeigen jeweils deutliche Zusammenhänge mit dem Abgrenzungskriterium Geltungsbereich: Die *domain definition strategy* ist ein wesentlicher Bestandteil der Strategie auf dem *corporate-level*, wohingegen die *domain navigation strategy* das Verhalten auf der Geschäftsbereichsebene bestimmt, sich also auf dem *business-level* bewegt.

124 Vgl. z.B. Snow/Hambrick (1980), S. 528, zur Dichotomie der Formulierung und Implementierung von Strategien.

Zielbildung bzw. der Strategieformulierung und Implementierung (*strategic content* und nicht *strategic process).*

Im Rahmen dieser Eingrenzung liegen insbesondere die drei generischen Wettbewerbsstrategien *Differentiation, Cost-Leader* und *Focus*, wie sie von Porter formuliert wurden, sowie die Adaptationsstrategien *Defender, Prospector,* und *Analyzer*, wie sie von Miles und Snow entwickelt wurden.[125] Diese Grundstrategien werden in Kapitel V auf ihre Eignung in dem typischen Umfeld der Softwarebranche untersucht. Detaillierter können die Strategietypen dann in Kapitel VI anhand ausgesuchter Variablen, wie z.B. der Differenzierung, beschrieben und analysiert werden.

c) Organisationsstruktur als Gestaltungsvariable im Unternehmen

Während die ersten Arbeiten im Rahmen der Industrieökonomie verhältnismäßig einfache Variablen der Organisationsgestaltung verwendeten,[126] versuchen jüngere Arbeiten die organisatorische Gestaltung im Sinne der Aufgabenverteilung und der Koordination umfassender und gleichzeitig differenzierter in ihren Ansätzen aufzunehmen.[127] Allen denjenigen Arbeiten, die sich an Marktstrukturen oder anderen weitgefaßten Kontextfaktoren orientieren, ist jedoch gemeinsam, daß aus der Sicht individueller Unternehmen nur eine bedingte Trennschärfe der Aussagen möglich ist.[128]

In der deutschsprachigen Literatur zur Organisationslehre finden sich unterschiedliche Konzeptualisierungen der Organisationsstruktur. Picot nennt z.B. die Gestaltungsparameter (1) Aufgabenverteilung, (2) Verteilung von Weisungsrechten (Ein- und Mehrliniensysteme), (3) Verteilung von Entscheidungsrechten (Delegation und Partizipation), (4) Programmierung, (5) Information und Kommunikation und (6) Macht.[129] In einem abweichenden Ansatz stellen Kieser und Kubicek die fünf Strukturdimensionen (1) Spezialisierung (Arbeitsteilung), (2) Koordination, (3) Konfiguration (Leitungssystem), (4) Entscheidungsdelegation (Kompetenzverteilung) und (5) Formalisierung dar.[130] In An-

---

125 Vgl. Porter (1980) zu den drei generischen Wettbewerbsstrategien und Miles/Snow (1978) zu den Adaptationsstrategien.

126 Vgl. z.B. Chandler (1962) oder Rumelt (1974), die sich auf die Unterscheidung zwischen divisionalisierter oder funktionsorientierter Gliederung in jeweiligen Varianten beschränken.

127 Vgl. z.B. Miller (1988), S. 281.

128 Da die Ableitungen zur organisatorischen Gestaltung letztendlich auf der Analyse des marktbezogenen Umfelds aufbauen, kann zwischen den Marktteilnehmern dieses Umfelds – in der Regel dem wettbewerbsrelevanten Umfeld - nur in geringem Maße unterschieden werden, wohl aber zwischen Marktteilnehmern dieses Umfeldes und Akteuren außerhalb desselben.

129 Vgl. z.B. Picot (1990), S. 119 ff.

130 Vgl. z.B. Kieser/Kubicek (1983), S. 79 ff.

lehnung an die hier zugrundegelegten Arbeiten werden diese beiden Ansätze auf die Variablen *Formalisierung*, *Integration*, *Zentralisierung* und *Spezialisierung* verdichtet.[131]

Die **Formalisierung** *(formalization)* wird in der Regel durch *use of formal controls, policies and procedures*[132] beschrieben. Direkte Verbindungen zum Formalisierungsgrad wird auch in den Merkmalen *mechanism* oder *bureaucratization* gesehen.[133] Die Variable der Formalisierung bezieht sich damit auf die Bereiche Kommunikation und vor allem auf die organisatorische Programmierung im Sinne genereller, ablaufsteuernder Instruktionen.

Die **Integration** *(integration)* umfaßt die strukturellen Möglichkeiten der Zusammenführung und Koordination unterschiedlicher personeller Qualifikationen wie z.B. zu *task forces* oder *committees*.[134] Die Variable Integration beschreibt damit die angestrebte bzw. realisierte Partizipation von Mitarbeitern und kann somit dem Kriterium der Verteilung von Entscheidungsrechten zugeordnet werden. Ein Schwerpunkt der Integration liegt in der Zusammenführung fachbezogener Potentiale und weniger in der Überwindung oder Reduzierung von Hierarchien.

Die **Zentralisierung** *(centralization)* beschreibt die *delegation of authority* innerhalb eines Unternehmens, d.h. die Verteilung von Entscheidungsrechten auf verschiedene Ebenen.[135] Auch wenn die Variable der Zentralisation primär auf den Grad der Delegation in Hierarchien abzielt, wird gleichzeitig die Delegation auf fachbezogene Experten berücksichtigt.[136] Neben dem grundlegenden Kriterium der Verteilung von Entscheidungsrechten werden hier implizit auch informelle Aspekte der Machtausübung innerhalb von Organisationen erfaßt.

Die **Spezialisierung** *(specialization)* wird schließlich durch die Bandbreite der Qualifikation der Mitarbeiter und insbesondere durch die Abgrenzung ihres Aufgabenbereichs determiniert. Die gezielte Aufgabenverteilung führt dabei zu einem hohen Maß an Spezi-

---

131 Vgl. z.B. Miller/Dröge/Toulouse (1988); Segev (1989); Miller (1986) und insbesondere Miller (1988). Fallweise wird diese Einteilung um weitere Kriterien ergänzt (vgl. z.B. Mintzberg (1980), S. 330, der hier unter anderem auch die Größe von Organisationseinheiten oder die Ausbildung und Qualifikation von Mitarbeitern zur Beschreibung einsetzt).

132 Vgl. z.B. Miller (1988), S. 293.

133 Vgl. z.B. Segev (1989), S. 504 bzw. Miller (1986), S. 242.

134 Vgl. z.B. Miller/Dröge/Toulouse (1988), S. 548.

135 Vgl. z.B. Segev (1989), S. 504.

136 Vgl. z.B. Miller (1986), S. 245.

alisierung von Mitarbeitern und Stellen: "The firm is highly specialized as tasks are finely broken down."[137]

Unter anderem aus den zentralen Variablen Formalisierung, Integration, Zentralisierung und Spezialisierung formuliert Mintzberg seine Organisationstypen *einfache Struktur*, *Maschinen-Bürokratie*, *professionalisierte Bürokratie*, *divisionalisierte Form* und *Ad-hoc-Organisation.*[138] In Kapitel V werden diese Strukturtypen auf ihre Eignung hinsichtlich der branchenbezogenen Umfeldbeschreibung und den Ableitungen für die strategische Gestaltung überprüft. Kapitel VI verfeinert die gewonnenen Ergebnisse auf der Ebene von Branchensegmenten, indem einzelne Variablen aus den strukturellen Hauptdimensionen Spezialisierung und Koordination beschrieben und analysiert werden.[139]

---

137 Miller (1986), S. 243.

138 Vgl. Mintzberg (1979), S. 466 ff., und zusammengefaßt in (1980), S. 330. Übersetzungen in Anlehnung an Mintzberg finden sich z.B. bei Picot (1990), S. 150 f., und Niemeier (1986), S. 53.

139 Vgl. z.B. Welge (1987), S. 481

Kapitel III

Strukturierung softwarebezogener Produkte und Leistungen

Die große Vielfalt vorhandener und gleichermaßen akzeptierter Definitionen des Begriffs Software lassen die Darstellung des Spektrums aller zugehörigen Produkte und Leistungen zu einer schwierigen Aufgabe werden. Eine einfache Definition der International Standards Organisation beschreibt Software als "Intellectual creation comprising the programs, procedures, rules and any associated documentation pertaining to the operation of a data processing system".[1] Dem Verständnis folgend, daß Software mehr darstellt als nur eine Menge maschinenlesbarer Instruktionen, definiert die World Intellectual Property Organisation Software wie folgt:

> "i) **Computer program** means a set of instructions capable, when incorporated in a machine-readable medium, of causing a machine having information-processing capabilities to indicate, perform or achieve a particular function, task or result.
>
> ii) **Program description** means a complete procedural presentation in verbal, schematic or other form, in sufficient detail to determinate a set of instructions constituting a corresponding computer program.
>
> iii) **Supporting material** means any material, other than a computer program or program description, created for aiding the understanding or application of a computer program, for example problem description and user instructions.
>
> iv) **Computer software** means any or several of the items referred to in i) to iii)"[2]

In Anlehnung an diese Einteilung kann das umfangreiche Untersuchungsfeld der Software für die vorliegende Arbeit präzisiert werden. Unter **Software im engeren Sinne** sollen hier demnach Computerprogramme verstanden werden, wohingegen **Software im weiteren Sinne** zusätzlich korrespondierende Leistungen wie z.B. die Beratung, Dokumentationen und Unterstützungsleistungen einschließt. Über diesen Rahmen hinaus soll durch die Bezeichnung **softwarebezogene Produkte und Leistungen** das umfassendste Verständnis geprägt werden. Damit kann unter anderem dem Tatbestand Rechnung getragen werden, daß neue Dienstleistungen wie z.B. das *Facility Management* oder Leistungen im Rahmen des *Outsourcing* in das Leistungsangebot der Soft-

---

1 International Standards Organisation, November 1981, zitiert nach OECD (1985), S. 171.

2 World Intellectual Property Organisation, June 1983, zitiert nach OECD (1985), S. 178, Hervorhebungen im Original.

wareunternehmen aufgenommen wurden und dort eine wachsende Bedeutung einnehmen.[3]

A. Abgrenzung softwarebezogener Produkte und Leistungen

Die Schwierigkeit der Bestimmung einer eindeutigen und allgemein gültigen Strukturierung softwarebezogener Produkte und Leistungen ist in Theorie und Praxis bekanntermaßen ein Problem.[4] Zur Charakterisierung und Abgrenzung können unterschiedliche Kriterien herangezogen werden. Aus der Anwendung verschiedener Beschreibungskriterien resultieren zwangsläufig abweichende Darstellungen desselben Untersuchungsobjekts. Auch innerhalb der hier zugrundeliegenden Studien finden sich unterschiedliche Ansätze zur Strukturierung von Software.[5] Mit wenigen Ausnahmen bedienen sich darüber hinaus auch umfangreiche Arbeiten nur sehr grober Klassifizierungen.[6]

Die eigenständige Strukturierung ist daher sowohl aus Gründen der Konsistenz als auch hinsichtlich einer notwendigen Vollständigkeit und Tiefe erforderlich.[7] Die Zielsetzung der Ableitung von Gestaltungsempfehlungen auf der Basis einer Branchenanalyse verlangt nämlich einen ausführlichen Beschreibungsrahmen, anhand dessen auch Segmente gebildet werden können, die spezifisches Wettbewerbsverhalten vermuten lassen. Indem die Strukturierung der Software eine Grundlage der Branchensegmentierung darstellt, beeinflußt sie indirekt auch das Ergebnis der brancheninternen Analyse, so daß ihre Bedeutung betont werden muß.[8]

---

3 Vgl. z.B. Schmitz (1990), S. 305 f., wo unter *Outsourcing* die Ausgliederung sekundärer Teilaufgaben durch Inanspruchnahme der Dienste externer Rechenzentren verstanden wird und unter *Facility Management* die Delegation der Planungs- und Steuerungsaufgaben für den Betrieb der eigenen Kapazitäten zusammengefaßt wird. Vgl. zu ausführlicheren Erläuterungen Abschnitt B, Punkt 2)c) in diese Kapitel.

4 Vgl. z.B. Bäuml (1990), S. 787.

5 Folgende Studien sind wichtige Grundlage für die vorliegende Arbeit: GMD (1989), UBM (1989), Input (1991) und (1988), Maenner (1986), OECD (1985) und GMD (1983). Zudem wird auf zahlreiche kleine Veröffentlichungen und Pressemitteilungen zurückgegriffen, die jeweils einzeln genannt werden.

6 Vgl. z.B. UBM (1989), S. 11 ff. oder Input (1991), S. 3, zu einer detaillierten Gliederung.

7 Trotz der angestrebten Ausführlichkeit der Charakterisierung muß anerkannt werden, daß die folgende Systematisierung nur eine Möglichkeit darstellt, für die das Ziel eines Software-Marktmodells im Rahmen der Branchenanalyse bestimmend ist. Je nach Zielrichtung der Untersuchungen können sich grundsätzlich verschiedene Klassifizierungen eignen, die entsprechend der spezifischen Bedürfnisse zu sinnvollen und aussagefähigen Klassen führen.

8 So müssen die Segmente verschiedene Kriterien erfüllen: Ihre Anzahl muß überschaubar sein, gleichzeitig muß die Branche vollständig erfaßt werden; ihre Beschaffenheit muß homogen und gegenüber anderen Segmenten abgrenzbar sein.

Unterscheidungskriterium	Ausprägungen
Informationstechnologie	System- und Anwendungsbezug (z.B. Systemsoftware oder Anwendersoftware)
Leistungsart	Leistungsstufe im Software-Lebenszyklus (z.B. Beratung oder Implementierung)
Standardisierungsgrad	Produkt- und Dienstleistungscharakter (z.B. Individualprojekt oder Standardprodukt)
Anwendungsart	Einsatzart / Verwendungszweck (z.B. kaufmännische oder technische Software)
Abnehmer- / Zielgruppen	Kundengruppen (z.B. Industrie oder öffentliche Verwaltung)
Integrationsgrad	Herstellungsbeziehung (z.B. Eigenerstellung oder Fremdbezug)
Hardwareabhängigkeit	Abhängigkeit von Hardwaresystemen (z.B. herstellerbez. oder unabhängige Software)
Systemkomplexität	Klasse der Zielsysteme (z.B. Mikro- oder Großrechner)

Abb. 3-1: Kriterien zur Klassifikation von Software im engeren Sinne

Ohne Anspruch auf Vollständigkeit zeigt Abbildung 3-1 eine Übersicht von verschiedenen Kriterien, die in Theorie und Praxis zur Klassifizierung von Software häufig einzeln oder kombiniert angewendet werden. Die genannten Kriterien sind nicht überschneidungsfrei und insofern voneinander abhängig, als einzelne Kriterien zum Teil durch Kombinationen anderer erklärt werden können.[9] Zusätzlich können verschiedene Kriterien sinnvoll in andere integriert werden.[10] Die Problematik der Strukturierung von Software zeigt sich in allen Kriterien: Die Übergänge zwischen jeweiligen Merkmalsausprägungen sind häufig fließend und auch unter großem definitorischem Aufwand nicht immer exakt bestimmbar.[11]

9 So impliziert beispielsweise die Merkmalsausprägung "Betriebssystem" auf der Ebene der Informationstechnologie in der Regel auch die Klassifizierung als weitgehend standardisierte Software bezüglich des Kriteriums Standardisierungsgrade.

10 So bietet z.B. das Unterscheidungsmerkmal Informationstechnologie in seiner Ausprägung der Anwendersoftware die Möglichkeit, nach allen genannten Kriterien zusätzlich zu unterteilen.

11 Wie ist z.B. die Trennung zwischen Individualsoftware und Standardsoftware definiert, wenn ein großer Teil einer geforderten Funktionalität durch standardisierte Basismodule gewährleistet ist und nur noch geringer spezifischer Programmieraufwand notwendig ist?

Als Schlüsselkriterien können die *Informationstechnologie*, die *Leistungsart* und der *Standardisierungsgrad* hervorgehoben werden.[12] Sie bestätigten sich im Verlauf der Erhebung wiederholt als wesentliche Dimensionen zur Unterscheidung von Software . Ihre Bedeutung wird zudem auch durch die häufige Verwendung in Studien zum Softwaremarkt unterstrichen.[13] Abschnitt B geht daher detailliert auf diese Schlüsselkriterien ein, wohingegen die Kriterien *Anwendungsart*, *Abnehmer-/Zielgruppen*, *Integrationsgrad*, *Hardwareabhängigkeit* und *Systemkomplexität* im folgenden nur kurz dargestellt werden, um in den Schlüsselkriterien wieder aufgegriffen zu werden.

Für das Unterscheidungskriterium **Anwendungsart** lassen sich kaufmännische und technische Anwendungen gegenüberstellen. Insbesondere die softwaretechnische Umsetzung betriebswirtschaftlicher Grundfunktionen läßt sich in Form von übertragbaren Standardprogrammen leicht zuordnen. Codierte Befehle der Maschinensteuerungen bilden den entsprechenden Gegenpol. In der Praxis unterscheiden sich die beiden Gegenpositionen zum Teil bereits durch die Verwendung unterschiedlicher Programmiersprachen oder Hilfsmittel, die eine gegenüberliegende Anwendungsart kategorisch ausschließen können. Mit der Entwicklung integrativer Softwarelösungen wird eine Zuordnung von Software jedoch immer schwieriger. Nicht selten beinhalten schon kleine Lösungen technische und betriebswirtschaftliche Module, so daß eine eindeutige Trennung nicht mehr möglich ist.

Eine nach **Abnehmer-/Zielgruppen** orientierte Klassifikation von Software ist z.B. für solche Software sinnvoll, die sich ausdrücklich auf bestimmte Branchen[14] oder Abnehmerkreise[15] konzentriert. Abgesehen von der nicht eindeutigen Bildung von Abnehmer- oder Zielgruppen liegt jedoch auch hier in der Regel nur ein gradueller Unterschied zwischen den softwarebezogenen Produkten und Leistungen vor, da sich zahlreiche zentrale Funktionen überschneiden, so daß es bei verwandten Gruppen zu großen Übereinstimmungen in Anforderungen und damit korrespondierenden Softwarelösungen kommen kann.

---

12 Vgl. zu einer Strukturierung anhand ähnlicher Kriterien z.B. Bäuml (1990), S. 788.

13 In den hier verwendeten Studien (vgl. Fußnote 5, Kapitel III) finden vorwiegend diese drei Unterscheidungskriterien bzw. deren Modifikationen Anwendung.

14 Eine ausführliche Darstellung zu branchenorientierter Software findet sich z.B. bei Input (1991), S. 67 ff., oder bei Kurbel/Strunz (1990), S. 29 ff.

15 Eine brancheninterne Anwenderklassifizierung entwickeln z.B. Steinbeißer/Dräger (1990), S. 64 ff., auf der Basis einer Betriebstypologie.

Mit dem **Integrationsgrad** wird nach Eigenerstellung bzw. Fremdbezug von Software unterschieden.[16] Unter der Bezeichnung *Make or Buy* ist dieses in der betriebswirtschaftlichen Forschung klassische Problem jüngst auch in der Software zu einer vielbeachteten Fragestellung geworden.[17] Dies gilt nicht nur für den Leistungsbereich der Softwareentwicklung, sondern auch für alle damit verbundenen Dienstleistungen. Der Handlungsspielraum aller Marktteilnehmer bezüglich *Make or Buy*-Entscheidungen ist ein wichtiges Merkmal für die Beschreibung von Branchenverhalten und Branchenstruktur. Jeder Anwender, der vor einer tatsächlichen Alternative der Eigenerstellung oder des Fremdbezugs von softwarebezogenen Produkten oder Leistungen steht, ist ein potentieller Wettbewerber aller Anbieter am Markt.[18] Der Integrationsgrad der Leistungserstellung weist auch insofern Abgrenzungsschwierigkeiten auf, als verschiedene Beteiligungsformen Externer im Erstellungsprozeß bestehen. Neben einer phasenabhängigen, temporären Beteiligung ist es im Rahmen der Erstellung individueller Software durchaus üblich, daß gemischte Teams, bestehend aus Internen und Externen, dauerhaft und phasenübergreifend zusammenarbeiten.

Das Unterscheidungsmerkmal **Hardwareabhängigkeit** findet aufgrund fundamentaler Veränderungen in der gesamten DV-Landschaft ständig veränderte Voraussetzungen für seine Anwendbarkeit vor. Nach der Entwicklung immer bedeutenderer, herstellerbezogener "Industriestandards" oder "de facto-Standards"[19], haben inzwischen internationale Standardisierungsbemühungen[20] Erfolge verzeichnet. Insbesondere mit der größeren Verbreitung herstellerunabhängiger Beriebssysteme, wie beispielsweise UNIX, entwickelt sich eine breite Basis für standardisierte Anwendersoftware. Im Bereich der Anwendersoftware ist bereits seit Jahren zu beobachten, daß Portierungen von Lösungen bei ähnlicher oder identischer Funktionalität auf verschiedene Grundsysteme keine Ausnahmen mehr sind. Trotz der stärkeren Durchdringung von Standards werden große Teile der Software – so z.B. maschinennahe systemnahe Software – auch zukünftig stark hardwarebezogen sein. Proprietäre, d.h. herstellerspezifische, Betriebssysteme werden auch in Zukunft eine wichtige Rolle spielen. Damit ist insbesondere dann zu rechnen, wenn

---

16 Vgl. z.B. GMD (1989), S. 61, wo für ausgewählte Anwendungsbereiche detailliert zwischen den Alternative Standardsoftware und Individualsoftware unterschieden wird, wobei letzteres zusätzlich in intern bzw. extern erstellte Software getrennt wird.

17 Vgl. z.B. Gershkoff (1990); Diebold (1990a); GMD (1989), S. 58 ff.; Boehm (1981), S. 580, und ausführlich Buchowicz (1988).

18 Tatsächlich entfällt seit Jahren – trotz fallender Tendenz – ein größerer Anteil auf intern erstellte Software als auf die von Externen bezogene Software (vgl. z.B. Streicher (1991), S. 32).

19 So z.B. SAA, EISA oder andere, nicht explizit ausformulierte Standards.

20 So z.B. durch die nicht herstellerorientierten Normierungsinstitute wie ISO, IEEE und ANSI.

proprietäre Betriebssysteme erhebliche Verbesserungen z.B. bezüglich des Laufzeitverhaltens oder der Sicherheit gegenüber standardisierten Betriebssystemen garantieren können. Aufgrund des wachsenden Interesses der Hardwareunternehmen am Softwaremarkt zeichnet sich dieser Gegentrend zur Standardisierung – obwohl nach wie vor Standards seitens der Hersteller unterstützt werden – bereits ab.

Schließlich kann die Software anhand der **Systemkomplexität** in Abhängigkeit der Größenklassen ihrer Zielsysteme unterteilt werden.[21] Zahlreiche Programme lassen sich den Größenklassen Mikrorechner (z.B. PC), Minirechner (z.B. Workstation) und Großrechner zuordnen. In noch stärkerem Maße, in dem die Grenzen der Rechnerklassen fließend sind, gilt dies jedoch für die entsprechende Software. Die fortschreitende Integration verschiedener Rechnergrößen und eine immer leistungsfähiger werdende Hardware führen dazu, daß verschiedene Softwarelösungen in anderen Systemkonfigurationen zum Einsatz kommen als ursprünglich geplant. Schließlich führt die physikalische Integration von verschiedenen Hardwaregrößenklassen in der Realisierung von Netzwerken zu einer Software, die häufig allen Größenklassen zugerechnet werden muß.

B. Schlüsselkriterien zur Darstellung softwarebezogener Produkte und Leistungen

1. Unterscheidung von Software nach der Informationstechnologie

Das Unterscheidungskriterium Informationstechnologie[22] ist mit den Ausprägungen Anwendersoftware und Systemsoftware eine verbreitete Möglichkeit, Software grob zu strukturieren.[23] Diese schematische Teilung läßt eine Sortierung erkennen, die sich an den Gegenpolen der Anwendung einerseits und der Hardware andererseits ausrichtet: Während die Anwendersoftware am Benutzer und dessen Bedürfnissen ausgerichtet ist, orientiert sich die Systemsoftware an den Eigenschaften der Hardware. Im folgenden wird die Klasse der systemnahen Software zwischen diesen beiden Polen eingeordnet.

---

21 Vgl. z.B. GMD (1989), S. 13, wo die Einteilung der Anwender in GPC (General Purpose Computer), SBS (Small Business System) und PC (Personal Computer) zur Segmentierung angewandt wird.

22 Vgl. z.B. Hanker (1990), S. 61, der die Informationstechnologie im weitesten Sinne als Methodik zur Umformung von Information bezeichnet und als Ressourcen (Input) z.B. Computer und Software nennt.

23 Vgl. z.B. Stahlknecht (1989), S. 9 und 93; Ruf (1988), S. 4; Thome (1990), S. S-4.

a) Anwendersoftware

Die Definition " ...[Application Software] covers all programs whose purpose is to solve the computer user's own problems"[24] erklärt die Individualität der Anwendersoftware hinsichtlich Benutzer und Problemstellung.[25] Mithin ist für die Vielfalt der Klassifizierung von Anwendersoftware evident: Es gibt mindestens so viele Unterscheidungsmöglichkeiten der Anwendersoftware wie Klassifizierungsansätze für Problemstellungen oder Anwender. Neben der problem- bzw. anwenderbezogenen Unterscheidung schaffen exogene Rahmenbedingungen wie z.B. Landessprachen oder nationale Gesetze zusätzliche Unterscheidungsmöglichkeiten.[26]

Mit dem Ziel einer pragmatischen Gliederung können im Rahmen einer anwendungsbezogenen Sicht zum einen der Benutzer selbst und zum anderen die Problemstellung betrachtet werden. Eine erste Unterscheidung auf der Ebene der Benutzer ist die Trennung von privaten und geschäftlichen Anwendungen. Die Beschreibung der "Probleme" privater Nutzer ist in zahlreichen Merkmalen mit denen kleiner geschäftlicher Anwender vergleichbar: Beide Nutzerkreise arbeiten vorwiegend mit kleinen oder kleinsten Systemen, verwenden häufig standardisierte Anwendersoftware und verfügen meist nur über anwendungsorientiertes DV-Know-how. Durch diese Anwendersituation läßt sich die eingesetzte Software auf die Bereiche der **individuellen Datenverarbeitung und die spezielle Software für den Mikrocomputer** eingrenzen ("Kleinlösungen").

Trotz deutlich steigender Tendenz liegt der überwiegende Teil der geschäftlichen Nutzer außerhalb des Bereichs der Kleinlösungen. Die in vielen Studien gebräuchliche Unterteilung der Software entsprechend der Branchenzugehörigkeit ihrer Anwender ist für die Analyse der Softwarebranche nicht ausreichend, da z.B. ein unterschiedliches Marktverhalten in den gebildeten Segmenten nicht notwendigerweise ursächlich mit den Merkmalen der gewählten Branchen verbunden ist. Ein ursächlicher Zusammenhang ist jedoch dann gegeben, wenn es sich um Branchensoftware handelt, die sich an spezifischen Anforderungen (= Branchenspezifika) orientiert und dadurch außerhalb des eingegrenzten Bereichs nicht einsetzbar ist.[27] Eine solche Spezifität kann jedoch nur für einen kleinen

---

24 OECD (1985), S. 23.

25 Die gängige Begriff der Anwendungssoftware wird hier bewußt durch die Bezeichnung Anwendersoftware ersetzt, da hierunter nur solche Software verstanden werden soll, die von DV-Anwendern benutzt wird, um wirtschaftliche oder technische Problem außerhalb der Software-Entwicklung selbst zu lösen.

26 Vgl. Input (1988), S. 31.

27 Vgl. z.B. Bischoff (1990), S. 795.

Teil der Anwendersoftware angenommen werden und insbesondere nicht für solche Software, die sich bewußt auf Querschnittsfunktionen konzentriert. Für die Unterscheidung der Anwendersoftware ist es also nicht primär von Interesse auf *welche* Zielbranchen sich die Anwendung konzentriert, sondern, ob grundsätzlich eine Ausrichtung an branchenspezifischem Know-how stattfindet oder nicht. Als zweite Unterteilung soll hier daher die **branchenspezifische Software** innerhalb der Anwendersoftware hervorgehoben werden.

Üblicherweise wird der Branchensoftware die horizontale, funktionsorientierte Software gegenübergestellt.[28] Anhand der Rahmenbedingungen der Anwendung, d.h., losgelöst von Anwendergruppen oder spezifischen Problemstellungen, kann die Anwendersoftware außerhalb der bereits genannten Bereiche dabei in zwei Gruppen geteilt werden:

- **Kommerzielle** funktionsorientierte Anwendersoftware entspricht isolierten oder integrierten Anwendungen, die betriebswirtschaftliche Querschnittsfunktionen, wie beispielsweise aus dem Bereich Rechnungswesen, realisieren.
- **Technisch-wissenschaftliche** funktionsorientierte Anwendersoftware orientiert sich an Aufgabenstellungen aus den Bereichen Forschung & Entwicklung oder besonderen Problemstellungen in der Fertigung, wie z.B. der *gerätespezifischen* Software[29].

Zusammenfassend stellt Abbildung 3-2 die genannten vier Klassen der Anwendersoftware dar. Obwohl die Relevanz dieser Einteilung in den eigenen Erhebungen immer wieder betont wurde, ist diese Einteilung bei weitem nicht überschneidungsfrei und die Zuordnung von Software in vielen Fällen problematisch. Als besonders kritisch wurde die Trennung zwischen branchenspezifischer und kommerzieller funktionsorientierter Software angesehen, da in der Praxis häufig eine grundsätzliche Orientierung an Kundengruppen zu beobachten ist, so daß auch Software aus dem Bereich der Querschnittsfunktionen den Charakter von Branchensoftware tragen kann. Einfacher konnte hingegen zwischen technisch-wissenschaftlicher Software auf der einen und branchenspezifischer und kommerziell funktionsorientierter Software auf der anderen Seite unterschieden werden, so daß diese Unterscheidung in Kapitel IV besonders zu berücksichtigen ist.

---

28 Vgl. z.B. Input (1991), S. 18; GMD (1989), S. 46 ff.

29 Unter gerätespezifischer Software soll dabei eine produktbezogene, austauschbare Schnittstelle zwischen Benutzer und Gerät verstanden werden (z.B. CNC-Maschinen-Programme). In diesen Bereich fällt daher nur ein kleiner Teil der produktintegrierten Software. Wesentliche Teile sind hier in der systemnahen Software erfaßt (vgl. hierzu den folgenden Punkt).

Anwender-software	**Individuell und mikrocomputer-orientiert**		Spreadsheets, Datenbanken (PC), Desktop, Programmiersprachen, Grafik, Textverarbeitung etc.
	Branchen-spezifisch		Banken/Kreditinstitute, Versicherungen, Handel, Automobil, Maschienenbau, Textil, Druck/Verlag, Transport etc.
	Funk-tions-orien-tiert	**Kom-merziell**	Finanz- und Rechnungswesen, Kosten-rechnung, Marketing/Vertrieb, Material-wirtschaft/Lagerhaltung, PPS etc.
		Technisch-wissen-schaftlich	Konstruktion, Elektrotechnik, integrier-te Software, Steuerung, Messtechnik, OR/Mathematik/Statistik, Statik etc.

Abb. 3-2: Vier Klassen der Anwendersoftware

b) Systemnahe Software

Auf der Ebene des Unterscheidungskriteriums Informationstechnologie werden unter systemnaher Software Produkte und Leistungen verstanden, die zwischen der Systemsoftware als Gesamtheit der rechnerbezogenen Steuerprogramme und der Anwendersoftware einzustufen sind. Innerhalb dieser Eingrenzungen ist eine Zweiteilung des heterogenen Spektrums systemnaher Software möglich:

- **Systemorientierte systemnahe Software** ist besonders am Betriebssystem und den gegebenen Rechnereigenschaften angepaßt.
- **Anwendungsorientierte systemnahe Software** weist einen inhaltlichen Bezug zu Anwendungen auf, ist evtl. sogar selbst ein Spezialfall einer Anwendung.

Unter **systemorientierter** systemnaher Software werden weitgehend anwendungsunabhängige Produkte und Leistungen zusammengefaßt, die in der Regel jedoch rechnerbezogen, d.h. auf ausgewählte Systeme oder Systemgruppen zugeschnitten, sind. Dazu lassen sich z.B. Netzwerkmanagement-Software, Datenkommunikations- und Nachrichten-Steuerprogramme, Sicherheits-Software u.ä. zählen. Häufig nutzt ein Anwender derartige Programme, ohne direkt mit ihnen in Verbindung zu stehen oder deren Funktionsweise notwendigerweise kennen zu müssen.

Die **anwendungsorientierte** systemnahe Software ist hingegen primär rechnerunabhängig, konzentriert sich aber im allgemeinen stärker als die reine Anwendersoftware auf bestimmte Plattformen, indem sie z.B. bestimmte Hardware-Eigenschaften explizit berücksichtigt. Diese Gruppe beinhaltet z.B. Werkzeuge[30] für die Softwareentwicklung und Wartung im weitesten Sinne, Benutzeroberflächen, Datenbanken u.ä. Die Zuordnung von Werkzeugen, die im eigentlichen Sinn Anwendungen darstellen, läßt sich durch Unterschiede zu der oben definierten Anwendersoftware begründen. Der Nutzerkreis dieser Programme beschränkt sich ausschließlich auf Software-Experten und das Ziel ihres Einsatzes ist die Entwicklung von Software selbst, so daß die Problemorientierung auf eine interne Dimension beschränkt ist.[31]

Bezüglich der Ebene der Informationstechnologie ist auch die geräte- bzw. produktintegrierte Software[32] der systemnahen Software zuzuordnen. Bei steigender Tendenz macht dieser Anteil nach Schätzung der GMD heute bereits etwa ein Drittel der gesamten Softwareproduktion aus.[33] Da ein Großteil dieser Software nicht getrennt ausgewiesen wird, sondern einen integralen Bestandteil des systembezogenen Produktionsprozesses darstellt, ist sowohl die Erfassung an sich als auch die grundsätzliche Möglichkeit der Ausgliederung an den Markt problematisch. Sofern es sich jedoch um Anwendersoftware handelt, für die eine Alternative bezüglich Eigen- oder Fremderstellung besteht, ist diese Software zum großen Teil bereits in der technisch-wissenschaftlichen Anwendersoftware berücksichtigt.

c) Systemsoftware

Unter Systemsoftware wird allgemein die Gesamtheit aller rechnerbezogenen Systemprogramme verstanden.[34] Der üblichen Zusammenfassung dieser Programme unter der Bezeichnung Betriebssystem[35] wird insofern entsprochen, als unter dem Betriebssystem ein Kern von Steuerungsprogrammen verstanden wird, der für Ausführungsvorbereitung, Prozeßkoordination, Datenmanipulation und die Sicherung des Betriebsablaufs zuständig

---

30 Vgl. z.B. Hildebrand (1991), S. 13 ff., zu einer Übersicht von Software Tools in der Gliederung Editoren, Transformatoren, Generatoren und Testwerkzeuge (vgl. auch Kapitel VI, Abschnitt C, Punkt 2)a) und die dort angegebene Literatur).

31 Der aus softwaretechnischer Sicht hervorzuhebende Expertencharakter der Nutzer und der Anwendung selbst ermöglicht eine Zuordnung der Werkzeuge zur systemnahen Software. Hinsichtlich der anwendungsorientierten Marktsegmentierung steigert die Herauslösung der Werkzeuge die Homogenität der Anwendersoftware und entspricht dem in der Regel vorhandenen Systembezug.

32 Vgl. z.B. OECD (1985), S.85 ff., und zur Stellung von Softwareunternehmen in dieser Softwareart insbesondere S. 99 f.

33 Vgl. GMD (1989), S. 11.

34 Vgl. z.B. Schneider (1986), S. 584.

35 Vgl. z.B. Schneider (1986), S. 82, wo diese Funktionen auch als Job-, Task- und Daten-Management bezeichnet werden.

ist. Die gelegentlich zum Betriebssystem hinzugerechneten Arbeitsprogramme, wie Übersetzungsprogramme oder Dienstprogramme,[36] werden in der hier gewählten Klassifizierung der systemnahen Software zugerechnet, sofern sie vom Kern des Betriebssystem unabhängig sind. Anderenfalls werden sie als Teil des Betriebssystems betrachtet.

d) Zusammenfassung zur Klassifizierung von Software nach dem Kriterium der Informationstechnologieebene

Bezüglich der Informationstechnologie läßt sich Software in die drei Gruppen Systemsoftware, systemnahe Software und Anwendersoftware einteilen. Die für diese Arbeit

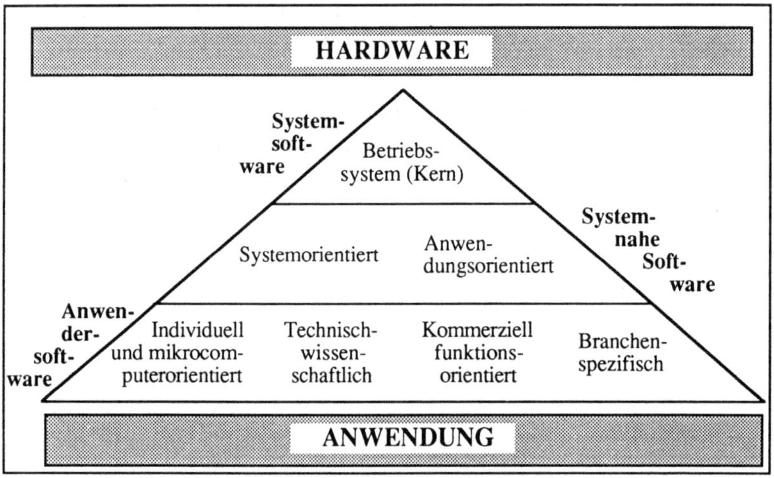

Abb. 3-3: Das Softwarespektrum innerhalb der Informationstechnologieebene

notwendige weitere Unterteilung offenbart durch unvermeidbare Überschneidungen die Problematik der Abgrenzung innerhalb des Untersuchungsobjektes. Abbildung 3-3 faßt die hier gewählte Strukturierung schematisch zusammen. Bestimmend für die Wahl dieser Systematisierung war das Ziel, Leistungen zu definieren, deren jeweilige Anbieter verschiedene Verhaltensweisen aufgrund der unterschiedlichen Eigenschaften ihres Leistungsangebots vermuten lassen.

---

36 Vgl. Thome (1990), S. S-4.

2. Unterscheidung von Software nach der Leistungsart

Im Verhältnis zur gesamten Lebenszeit von Software im engeren Sinne entfällt nur ein geringer Anteil der Aufwendungen auf die Programmierung oder Codierung.[37] Dies führt zu einer systematischen Betrachtung der Zustände vor und nach dem Herstellungsprozeß. Definiert man den Softwarelebenszyklus als "... complete lifetime of a software system from initial conception through to final obsolescence"[38], verfügt das Lebenszykluskonzept über die Möglichkeit der phasenabhängigen Strukturierung der Zustände von Software und verbundenen Leistungen. Eine einheitliche Definition zum Begriff Softwarelebenszyklus existiert in der Literatur jedoch nicht. In mehr oder weniger detaillierten Darstellungen wird auf die Grundstufen wie Analyse, Spezifikation, Konzept, Realisierung, Implementierung und Betrieb bzw. Wartung eingegangen.[39]

Das Erkennen der Notwendigkeit einer Unterstützung aller Lebensphasen einer Software führte zu Angebot und Nachfrage von phasenbezogenen Produkten und Leistungen. Entsprechend richten die Anbieter ihre Leistungsspektren darauf aus, neben der Realisierung im Sinne von Herstellung, auch beliebige einzelne Phasen des Lebenszyklusses von Software in Form voneinander unabhängiger Leistungsarten zu unterstützen. Nach wie vor werden jedoch auch Leistungsarten implizit, d.h. als integraler Bestandteil einer anderen Leistung, angeboten. So kommt es durchaus vor, daß Analysen oder Studien erstellt werden, die in einem Fall als eigenständige Leistungen vermarktet werden und in anderen Fällen weder Erwähnung noch Honorierung finden. Der für einen Anbieter ideale Fall, daß eine Kundenbeziehung mit einer Beratung beginnt und durchgängig alle Schritte bis zur Betriebsunterstützung durchläuft, bildet eine Ausnahme. Bestimmte Kombinationen, deren Trennung nicht sinnvoll ist, prägen jedoch ebenso das Bild. So gehören z.B. die Realisierung in Form einer individuellen Software und deren Implementierung üblicherweise zusammen; andererseits ist die Implementierung fremder Standardsoftware auch für große Softwareunternehmen ein lukratives Geschäftsfeld.

In Form einer Leistungskette der Softwareunternehmen zeigt Abbildung 3-4 die zusammenhängenden möglichen Leistungsarten eines Softwareunternehmens und verdeutlicht, daß ein Anbieter neben der Realisierung im engeren Verständnis unterschiedliche Betätigungsfelder hat. Sowohl in der Vorfeldarbeit (z.B. Beratung, Konzepte) als auch in der

---

37 Vgl. z.B. Christensen (1991), S. 8; Moad (1990); S. 61 ff.; Diebold (1989), S. 1; Lehner (1989), S. 160 ff.; Platz (1983), S. 16.

38 Illingworth (1990), S. 427.

39 Vgl. z.B. Fähnrich (1990), 2 ff.; Boehm (1981), S. 30 ff.

Anwendungsunterstützung (z.B. Schulung, Service) finden sich Leistungsarten, die sich durch starkes Wachstum auszeichnen und aufgrund von vorhandener Nachfrage und Angebot zu Recht als unabhängige Leistung betrachtet werden.

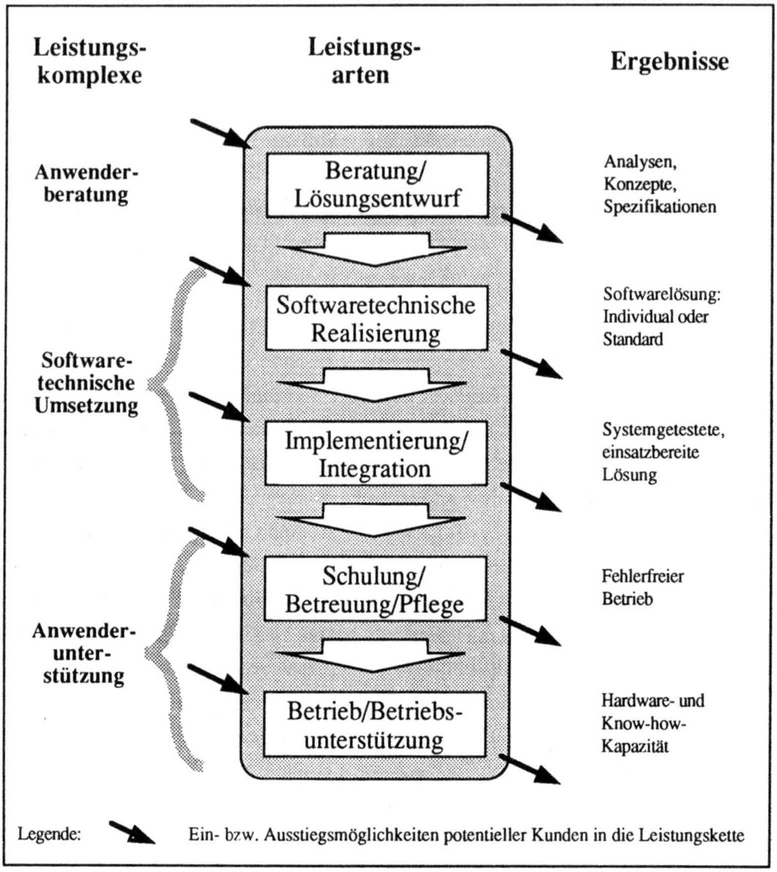

Abb. 3-4: Das Softwarespektrum innerhalb der Leistungsartenebene

a) Anwenderberatung

Die Leistungsart **Beratung und Lösungsentwurf** bezieht sich auf die vielfältigen Leistungen im Vorfeld der eigentlichen Realisierung.[40] Ergebnisse können Analysen, Kon-

---

40 Vgl. zur Ausweitung der Geschäftsarten (unter anderem auf Beratung) z.B. Pärli (1985), S. 273 ff.

zepte, Spezifikationen oder detaillierte Pflichtenhefte sein. Unter anderem beinhalten die Tätigkeiten allgemeine Informations- und Kommunikationsberatung sowie gezieltes organisatorisches oder technisches Konzipieren.

Die strategische Bedeutung dieser Leistungsart wird seitens der Anwender und Anbieter immer deutlicher erkannt, so daß hier inzwischen zahlreiche Anbieter aus benachbarten Branchen vertreten sind. Von der organisatorischen Seite der Beratung kommend, diversifizieren insbesondere Beratungsunternehmen in diesen Bereich und ziehen im Rahmen einer ganzheitlichen Beratung die Datenverarbeitung immer stärker in ihre Lösungskonzepte ein. Von der technischen Seite kommend, haben die Hardwarehersteller die Bedeutung dieses Schrittes im Sinne einer Marktöffnung erkannt und investieren gezielt in Beratungskompetenz.[41]

b) Softwaretechnische Umsetzung

Die softwaretechnische Umsetzung entspricht mit ihren Leistungsarten **Realisierung** und **Implementierung/Integration** den Kernfeldern der Softwareentwicklung. Ohne im Detail auf das Phasenkonzept als Grundlage oder Ausgangspunkt der modernen Softwareentwicklung einzugehen,[42] zeigt sich, daß die Kombination einzelner Entwicklungsschritte (= Phasen) eigenständige Leistungsarten darstellen können, die einzeln nachgefragt und angeboten werden.

Die **softwaretechnische Realisierung** unterteilt sich in die Entwicklungsphasen der Detailspezifikation, dem Entwurf, der Codierung und dem Modultest.[43] Aufbauend auf vorliegenden Grobspezifikationen und Konzepten erfolgt im Rahmen der softwaretechnischen Realisierung also die Erstellung des Programmcodes einschließlich der dazugehörigen Dokumentationen. Ziel ist eine "inhouse-getestete", lieferreife Software. Die Ausführung und das Ergebnis der Realisierung kann in unterschiedlichen Formen erfolgen. Unabhängig von der Spezifikation können verschiedene Standardisierungsniveaus eingesetzt werden, d.h., sowohl Individual- als auch Standardsoftware können als Lösung in Betracht gezogen werden. Die Realisierung erfolgt dabei in problemangepaßten Projektkonstellationen.

---

41 Vgl. zu neuen Anbietern im Softwaremarkt auch Kapitel IV, Abschnitt C, Punkt 1.

42 Vgl. z.B. Rothhardt (1987), S. 15.

43 Vgl. zu den Phasen der Softwareentwicklung z.B. Rothhardt (1987), S. 163 ff.

Die Leistungsart **Implementierung/Integration** beinhaltet die gleichnamigen Phasen der Softwareentwicklung sowie die Tests und letzte Korrekturen vor der erfolgreichen Inbetriebnahme beim Anwender. Die Tätigkeiten beinhalten in der Regel Tests auf der Systemebene, unter Umständen aufwendige Nachbesserungen in der Software und häufig organisatorische oder technische Anpassungen beim Kunden. Insbesondere die Installation fremder Standardsoftware durch Dritte stellt eine umfangreiche eigenständige Leistungsart von Software-Anbietern dar.

c) Anwenderunterstützung

Die Leistungsart **Schulung/Betreuung/Pflege** unterstützt den reibungslosen Einsatz von Software nach der Inbetriebnahme beim Anwender und kann somit als Service im Softwarebereich beschrieben werden. Die Tätigkeiten beinhalten neben regelmäßigen Wartungsarbeiten auch das Installieren neuer Softwareversionen und eine Problembetreuung durch Experten.

Die Leistungsart **Betrieb/Betriebsunterstützung** umfaßt verschiedenartige Dienstleistungen wie z.B. die Bereitstellung von Rechnerkapazitäten, vielfältige Rechenzentrumsdienstleistungen und diverse Serviceleistungen wie Datenerfassung o.ä. Insbesondere sind hier auch die bereits erwähnten Leistungen des *Facility Managements*, d.h. das Verwalten von fremden Rechnerkapazitäten, und des *Outsourcings,* d.h. die gezielte Ausgliederung bestimmter Aktivitäten der Datenverarbeitung, einzuordnen.[44] Das besondere Wachstum in diesen Bereichen kann als Ergebnis der fortschreitenden Arbeitsteilung im Bereich der Datenverarbeitung aufgefaßt werden: Während standardisierte Softwareprodukte immer häufiger Alternativen zur Eigenentwicklung darstellen, wird inzwischen über die Ausgliederung vielfältiger DV-Aktivitäten nachgedacht.

3. Unterscheidung von Software nach der Standardisierung

Standardisierung als Unterscheidungskriterium für Software wurde bereits mehrfach bei der Darstellung der Informationstechnologieebene und der Leistungsart angesprochen. Bezüglich beider Kriterien nimmt die Feststellung des Standardisierungsgrades eine wichtige Rolle hinsichtlich der Vervollständigung der Beschreibung von Software ein.

---

44 Vgl. zu den beiden Begriffen z.B. Dirlewanger (1991); Grobe (1991); Herrmann (1991); Jagoda (1991); Schmitz (1990). Erfahrungsberichte aus der Praxis finden sich z.B. bei Engelsing (1991); McCusker (1991); Froitzheim (1991); Bürger (1991).

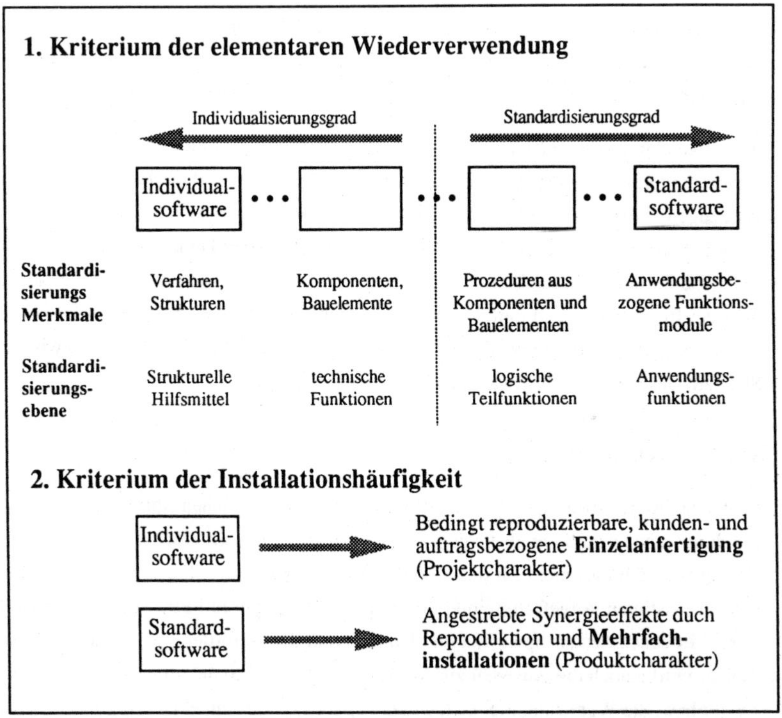

Abb. 3-5: Abgrenzungskriterien zwischen Standard- und Individualsoftware

Innerhalb der Informationstechnologieebene verbindet sich tendenziell ein fallender Standardisierungsgrad mit der steigenden Anwendungsorientierung.[45] Aus dem Blickwinkel einer benutzer- oder problemspezifischen Software kann die Anwendung herangezogen werden, um die Einzigartigkeit softwarebezogener Produkte und Leistungen zu erfassen. Als zweiter Bezugspunkt zur Beurteilung der Standardisierung steht neben der Anwendung auch die Hardware selbst zur Verfügung.[46] Hierbei kann solche Software als standardisiert bezeichnet werden, die auf verschiedenen Rechnersystemen eingesetzt werden kann. Die Individualsoftware hingegen beschränkt sich auf eine oder wenige Plattformen. Sowohl die Anwendung als auch die Hardware stellen somit berechtigte Orientierungspunkte zur Erfassung eines Standardisierungsgrades dar. Das im Verhältnis

---

45 So ist z.B. die Systemsoftware eher standardisiert (im Sinne von einheitlich), wohingegen die Anwendersoftware in hohem Maße benutzer- oder problemspezifisch sein kann (vgl. z.B. Bischoff (1990), S. 795).

46 Vgl. z.B. Bäuml (1990), S. 789.

zur Systemsoftware und zur systemnahen Software erheblich größere Volumen der Anwendersoftware rechtfertigt jedoch eine stärkere Betonung auf die **Anwendung als Bezugspunkt**.

Zur anwendungsbezogenen Erfassung des Standardisierungsgrades einer Software können die Kriterien der *elementaren Wiederverwendung* und der *Installationshäufigkeit* herangezogen werden. Abbildung 3-5 zeigt Standardisierungsmöglichkeiten und veranschaulicht die Schwierigkeit der Grenzziehung anhand dieser beiden Kriterien. Das tatsächliche Festlegen dieser Grenze stellt in der Praxis ein ungelöstes Problem dar, so daß die Begriffe Standard- und Individualsoftware nachfolgend näher erläutert werden sollen, bevor abschließend die fehlende Trennschärfe in Form des Spannungsfeldes zwischen Standard- und Individualsoftware betrachtet wird.

a) Individualsoftware

Läßt sich das Spektrum der Systemsoftware und der systemnahen Software aus der anwendungsbezogenen Sicht als tendenziell standardisiert, d.h. als anwendungsneutral, bezeichnen, so gilt dies nicht für das Feld der Anwendersoftware. Für zahlreiche Anwendungen existieren vorgefertigte und übertragbare Lösungen in Form von Standardsoftware. Mit zunehmender Spezifität und Komplexität der Anforderungen seitens der Anwender wird jedoch die Auswahl zur Verfügung stehender Standardlösungen am Markt kleiner bzw. die Wahrscheinlichkeit, daß eine passende Lösung existiert und auch übertragbar ist, wird geringer. Unter dem Gesichtspunkt der Erfüllung individueller Bedürfnisse wird die Frage der Substitutionalität von standardisierter und individueller Software häufig im Zusammenhang mit der Problematik der Eigenerstellung oder des Fremdbezugs von Software im engeren Sinn gestellt.[47]

Das Kriterium der elementaren Wiederverwendung bezieht sich auf den Herstellungsprozeß von Software. Abbildung 3-5 zeigt unterschiedliche Abstufungen, die jeweils eigene Standardisierungsmerkmale aufweisen. Die Erstellung von Individualsoftware stützt sich demnach auf strukturelle Hilfsmittel und technische Funktionen, die in Form neutraler Komponenten und Bauelemente in definierte Strukturen und Verfahrensweisen integriert werden. So besteht eine weitgehende Möglichkeit kundenspezifische Anforderungen zu berücksichtigen. Mit der Installationshäufigkeit ist ein fließendes Abgrenzungskriterium gegeben, das angestrebte oder realisierte Synergieeffekte durch Mehrfachinstallationen zu erfassen versucht. Individualsoftware verfolgt per Definition eine gewisse Einzigartigkeit

---

47 Vgl. z.B. Gershkoff (1990), S. 73 ff.

und strebt nur bedingt Mehrfachinstallationen an. Das Aufbauen spezifischer Installationserfahrungen ist in der Erstellung von Individualsoftware daher nicht explizit Gegenstand der Planung.

Zusammenfassend läßt sich die Individualsoftware anhand ihres **Dienstleistungscharakters** beschreiben: Es handelt sich um individuelle, kunden- und auftragsbezogene Einzelanfertigungen, die als bedingt reproduzierbare Leistungen im Rahmen von Projekten entstehen. Die Heterogenität in der Individualsoftware ist dabei entsprechend den Eigenschaften einer Dienstleistung erheblich, und externe Rahmenbedingungen bestimmen die Entwicklungsarbeit.

b) Standardsoftware

Im Vergleich zur Individualsoftware ist bei der Standardsoftware bereits eine funktionsorientierte Basis vorhanden, die entweder direkt einsatzbereit ist oder deren Moduln mit geringem Programmieraufwand verbunden werden können. Innerhalb der elementaren Wiederverwendung greift der Herstellungsprozeß von Standardsoftware also auf bestehende logische Teilfunktionen oder vollständige Anwendungsfunktionen in Form von anwendungsbezogenen Funktionsmoduln oder Prozeduren zurück. Durch die möglicherweise erforderliche Anpassung von Moduln, in jedem Fall aber durch ihre Zusammenführung ist tatsächlicher Programmieraufwand, d.h. ein Eingriff auf der Ebene des Programmcodes, erforderlich. Demgegenüber bestehen auch "fertige" Softwareprodukte, sogenannte Pakete, die ohne Anpassungsaufwand von dem Anwender selbst installiert und direkt betrieben werden können.

Dem Kriterium der Installationshäufigkeit kommt bei der Standardsoftware eine besondere Bedeutung zu, da durch Mehrfachinstallationen Synergieeffekte innerhalb eines stabilen Zustandes angestrebt werden. Stabilität ist dabei ein relativer, auf die Anwendung bezogener Begriff. Während sie bei fertigen Softwarepaketen, die keinerlei Anpassung benötigen, per Definition gegeben ist, kann die Installationszahl und ein damit verknüpfter Erfahrungsgewinn bei komplexer anpassungsbedürftiger Standardsoftware ein Planungsziel sein. Die Planung von Installationszahlen enthält neben den Entwicklungsrisiken schwer kalkulierbare marktbezogene Unsicherheiten. Häufig wird die geplante Installationszahl einer Anwendung auch bei qualitativ hochwertiger Software nicht erreicht. Ebenso ist in der Softwarebranche jedoch auch das Gegenteil zu einer verfehlten Akzeptanz von Produkten am Markt zu beobachten: Besonders erfolgreiche Produkte erreichen zum Teil eine derartige Verbreitung, daß sie einen de facto-Standard am Markt bilden und eine beherrschende Stellung einnehmen. Wesentlicher Unterschied zur Individualsoftware ist jedoch, daß hier Mehrfachinstallationen und deren Synergieeffekte grundsätzlich geplant und soweit wie möglich einkalkuliert sind.

Dem Projektcharakter der Individualsoftware stellt die Standardsoftware einen **Produktcharakter** gegenüber.[48] Vor der Realisierung eines Softwareproduktes findet eine positive Investitionsentscheidung statt, die – anders als bei reinen Kundenprojekten – eine Mehrfachinstallation und somit eine Verteilung der Investition auf verschiedene Käufer einkalkuliert.

c) Produkte und Leistungen der Anwendersoftware im Spannungsfeld der Standardisierung

Die in Abbildung 3-5 gezeigten Kriterien der elementaren Wiederverwendung und der Installationshäufigkeit veranschaulichen den prinzipiellen Unterschied der Software bezüglich des möglichen Standardisierungsgrades. Mit dem häufig verwendeten Synonym eines Softwareprojektes für Individualsoftware wird der Unterschied zur Standardsoftware im Sinne eines Produktes deutlich. Da die am Markt ausgetauschte Software also entweder ein weitgehend fertiges Produkt oder die *Erstellung* eines Produktes in Form eines Kundenprojektes sein kann, sind Leistung und Leistungserstellung in der Softwarebranche so eng miteinander verknüpft, wie in kaum einer anderen Branche. Die Vermarktung von Teilen der Entwicklungstechnik stellt daher, anders als die Produktionstechnik eines Fertigungsbetriebs, selbst ein bedeutendes Geschäftsfeld für die Softwareunternehmen dar. Das Spannungsfeld entsteht also nicht nur durch das schwer erfaßbare Kontinuum zwischen den Polen Standard- und Individualsoftware, sondern auch dadurch, daß standardisierte Produkte im Vergleich zu individuellen Projekten spezifische Vor- und Nachteile aufweisen und somit nur bedingt substitutiv sind.

In jeglicher Softwareerstellung muß der Konflikt zwischen einem hohen Grad der Wiederverwendung und der Individualität einer Anwendung gelöst werden. Einerseits können durch die erhöhte Wiederverwendung erprobter Vorleistungen erhebliche Kosten- und Zeiteinsparungen realisiert werden, andererseits sinkt durch vorgefertigte Komponenten tendenziell die Flexibilität, und spezifische Bedürfnisse der Anwender sind in Frage gestellt.[49]

---

48 Die *Strukturierung des Produktes* ist bei Standardsoftware von besonderer Bedeutung und bildet die Voraussetzung für die untergeordneten Projektstrukturen (vgl. z.B. Platz (1988), S. 12 ff.).

49 Vgl. zu einer Gegenüberstellung der Vor- und Nachteile von Individual- und Standardsoftware z.B. Diebold (1990a), S. 1 ff.

Wie wird dieser Konflikt in der Praxis bewältigt? Das Kontinuum der "quasi-standardisierten" Software zwischen den Polen der Individual- und der Standardsoftware läßt sich dazu von zwei Standpunkten aus betrachten. Aus der Sicht des Herstellers der Software kann gefragt werden *was*, d.h. welche Art von Vorleistungen, wiederverwendet werden sollen und aus der Sicht des Anwenders stellt sich die Frage, *wie*, d.h. auf welche Art und Weise, die Software den spezifischen Kundenbürfnissen angepaßt bzw. individualisiert wird.

Die Wiederverwendung von Vorleistungen kann für die als weitgehend standardisiert einzustufende Software in drei Stufen erfaßt werden, die jeweils mit einer bestimmten Form der Individualisierung verbunden sind:[50]

- **Paketsoftware** stellt, abgesehen von der Anpassung an Systemkonfigurationen, eine fertige Lösung dar, die in der Regel für Standardanwendungen auf kleinen Rechnern konzipiert ist.

- **Parametrisch konfigurierte Software** zeichnet sich dadurch aus, daß in der ursprünglichen Konzeption Optionen berücksichtigt wurden, die eine anwenderspezifische Gestaltung auf der Basis vorbereiteter Alternativen ermöglicht. Die Individualisierung erfolgt dabei möglicherweise ohne Eingriffe in den Programmcode selbst.

- Die **individuelle Code-Finalisierung** geht in der Anpassung an die Kundenbedürfnisse den umgekehrten Weg wie die parametrische Konfiguration: Aufbauend auf ausgewählter Basissoftware wird erst durch individuelle Programmierung die Funktionserfüllung erreicht.

Die beiden ersten Arten, die Paketsoftware und die parametrisch konfigurierte Software, sind bezüglich ihrer Möglichkeiten bereits in der ursprünglichen Konzeption vordefiniert. Im Sinne der Anpassung an spezifische Kundenbedürfnisse weisen sie damit eine wesentlich geringere Flexibilität auf als die individuelle Code-Finalisierung, die auf unterschiedlicher Basissoftware aufbauen kann. Tendenziell läßt sich daraus auch eine Eignung für ein breiteres Anwendungsfeld ableiten. Je nach Art und Umfang der Basissoftware kann der verbleibende Programmieraufwand entweder gering gehalten werden oder – als eine Sonderform der individuellen Programmierung – entsprechend hohen Aufwand

---

50 Zu den Arten der Anpassung von Standardsoftware vgl. z.B. Bischoff (1990), S. 796 und 798. Unter parametrischer Konfiguration wird hier die Anpassung, d.h. die Individualisierung, einer Standardsoftware über integrierte Tabellen oder konfigurierbare Optionen verstanden.

erfordern. Die Verbindung mit modernen Werkzeugen, insbesondere die fortgeschrittene Automatisierung im Rahmen der Generierung von Masken, Rahmen oder ganzen Programmteilen, erhöht die Möglichkeit der sinnvollen Einbindung bestehender Vorleistungen, die in einer handhabbareren Form als dem Programmcode selbst vorliegen und dort effizient modelliert sowie ohne großen Restaufwand zu verwertbaren Programmen transformiert werden können.

C. Zusammenfassende Darstellung des Softwarespektrums in einem dreidimensionalen Modell

Softwarebezogene Produkte und Leistungen lassen sich mit Hilfe der drei oben dargestellten Kriterien Informationstechnologie, Leistungsart und Standardisierungsgrad beschreiben. Mit den Unterteilungen dieser Dimensionen läßt sich ein Spektrum aufspannen, in welchem sich sämtliche softwarebezogenen Produkte und Leistungen einordnen lassen. Die oben dargestellten Zwischenstufen der einzelnen Dimensionen lassen sich zusammenfassend folgendermaßen gliedern:

- Ebene der **Informationstechnologie**
  - Betriebssysteme
  - Systemnahe Software
    - Systemorientierte Software
    - Anwendungsorientierte Software
  - Anwendersoftware
    - Individuell und mikrocomputerorientierte Software
    - Branchenspezifische Software
    - Kommerziell, funktionsorientierte Software
    - Technisch-wissenschaftliche Software

- Ebene der **Leistungsart**
  - Beratung/Lösungsentwurf
  - Softwaretechnische Umsetzung
    - Softwaretechnische Realisierung
    - Implementierung/Integration
  - Anwenderunterstützung
    - Schulung/Betreuung/Pflege
    - Betrieb/Betriebsunterstützung

- Ebene der **Standardisierung**
  - Individualsoftware
  - Standardsoftware

Durch die Kombination einzelner Merkmalsausprägungen auf der Ebene der Informationstechnologie, der Leistungsart und den beiden Ausprägungen der Standardisierung ergeben sich eine Vielzahl verschiedener Teilleistungen (vgl. Abbildung 3-6). Wie in Kapitel IV gezeigt wird, verteilt sich das Marktvolumen mit großen Schwankungen auf die einzelnen Bereiche.[51] Erwartungsgemäß erweisen sich dort die Teilleistungen der softwaretechnischen Umsetzung in der Anwendersoftware als die umsatzstärksten Felder, wohingegen Bereiche wie z.B. die Realisierung individueller Betriebssysteme von untergeordneter Bedeutung sind. Neben diesen beiden exemplarisch genannten Bereichen zeigen auch andere Teilleistungen interessante Einstufungen. So lassen sich z.B. interessante branchenweite Veränderungen identifizieren oder gezielte Schwerpunkte einzelner Softwareunternehmen erkennen.

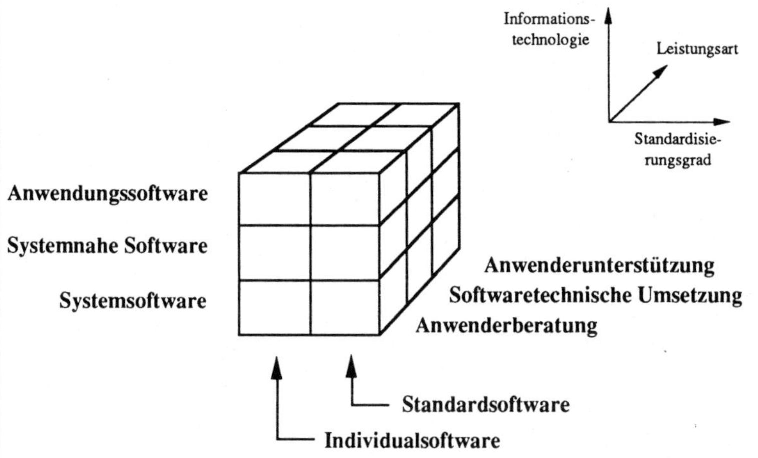

Abb. 3-6: Systematisierung softwarebezogener Produkte und Leistungen

Die erfaßte Vielfalt der softwarebezogenen Produkte und Leistungen läßt sich nur schwer in die Grundstruktur der technikgestützten Informationshandhabung einordnen. In einem Referenzmodell des Informations-Managements beschreibt Wollnik die Ebene des inhaltlichen Informationseinsatzes (Ebene 1), die Ebene der Informations- und Kommunikationssysteme (Ebene 2) sowie die Ebene der Infrastrukturen der Informationsverarbeitung

51 Auch wenn die Zuordnung einzelner Produkte und Leistungen aufgrund fehlender Trennschärfe oder definitorischer Unklarheiten häufig problematisch ist, so zeigen einzelne Teilleistungen in ihren "Zentren" Eigenschaften, die sie deutlich von anderen abgrenzen.

und Kommunikation (Ebene 3).[52] Software im engeren Sinne, also in der Form von Computerprogrammen, ist ein Bestandteil eines technischen Systems, muß sich also dementsprechend auf der Ebene der Infrastrukturen der Informationsverarbeitung und Kommunikation (Ebene 3) einordnen lassen. Innerhalb von Beratungsleistungen kann Software jedoch auch Modelle oder Konzepte darstellen, so daß Software in diesem Verständnis selbst ein Informationssystem darstellt und so der Ebene von Informations- und Kommunikationssystemen (Ebene 2) zugerechnet werden kann.[53] Je nach Definition kann Software den Ebenen 2 oder 3 zugeordnet werden, womit prinzipiell auch die wechselseitigen Beziehungen zur Ebene des Informationseinsatzes bestehen.[54]

---

52 Vgl. Wollnik (1988a), S. 38.

53 Der Begriff Informationssystem wird bei Wollnik mit "Anwendung" gleichgesetzt. Vgl. Wollnik (1988a), S. 37 f.

54 In diesem Zusammenhang ist der mögliche struktur- und systemprägende Charakter der Software im weiteren Sinne zu betonen (vgl. z.B. Wollnik (1988b), S. 63).

Kapitel IV

Marktstruktur und Marktverhalten in der Softwareindustrie

Im Anschluß an die Darstellung des Spektrums softwarebezogener Produkte und Leistungen – dem zentralen Punkt eines Marktgeschehens – wird in Kapitel IV der Softwaremarkt in seiner Eigenschaft als Ort des Zusammentreffens von Angebot und Nachfrage analysiert. Die Betrachtungen schließen neben dem Marktleistungsspektrum auch die Marktteilnehmer in Form aller Anbieter und Abnehmer ein, so daß Kapitel IV eine Branchenanalyse darstellt. In diesem Kapitel sollen die Voraussetzungen geschaffen werden, um das Unternehmensumfeld als Ausgangspunkt für die Ableitungen des Gestaltungsrahmens beschreiben zu können.[1]

Grundlegend für diese Branchenanalyse ist der durch die Industrieökonomie gezeichnete Rahmen, um Marktteilnehmer und deren Zusammenspiel zu beschreiben. Nach der Darstellung allgemeiner Rahmenbedingungen wird daher zunächst auf die Marktstruktur und anschließend auf das Marktverhalten eingegangen.[2] Während sich die traditionellen Ansätze eher auf die quantitativen Merkmale zur Beschreibung der Marktstruktur konzentrierten,[3] müssen hier auch nicht unmittelbar quantifizierbare Informationen aufgenommen werden, um das Unternehmensumfeld möglichst umfassend zu beschreiben. Abschnitt B beinhaltet daher "Zahlenmaterial" zur Marktstruktur in Form von Marktteilnehmern und Marktleistungsspektrum, bevor in Abschnitt C eine primär qualitative Deskription des Marktverhaltens im Rahmen der Industrieökonomie erfolgt.

Kapitel IV stützt sich auf zahlreiche Studien als Sekundärquellen.[4] Keine der Studien entspricht jedoch in vollem Umfang dem zugrunde liegenden theoretischen Rahmen der Industrieökonomie, so daß auf unterschiedliche Erhebungen zurückgegriffen werden muß und zusätzliche eigene Erhebungen und Interpretationen erforderlich sind.[5]

---

1 Vgl. zur Einbindung und Konzeptualisierung des Unternehmensumfeldes Kapitel II, Abschnitt C.

2 Vgl. z.B. Oberender (1989), S. 1 ff., der für die Durchführung von Branchenanalysen die Gliederungshauptpunkte Marktstruktur und Marktverhalten vorschlägt.

3 Vgl. z.B. Neumann (1979), S. 647, der als Merkmale der Marktstruktur Konzentration der Anbieter, Außenhandelsverflechtungen, Markteintrittsbarrieren, Produktdifferenzierung und die Konzentration auf der Nachfrageseite sieht oder ähnlich auch Böbel (1984), S. 8, der feststellt, daß man bei der Durchsicht des Schrifttums häufig auf einige wenige Größen trifft.

4 Verwendet wurden insbesondere GMD (1989), UBM (1989), Input (1991) und (1988), Maenner (1986), OECD (1985) und GMD (1983).

5 Unter den im Rahmen der Industrieökonomie entstandenen Branchenanalyse findet sich keine Studie, die sich mit der Softwarebranche befaßt. Vgl. z.B. Oberender (1989) mit einer Sammlung von 16 Branchenstudien oder Bombach/Gahlen/Ott (1985) mit einer Sammlung von 4 ausgewähl-

A. Rahmenbedingungen in der Softwareindustrie und ihre Stellung innerhalb der Datenverarbeitung

Erst mit der Anerkennung der Software als eigenständige Geschäftsgelegenheit kann von der Entstehung der Softwarebranche gesprochen werden. Dies ist die Voraussetzung für das Auftreten dedizierter Anbieter am Markt, deren Sachziel die Entwicklung und Vermarktung von Software ist. Nach diesem Verständnis ist die Entstehung von Märkten der Entstehung von Branchen untergeordnet bzw. vorgeschaltet. Neue Märkte können durch fallende Handelsbarrieren oder Deregulation entstehen,[6] neue Branchen hingegen gehen über das Überwinden geographischer oder rechtlicher Grenzen hinaus und basieren auf der Entwicklung tatsächlich innovativer Leistungen durch Anbieter, die hierin eine neue selbständige Geschäftsgelegenheit sehen und wahrnehmen.[7]

Mit der isolierten Betrachtung der Software – die im eigentlichen Sinn mit dem von Neumannschen Rechnerkonzept[8] in den vierziger Jahren entstand – ist man noch weit von der Entstehung der Branche oder auch nur der Existenz von Software als unabhängige Leistung entfernt. Lange war die Software ein integraler Bestandteil von DV-Systemen, der sich erst mit der Entwicklung von Anwendersoftware abzulösen begann. Es waren zuerst die Hardware-Hersteller, die spezifische Anwendungen als Kundensoftware anboten. Eine Aufwertung der Software erfolgte 1969, als das Department of Justice der USA die getrennte Ausweisung von Hardware und Software auf Rechnungen der IBM verlangte (Unbundeling).[9]

Die getrennte Ausweisung von Hardware und Software auf Leistungsnachweisen kann als eigentlicher Ursprung der Softwarebranche angesehen werden. Nachdem bereits in den fünfziger Jahren die ersten "Programmier-Unternehmen" gegründet worden waren und die Trennung der Software von ihrem Medium quasi per Dekret erfolgte, war die Softwarebranche entstanden; denn die ersten dedizierten Anbieter und ein eigenes Marktleistungsspektrums waren vorhanden. Mit der Entwicklung von FORTRAN als erste höhere Programmiersprache begann 1956 eine lange Liste von Meilensteinen, der bis

---

ten Branchen oder Mosakowski (1990) zu einer umfangreichen Untersuchung der *Computer Industry*. Vgl. Kapitel I, Abschnitt C zur eigenen Erhebung.

6 Vgl. z.B. Bleeke (1990), S. 158.

7 Vgl. z.B. Porter (1980), S. 273.

8 Unter dem von Neumannschen Rechnerkonzept (vgl. z.B. Giloi (1981), S. 33 ff.) wird hier die getrennte Speicherung von Eingabedaten und Programmdaten in nichtverdrahteten, jederzeit löschbaren bzw. modifizierbaren Arbeitsspeichern verstanden.

9 Vgl. OECD (1985), S. 56 oder ausführlich zum "Unbundeling" Pärli (1985), S. 269.

heute beinahe jährlich wesentliche neue Leistungen hinzugefügt wurden.[10] Die Entwicklung problemorientierter Sprachen (z.B. für künstliche Intelligenz) und der Einsatz von hochentwickelten komplexen Werkzeugen (z.B. Software-Produktionsumgebungen) stellen beispielsweise Meilensteine jüngeren Datums dar, die erst zögerlich, dafür inzwischen jedoch um so deutlicher das Leistungsspektrum im Sinne von Produkten und Produktion und somit die gesamte Branche verändern.

1. Die Softwareindustrie als junge Branche

Trotz einer langen Liste wichtiger Ereignisse und der Einführung der erfolgreichen kommerziellen Programmierung vor 1960, herrschen in der Softwarebranche Strukturen vor, die sie als junge Branche klassifizieren.[11] Als gemeinsame strukturelle Merkmale junger Branchen nennt Porter unter anderem die *technologische* und *strategische Unsicherheit, anfänglich hohe Kosten mit anschließendem steilen Kostenrückgang, Neugründungen, Erstkäufe* sowie einen *kurzen Zeithorizont.*[12] Ohne die detaillierten Ergebnisse der folgenden Abschnitte vorwegzunehmen, kann die Softwarebranche hier als junge Branche skizziert werden.

Abgesehen von der **technischen Unsicherheit** resultierend aus der Beeinflussung von Hardwareentwicklungen, bestehen in der Softwarebranche erhebliche Unsicherheiten durch die hohe Veränderlichkeit und den geringen Standardisierungsgrad in weiten Teilen der Leistungen. Die rasche technologische Weiterentwicklung erzwingt regelmäßig zu Grundsatzentscheidungen mit weitreichenden Konsequenzen für das gesamte Softwareunternehmen.[13] Schwer abschätzbare technische Folgen resultieren z.B. aus den Innovationen im Bereich von Softwareentwicklungs-Werkzeugen[14]. Im Sinne der eigenen optimalen "Produktionstechnik" müssen Softwareunternehmen hier einen Weg festlegen.[15]

Die **strategische Unsicherheit** leitet sich maßgeblich aus der technischen Unsicherheit ab, da das Wesensmerkmal der technischen Weiterentwicklung nicht nur inkrementeller Natur, sondern häufig grundsätzlicher Art ist. Technikbezogene Entscheidungen

---

10 Ausgewählte Meilensteine in der Entwicklung von Software und der Softwareindustrie finden sich z.B. in OECD (1985), S. 179 ff.

11 Vgl. zu jungen Branchen z.B. Porter (1980), S. 273 ff.

12 Vgl. Porter (1980), S. 275 ff.

13 Vgl. z.B. Österle (1989), S. 38 ff.

14 Vgl. zu einer ausführlichen Erläuterung von Softwareentwicklungs-Werkzeugen Kapitel VI, Abschnitt C, Punkt 2)a).

15 Vgl. zur Notwendigkeit der strategischen Planung des Einsatzes von Softwareentwicklungs-Werkzeugen z.B. Hughes/Clark (1990), S.42; Thome (1991), S. 5.

haben somit weitreichende und langfristige Konsequenzen, da sie erhebliche Investitionen und schwer abschätzbare Folgen beinhalten. Die Verfolgung von marktbezogenen Trends ist für alle Softwareunternehmen von großer Bedeutung; denn ebenso wie neue Geschäftsarten entstehen, können durch rasche Strukturveränderungen negative Wirkungen für bestehende Geschäftsfelder auftreten.[16]

Die **anfänglich hohen Kosten und der steile Kostenrückgang** haben unterschiedliche Bedeutung für verschiedene Softwarearten. Für die Paketsoftware trifft dieser Trend in besonderem Maße zu, da die Kosten der Reproduktion und des benötigten Materials (Datenträger/Dokumentation) im Vergleich zur eigentlichen Entwicklung verschwindend gering sind. Je niedriger jedoch der Standardisierungsgrad der Software, desto höher ist der Anteil individueller Leistungen durch den Anbieter. Auch wenn es innerhalb der Wirtschaftlichkeitsbetrachtungen noch nicht gelungen ist, das Konzept der Erfahrungskurve einzusetzen, so wird doch allgemein anerkannt, daß erhebliche Lerneffekte und Größenvorteile in der Herstellung "ähnlicher" softwarebezogener Produkte und Leistungen vorhanden sind.[17]

Trotz rückläufiger jährlicher Zahlen der **Unternehmensneugründungen** prägen diese das Bild der Anbieterstruktur in der Softwarebranche stark. Der größte Teil der Softwareunternehmen muß der Kategorie Kleinunternehmen zugeordnet werden, die häufig mit dem Ziel der Vermarktung einer konkreten Idee von Einzelberatern gegründet worden waren.[18] Ebenso kennzeichnen Ausgliederungen von DV-Abteilungen und *Spin-offs* die Struktur der Branche.[19] Die zahlreichen Neugründungen spiegeln sich entsprechend in der Altersstruktur der Unternehmen wider: Jedes zehnte Softwareunternehmen in der Bundesrepublik wurde erst in den letzten 2 Jahren gegründet und über die Hälfte aller Unternehmen war 1989 weniger als 8 Jahre alt.[20]

---

16 So kann z.B. die Bildung eines Marktstandards bezüglich bestimmter Produkte Folgewirkungen auf andere Teilleistungen haben. Akzeptanz oder Ablehnung von Betriebssystemen am Markt kann beispielsweise Konsequenzen für die gesamte Anwendersoftware mit sich bringen.

17 Vgl. z.B. Saalfrank/Schelle/Schnopp (1987), S. 100, wo *economies of scale* in der Softwareentwicklung grundsätzlich bestätigt werden. Dieses Ergebnis geht über Boehm hinaus, der Größenvorteile lediglich in einer Kostendegression durch eine höhere Auslastung von getätigten Investitionen sieht (vgl. Boehm (1981), S. 159).

18 Diese "Gründungsideen" sind in der Regel anwendungsbezogene Realisierungen wie z.B. Software für Branchen oder Berufsgruppen. Ebenso handelt es sich bei den Neugründungen als Kleinunternehmen häufig um Nischenanbieter, die sich auf ein bestimmtes Spektrum der Software, z.B. PC-Netzwerke, spezialisiert haben (vgl. zu innovativen Unternehmensgründungen z.B. Picot/Laub/Schneider (1989)).

19 Vgl. z.B. Pärli (1985), S. 272 f.

20 Vgl. z.B. GMD (1989), S. 85.

In der Softwarebranche spielt das Kriterium der **Erstkäufer** nach wie vor eine große Rolle. Durch die Erschließung neuer Anwendungsfelder zieht die Datenverarbeitung immer weitere Kreise in Wirtschaft, Verwaltung und Haushaltungen. Der Anteil der Erstkäufer ist in den letzten Jahren jedoch erheblich gesunken. Im Jahr 1989 waren nur noch 10 Prozent der Anwender Erstanwender, wobei im gleichen Zeitraum aber immer noch weniger als ein Viertel aller bundesdeutschen Betriebe als DV-Anwender eingestuft wurde, so daß auch in den kommenden Jahren noch mit einem großen Volumen potentieller Erstkäufer gerechnet werden kann.[21]

Der Druck zur Befriedigung der Nachfrage nach geeigneten Produkten, den Porter als **kurzen Planungshorizont** bezeichnet, ist in der Softwarebranche in weiten Teilen noch vorhanden und äußert sich in zum Teil erheblichen Lieferzeiten. Jedoch mehren sich derzeit die Anzeichen, daß sich der Softwaremarkt in bestimmten Segmenten von einem Verkäufermarkt zu einem Käufermarkt wandelt.[22] Im Bereich der Standardanwendersoftware sind Preis- und Leistungsvergleiche mögliche Ansatzpunkte zur Stärkung der Verhandlungsposition der Abnehmer. Gleichzeitig muß jedoch betont werden, daß die Menge bestehender alternativer Lösungen aus der Sicht des Anwenders häufig sehr gering ist.

2. Software als Dienstleistung und Produkt

Deutlicher als bei Sachleistungen oder Gütern tritt bei der Software der Charakter eines geistigen Gutes in den Vordergrund.[23] Obwohl dieses Gut dokumentierbar und beliebig lagerfähig bzw. reproduzierbar ist, kann es nur in einem eng eingegrenzten Bereich erneut eingesetzt werden, da der geistige Anteil in der Regel problem- oder sogar kundenspezifisch ist. Gleichzeitig unterscheiden sich die Leistungen der Softwareunternehmen im Sinne technischer und komplexer Dienstleistungen jedoch erheblich von "nicht-industriellen" Dienstleistungen.

Eine kontinuierliche technische Weiterentwicklung und die steigende Notwendigkeit der Orientierung an Kundenbedürfnissen führen zu einem ständigen Wandel in der Struktur der Softwarebranche.[24] Diese Entwicklung entspricht dem Strukturwandel moderner, hochentwickelter Volkswirtschaften, die sich im Übergang von einer Industrie- zur

---

21 Vgl. z.B. GMD (1989), S. 24 und S. 36. Ausführlich dazu auch im folgenden Abschnitt.

22 Vgl. z.B. Strunz (1985), S. 281.

23 Vgl. hierzu z.B. Kay (1989), S. 10 ff.

24 Vgl. z.B. Strunz (1985), S. 279 ff. oder Pärli (1985), S. 270 ff.

Dienstleistungsgesellschaft befinden.[25] Auch innerhalb der Softwarebranche macht sich dieser Trend durch einen immer größeren Marktanteil der Teilleistungen Beratung und Anwenderunterstützung bemerkbar. Gleichzeitig stellt jedoch die zunehmende Standardisierung der Software (z.B. durch fertige Produkte) einen gegenläufigen Trend zur kundenspezifischen Dienstleistung dar.

Leistungseigenschaften / Abgrenzungskriterien	**Dienstleistungscharakter**	**Produktcharakter**
Informationstechnologie	Anwendersoftware	Systemsoftware
Leistungsart	Beratung	Betrieb
Standardisierungsgrad	Individualsoftware	Standardsoftware

Abb. 4-1: Leistungscharakteristik der Software

Abbildung 4-1 veranschaulicht den gespaltenen Charakter der softwarebezogenen Produkte und Leistungen bezüglich der Dienstleistungs- und Produktorientierung. Die drei Unterscheidungskriterien Informationstechnologie, Leistungsart und Standardisierungsgrad lassen sich in ihren Extrempunkten jeweils Produkt- bzw. Dienstleistungseigenschaften zuordnen.[26] So zeigen Anwendersoftware, Beratung und Individualsoftware deutliche Parallelen zu den Merkmalen einer Dienstleistung: Sie sind ausschließlich immateriell und nur bedingt übertragbar, da die Orientierung in hohem Maße kunden- oder problemspezifisch ist. Die Systemsoftware, das Betreiben von Rechnerkapazitäten und die Standardsoftware hingegen sind als Leistungen deutlich durch Produktmerkmale gekennzeichnet: Sie sind leichter austauschbar und verfügen über einen wesentlich höheren Standardisierungsgrad. Somit beinhaltet das Spektrum der Softwareunternehmen

25 Vgl. z.B. Buttler/Stegner (1990), S. 931. Statistisch läßt sich diese Entwicklung belegen: von 1960 bis 1987/1988 stiegen die Anteile an der Bruttowertschöpfung des Dienstleistungssektors von 41 auf 57 Prozent und der Anteil der Arbeitsplätze sogar von 38 auf 55 Prozent.

26 Vgl. zur Leistungscharakteristik von Software im Sinne von Produkten und Projekten auch Kapitel III, Abschnitt B, Punkt 3.

Leistungen, die sowohl Merkmale von Dienstleistungen als auch von Produkten im Sinne von Sachleistungen und Gütern aufweisen.

Bezüglich der Dienstleistungseigenschaften von Software kann in der Branchenentwicklung inzwischen von einer dritten Phase gesprochen werden. In der Entstehungsphase der Softwarebranche waren individuelle Kundenprojekte im Bereich der Anwendersoftware Kernleistungen der Softwareunternehmen. In Phase 2 wurde das Leistungsspektrum um Standardanwendersoftware ergänzt, womit ein Produktcharakter im Sinne einer reproduzierbaren, speicherbaren und standardisierten Leistung große Bedeutung bekam. In der heutigen, dritten Phase wird das bestehende Leistungsspektrum durch kundenspezifische Beratung und individuelle Betriebsunterstützung wiederum durch Dienstleistungen ergänzt.[27]

3. Software im Lösungsverständnis der Informationstechnik

Trotz der Eigenständigkeit der Softwarebranche im Sinne eines abgegrenzten Marktes und dedizierter Anbieter stellt die isoliert betrachtete Software eine nicht unmittelbar verwertbare Leistung dar, sondern ist zumindest von der **Hardware** als Medium abhängig.[28] Darüber hinaus wird die Kombination von Hardware und Software häufig durch **Beratungsleistungen** ergänzt. Verstanden als Methoden und Verfahren der Handhabung und Umformung von Information, stellen Hardware, Software und Beratungsleistungen einen vollständigen Rahmen der Informationstechnik dar.[29] Obwohl sie eigenständigen Branchen zuzurechnen sind, ergänzen sich diese drei Komponenten aus der Sicht eines Anwenders zu einer individuellen Lösung.

Die **Hardware** konzentriert sich aus der Sicht des Anwenders im wesentlichen auf verschiedene Formen der Überlassung und Unterstützung von Rechneranlagen und allen zugehörigen peripheren Geräten vor Ort oder auf den Bezug reiner Rechnerleistungen durch fremdverwaltete, in unterschiedlichem Besitz befindliche Rechnerkapazitäten. Das geringe absolute Wachstum der Umsätze im Verkauf von Hardware und die fallenden Gewinnmargen veranlassen immer mehr Hardware-Hersteller verstärkt in benachbarte

---

27 Als Charakteristika erfolgreicher Dienstleister nennen Benölken und Greipel (1) die Orientierung hin zu Spitzenleistungen, (2) Kundenorientierung, (3) Kommunikationsorientierung, (4) kleine Einheiten in großer Zahl und (5) Prioritäten unter Bewahrung von Flexibilität (vgl. Benölken/ Greipel (1990), S. 97 ff.). In den folgenden Kapiteln wird deutlich, daß diese Eigenschaften für die Softwareunternehmen eine besondere Bedeutung haben.

28 Vgl. den folgenden Abschnitt zu den Netzeffekten in der Softwarebranche.

29 Vgl. zur Informationstechnik z.B. Hanker (1990), S. 61.

Bereiche einzudringen.[30] Vor allem Standardsoftware und systemnahe Software bilden Ansatzpunkte für die Hersteller, um in die Kernfelder der Softwareunternehmen einzudringen. Nach der Phase des Unbundeling, in der die Software bewußt von der Hardware getrennt wurde, zeichnet sich im Rahmen des Geschäfts kompletter, einsetzbarer Systeme ein stärkeres Bestreben der Hardwareunternehmen ab, gleichzeitig mit der Hardware die Komponenten der Beratung und der Software integriert anzubieten.[31]

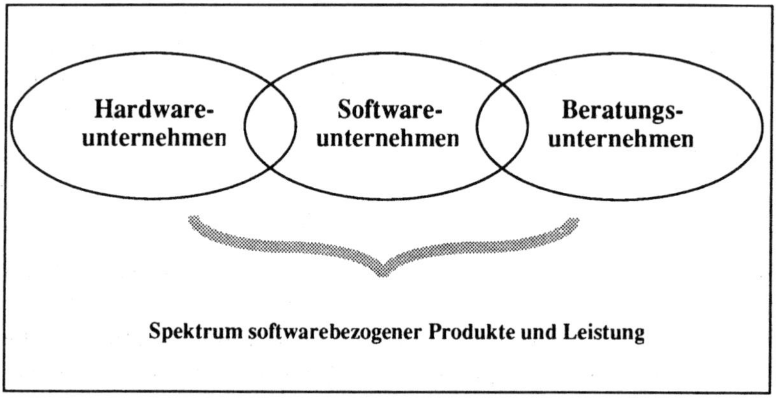

Abb. 4-2: Softwareleistungsspektrum in der Informationstechnik

Mit der Anerkennung der Bedeutung des Produktionsfaktors Information[32] ist gleichzeitig auch die Datenverarbeitung im weitesten Sinne verstärkt zum Gegenstand von **Beratungen** geworden. Ganzheitlichkeit der Informationsverarbeitung und die Einbindung in die unternehmensweite Strategie sind die übergeordneten Ansatzpunkte, über die Beratungsunternehmen in das Leistungsspektrum der Softwareunternehmen gelangen.[33] Abstrakten Rahmenplanungen folgen so konkrete Pläne zur Auswahl von Standardsoftware oder zur Vorbereitung und Unterstützung der eigenen Realisierung. Innerhalb von Organisationsprojekten bieten zahlreiche Beratungsunternehmen fremde Standardsoftware an,

---

30 Vgl. hierzu Abschnitt C, Punkt 1.

31 Zur Branchenentwicklung bezüglich der Dienstleistungseigenschaft der Software in Verbindung mit Hardwareunternehmen vgl. Kapitel IV, Abschnitt C und zum *Unbundeling* Vgl. Kapitel IV, Abschnitt A.

32 Vgl. zum Produktionsfaktor Information z.B. Picot (1990a).

33 Vgl. z.B. BDU (1991), S. 17, wo festgestellt wird, daß 1990 in Beratungsunternehmen erstmals mehr Umsatz durch DV-Beratung erzielt wurde als durch den Bereich Unternehmensführung. Das Leistungsspektrum der Beratungen unterscheidet sich teilweise jedoch erheblich, so daß Beratungen, die z.B. auf Marketing oder Personal spezialisiert sind, überhaupt keine Überschneidungen mit dem breiten Leistungsspektrum von Softwareunternehmen haben müssen.

implementieren diese und betreuen die Nutzung durch gezielte oder allgemeine Schulungen.

Die enge Verbindung zwischen den Produkten und Leistungen der Unternehmen aus Hardware-, Software- und Beratungsbranche erklärt die problematische Abgrenzung auch über die Branchengrenzen hinaus (vgl. Abbildung 4-2). Typischerweise umfaßt gerade das Leistungsspektrum von Softwareunternehmen neben der Software auch einen beträchtlichen Anteil von Produkten und Leistungen aus den angrenzenden Märkten der Hardware und der Beratung.

Sowohl Hardware, Software als auch Beratung sind gleichzeitig Bestandteil von Anwendungen. Individuelle Kombinationen dieser drei Komponenten werden hier als Lösungen bezeichnet, wobei auch die Zusammensetzung innerhalb der einzelnen Komponenten erheblich zwischen verschiedenen Lösungen differieren kann.

Der Lösungsbestandteil Beratung nimmt – trotz steigender Tendenz – einen geringen Anteil des erwirtschafteten Umsatzes der Softwareunternehmen ein.[34] Der geringe Umsatzbeitrag der Beratung spiegelt auch deren finanziellen Stellenwert in Lösungsverständnis wider, so daß aus Sicht des Anwenders der Großteil der Aufwendungen auf Hardware und Software entfällt. Unbestritten ist jedoch die große strategische Bedeutung der Beratungsleistungen als Ausgangspunkt weiterer Geschäftsabschlüsse und zur Profilierung über die Demonstration innovativen Know-hows und softwaretechnischer Kompetenz. Über das Verhältnis zwischen Hardware- und Softwareaufwendungen wurden zahlreiche Untersuchungen und Prognosen erstellt.[35] Allen Ergebnissen ist gemein, daß sich das Kostenverhältnis zwischen Hardware und Software drastisch verschoben hat und der Trend zu einer stärkeren Gewichtung der Software auch weiter anhält. Dies wirkt sich nachhaltig auf die Verteilung der Wertschöpfung im DV-Markt aus: Während die Wertschöpfung durch die Hardware in den vergangenen Jahren noch größer war als die von Software und Service, zeichnet sich eine Angleichung in den kommenden zwei bis drei Jahren ab.[36]

---

34 Die untersuchten Unternehmen maßen der eigenständigen Beratungsleistung maximal 15 Prozent des Gesamtumsatzes zu.

35 Eine Übersicht von Ergebnissen von 15 Studien zwischen 1968 und 1983 findet sich z.B. bei OECD (1985), S. 1984).

36 Vgl. z.B. Diebold (1990b), S. 7, wo die gesamte *Wertschöpfung* des bundesdeutschen DV-Marktes auf Zahlenmaterial von 1990 für fünf Jahre prognostiziert wird. Der Anteil der Hardware von 50 % wird demnach kontinuierlich fallen, während der Anteil von Software und Service von 38 % kontinuierlich auf annähernd 50 % steigen wird. Die jeweils verbleibenden ca. 10 % der Wertschöpfung beziehen sich auf die Hardware-Wartung. Ähnlich entwickelt sich laut IDC auch die Ausgabenstruktur für die Datenverarbeitung: Während die Gesamtausgaben für Hardware 1989 diejenigen für

In welchem Verhältnis Hardware- und Softwareaufwand bei individuellen Lösungen tatsächlich stehen, hängt von zahlreichen Eigenschaften der Anwendung ab. In Anlehnung an das Unterscheidungskriterium Informationstechnologie, das in Kapitel III angewandt wurde, um die Software zwischen den Polen der Hardware und der Anwendung zu systematisieren,[37] kann hier eine hardware- und eine anwendungsorientierte Betrachtungsweise eingenommen werden. Aus der Sicht der Hardware ist festzustellen, daß enorme Leistungssteigerungen und die zunehmende marktbezogene Standardisierung die Rechner quasi zu einer "austauschbaren" Basis von Anwendungen haben werden lassen. Demgegenüber ermöglicht die hohe Flexibilität der Software eine größtmögliche Berücksichtigung individueller Anwenderbedürfnisse. Für das Aufwandsverhältnis der Lösungskomponenten Hardware und Software läßt sich daraus ableiten, daß der Hardwareanteil im Vergleich zur Software relativ stabil sein kann, wohingegen die Höhe des Aufwands für Software die Individualität der Anwendung widerspiegelt und somit abhängige Variable ist.

4. Netzeffekte in der Softwarebranche

In der engen Verwandtschaft und Abhängigkeit der Kernleistungen der drei Branchen Hardware, Beratung und Software liegt letztlich auch der Ursprung der bestehenden *Netzeffekte* begründet, d.h., der Nutzen einer einzelnen Leistung kann möglicherweise nur in Verbindung mit einer zweiten Leistung ausgeschöpft werden (Netznutzen).[38] Für Softwareunternehmen lassen sich diese Netzeffekte als Hebelwirkungen zwischen den einzelnen Lösungskomponenten ausnutzen. Besonders zwischen den Komponenten der Hardware und Software bestehen starke Abhängigkeiten, die sich im Rahmen eines Lösungsgeschäfts bzw. des *Turnkey*-Geschäfts wettbewerbswirksam einsetzen lassen.[39] Sowohl Software als auch Hardware können daher als Vehikel füreinander eingesetzt werden.[40] Sinnvollerweise sind hier die Positionen der Komplett*hersteller* (Hardwareunternehmen) und der Komplett*lieferanten* (Softwareunternehmen) zu unterscheiden.[41]

Software & Services noch übertreffen, wird für 1993 bereits ein Anteil von über 50 Prozent für Software & Services prognostiziert (vgl. IDC (1990), S. 68).

37 Vgl. Kapitel III, Abschnitt B, Punkt 1.

38 Vgl. zu Netzeffekten z.B. Wiese (1990), S. 2.

39 Vgl. zur Position der Systemführerschaft im Rahmen des Lösungsgeschäft bzw. der Systemintegration z.B. Backhaus/Plinke (1990), S. 24. Unter *Turnkey*-Geschäft wird ein komplettes Angebot bestehend aus Hardware, Software und Service durch *einen* Anbieter verstanden. Laut Input ist Deutschland der größte *Turnkey*-Markt in Europa (vgl. z.B. Input (1991), S. 10).

40 In den sogenannten *packages* dient die Software eher als Zusatz zum eigentlichen Geschäft mit der Hardware, wird also *mitverkauft*. Im Rahmen eines Lösungsgeschäfts tritt jedoch zunehmend auch

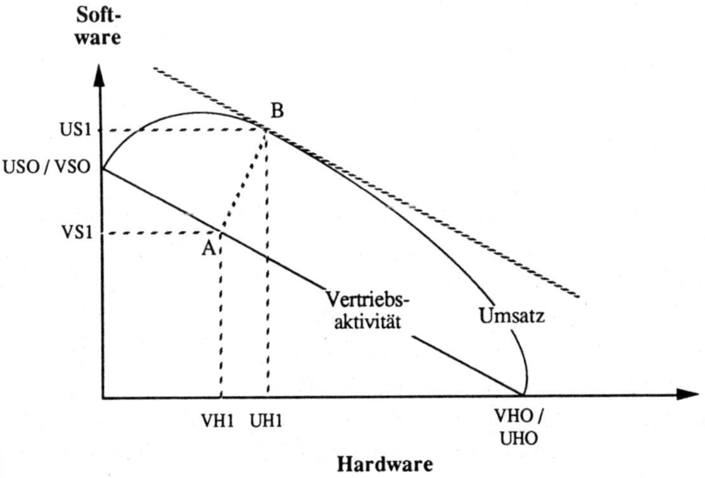

VSO / VS1 = Vertriebsaktivität für **S**oftware zum Zeitpunkt **O** bzw. **1**
UHO / UH1 = **U**msatz durch **H**ardware zum Zeitpunkt **O** bzw. **1**

Abb. 4-3: Hebelwirkung zwischen Hardware und Software

Abbildung 4-3 stellt die prinzipielle Hebelwirkung zwischen der Anwendersoftware und der Hardware in einem Erklärungsmodell schematisch dar.[42] Die beiden Achsen des Koordinatensystems stellen jeweils die Vertriebsaktivitäten, gemessen in Stunden, und die Umsätze durch Software bzw. Hardware dar. Die Punkte der Geraden zwischen VSO und VHO stellen alle möglichen Verteilungen der Vertriebskapazität dar, wobei VSO sämtliche Kapazität in dem Vertrieb von Software bindet und VHO entsprechend alle verfügbaren Stunden im Vertrieb von Hardware bindet.[43] VSO und VHO beschreiben somit die Ausgangspositionen von reinen Software- bzw. Hardwareunternehmen. Bei einer Konzentration aller Vertriebsaktivitäten auf Software (VSO = 100 Prozent) realisiert ein Unternehmen ausschließlich Umsätze durch Software, und zwar in der Höhe von

die entgegengesetzte Wirkung auf: "Software creates a substantial hardware market" (Frank (1983), S. 16).

41 Vgl. z.B. IDC (1991), S. 14, wo gleichzeitig festgestellt wird, daß die Position der Komplettlieferanten derzeit tendenziell eine vorteilhafte Position besitzen.

42 Die Anregung zu dieser Darstellung stammt aus einem Interview bei der Siemens AG, München.

43 Die Neigung der Graden der Vertriebsaktivität impliziert die Annahme, daß bei gleichem Vetriebsaufwand ein höherer Umsatz durch Hardware erzielt wird als durch Software, wobei die unterschiedliche Umsatzhöhe aber zum gleichen Gewinn führt.

USO. Analog werden nur Umsätze durch Hardware erzielt, wenn keine Vertriebsaktivitäten in die Akquisition von Software erfolgen. Bei einer Unabhängigkeit von Hardware- und Softwareleistungen müssen Umsätze erzielt werden, die – proportional zu ihren Inputverhältnissen – anteilig aus Hardware und Software entstehen. Der Gesamtnutzen bleibt jedoch bei gegebener Vertriebskapazität unabhängig von den Umsatzarten konstant.

In Form eines steigenden Umsatzes ändert sich der Gesamtnutzen für das Unternehmen jedoch, wenn eine Abhängigkeit dergestalt besteht, daß ein Absatz von Hardware selbst zusätzliches Verkaufsvolumen an Software erzeugt, also ein zusätzlicher Vertriebseffekt zustande kommt. Abbildung 4-3 deutet diese Abhängigkeit durch die "bauchige" Kurve zwischen VSO und VHO an. Verläßt z.B. ein Softwareunternehmen den Akquisitionspunkt VSO und vertreibt zusätzlich Hardware, so optimiert er seine Vertriebsaktivität in der Konstellation VS1 und VH1. Durch die Hebelwirkung der Hardware realisiert es höhere Umsätze in der Software (US1) und zusätzlich Umsatz in der Hardware (UH1).

Netzeffekte treten nicht nur zwischen Software und den oben beschriebenen branchenfremden Leistungen auf, sondern bestehen sogar zwischen gleichartiger Software im engeren Sinn. Die gewisse Verbreitung einer Standardsoftware kann z.B. wesentlich zu einer zusätzlichen Akzeptanz beitragen, da die Kompatibilität zu einem "de facto-Standard" gewährleistet ist.[44] Kombinationen von oben als "sinnvollerweise zusammengehörig" bezeichneten Teilleistungen erklären sich ebenso durch Netzeffekte. Besonders stark sind so z.B. verschiedene Leistungsarten wie Realisierung einer Softwareentwicklung und die entsprechende Schulung und Betreuung verbunden. Die Kombination von einzelnen Teilleistungen spielt daher insgesamt eine große Rolle in der Softwarebranche.

5. Die deutsche Softwareindustrie im internationalen Vergleich

Die deutsche Softwarebranche läßt sich im internationalen Vergleich anhand verschiedener Merkmale abgrenzen. Vor der detaillierten Analyse der Marktstruktur und des Marktverhaltens in den beiden folgenden Abschnitten sollen hier einige wesentliche Besonderheiten vorweggenommen werden, um den Vergleich zu anderen nationalen Märkten bzw. zum Weltmarkt herzustellen.[45]

---

44 Dies gilt für Anwendungen in der Textverarbeitung ebenso wie für komplexe Software, die in einem weltweiten Verbund eingesetzt werden soll.

45 Vgl. insbesondere die Auslandsverflechtungen Abschnitt C, Punkt 4 in diesem Kapitel.

Mit einem Marktanteil von fast 60 Prozent dominieren die US-amerikanischen Unternehmen im Weltmarkt für Software.[46] Die Vormachtstellung der amerikanischen Softwareunternehmen hat einen historischen Ursprung; denn parallel zum bedeutendsten Hardwaremarkt entwickelte sich zeitversetzt der erste Softwaremarkt in den USA. Die frühe weltweite Präsenz bauten die amerikanischen Softwareunternehmen zu einer führenden Stellung aus. Ihr noch heute andauernder Einfluß auf den Weltmarkt läßt sich auf drei interdependente Eigenschaften zurückführen:

- In den USA gibt es zahlreiche **große Softwareunternehmen** mit marktbeherrschender Stellung.
- Der hohe Anteil **standardisierter Software** (Produkte) am Gesamtvolumen erleichtert den Vertrieb durch Dritte.
- Die Größe der Unternehmen und der hohe Standardisierungsgrad begünstigen die insgesamt **hohe Exportquote** und erklären die internationale Präsenz.

Die fehlende Größe, der geringe Standardisierungsgrad und die Exportschwäche der deutschen Softwareunternehmen sind immer wieder Anlaß zu düsteren Prognosen – auch im Hinblick auf Europa 92.[47] Tatsächlich unterscheidet sich die Struktur der deutschen Softwareanbieter von der anderer Länder. Im Vergleich zu den größten europäischen Märkten an Software und Services weisen die zehn größten deutschen Softwareunternehmen mit 11 Prozent den geringsten Marktanteil in ihrem Heimatmarkt auf.[48] Die Märkte vergleichbarer Größe weisen mindestens die doppelte Konzentration auf.[49] Auch die Einordnung der Softwareunternehmen nach Beschäftigtengrößenklassen bestätigt den mittelständischen Charakter der deutschen Softwarebranche. In keinem europäischen Markt entfällt annähernd so viel Umsatz auf die Softwareunternehmen der mittleren Größenklasse wie in Deutschland, und in keinem Land ist der Marktanteil der großen Softwareunternehmen so gering wie der in Deutschland (vgl. Abbildung 4-4). Allein durch die fehlende Größe schließen sich zahlreiche Unternehmen automatisch von dem stetig wachsenden Anteil großer Softwareprojekte aus. Wesentlich ist darüber hinaus, daß ein Investitionsvolumen, das für die Entwicklung von Softwareprodukten erforderlich ist, teilweise nicht

---

46 Vgl. hierzu z.B. Brandt (1991), S. 62. Zweitgrößter Anbieter sind die japanischen Unternehmen mit einem Weltmarktanteil von 13 Prozent; drittgrößter Anbieter ist Frankreich mit 8 %.

47 Vgl. z.B. Lippold (1991), S. 8.

48 Vgl. z.B. Schmidhäusler (1990), S. 69.

49 In Großbritannien entfallen 22,8 Prozent und in Frankreich sogar 25,4 Prozent des Marktanteils auf die zehn größten Unternehmen; vgl. Schmidhäusler (1990), S. 69.

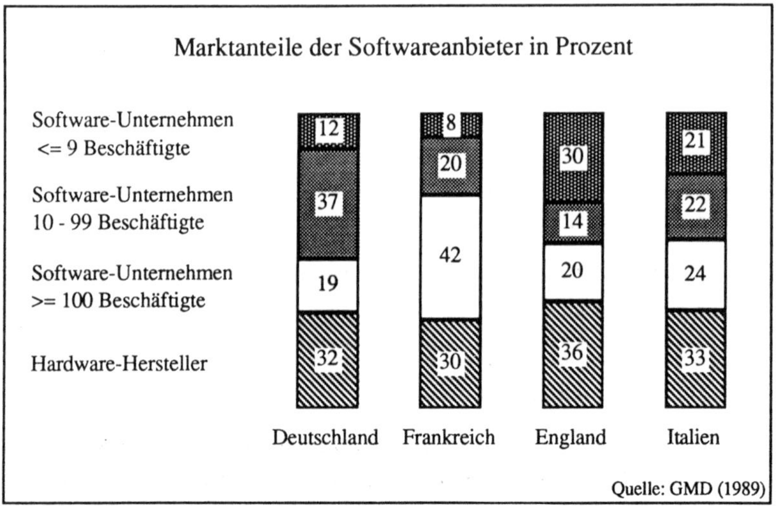

Abb. 4-4: Marktanteil von Softwareunternehmen im internationalen Vergleich[50]

aufgebracht werden kann. Dadurch wird auch die Möglichkeit einer internationalen Präsenz begrenzt.

Verglichen mit der internationalen Konkurrenz ist nicht nur der Marktanteil der großen deutschen Softwareunternehmen, sondern auch ihre absolute Größe vergleichsweise gering. Keines der deutschen Unternehmen ist unter den zehn größten weltweiten Anbietern von Individualsoftware & Service oder den zehn größten Anbietern von Standardsoftware vertreten.[51] Angesichts der Größe des deutschen Marktes für Anwendersoftware[52] wird dies häufig als Ursache für die internationale Wettbewerbsschwäche der deutschen Softwareindustrie gesehen.[53] Neben der fehlenden Größe zeichnen sich deutsche Softwareunternehmen auch durch eine Exportschwäche aus.

Der Aufbau reiner Vertriebsgesellschaften oder die Nutzung Dritter in der Distribution der eigenen Leistungen setzt ein hohes Maß an Standardisierung voraus. Traditionell ist im Bereich der Anwendersoftware das Produktgeschäft in den USA stärker, wohingegen im

---

50 Datenmaterial entnommen aus GMD (1989), S. 28.

51 Vgl. z.B. UBM (1989), S. 31 f.

52 Mit einem Volumen von 830 Millionen Dollar (Input (1988), S. 30) oder 21,8 Prozent des Marktvolumens (Input (1988), S. 13) bildet die BRD den größten Markt für Anwendungssoftware in Europa.

53 Vgl. Abschnitt A, Punkt 5, zum internationalen Vergleich der deutschen Softwareindustrie.

europäischen Markt die individuelle Softwareentwicklung überwiegt.[54] Dies gilt auch für die großen Softwareunternehmen in Deutschland, in denen, bis auf wenige Ausnahmen, die Individualsoftware die Standardsoftware überwiegt.[55] Der Anteil verhältnismäßig einfach reproduzierbarer Leistungen ist damit geringer als in den USA.

B. Marktstruktur der Softwareindustrie

Bei konstantem Wachstum betrug das Gesamtvolumen der Softwareaufwendungen in Deutschland 1990 etwa 38,8 Mrd. DM.[56] Lediglich etwa 41 Prozent, also 16 Mrd. DM, entfielen auf externe Anbieter, wurden also über den Markt ausgetauscht.[57] Der größere Teil der Softwareaufwendungen wird intern durch die Anwender selbst erbracht. Die Anwender sind somit selbst bedeutende "Anbieter" von Software und konkurrieren indirekt mit den Softwareunternehmen. Da ihre Leistungen jedoch nicht für den Markt bestimmt sind, werden die Anwender in dieser Arbeit nur in ihrer Funktion als Abnehmer und nicht als Anbieter betrachtet. In der Reihenfolge der Nachfrage- und Angebotsseite wird im folgenden zunächst auf die Marktteilnehmer eingegangen, bevor schließlich das Leistungsspektrum der Software anhand der oben entwickelten Systematisierung (Kapitel III) analysiert wird.[58]

1. Abnehmer softwarebezogener Produkte und Leistungen

Die Abnehmer softwarebezogener Produkte und Leistungen verteilen sich auf unterschiedliche wirtschaftliche und private Bereiche. Kaum eine Branche blieb von der Welle der Informatisierung in den achtziger Jahren verschont. Die Vervielfachung der Zahl der DV-Anwenderbetriebe in den vergangenen Jahren unterstreicht diese Tendenz: Zwischen 1983 und 1989 stieg die Zahl der DV-Anwenderbetriebe in der Bundesrepublik von 120.000 auf 620.000, wobei für 1992 mit 1 Mio. betrieblicher DV-Anwender gerechnet

---

54 Vgl. z.B. Input (1988), S. 22. Fast 60 % der Anwendersoftware in den USA waren 1988 Produkte, in Europa hingegen nur 35 %.

55 Vgl. z.B. Streicher (1991), S. 33, wo die Umsätze der größten 25 Software- und DV-Beratungsunternehmen für 1990 unter anderem hinsichtlich des Standardisierungsgrades unterschieden wurden. Bei 19 Unternehmen wird der Umsatzanteil aus Beratung und Individualsoftware größer eingestuft als der für Standarsoftware.

56 Vgl. z.B. Streicher (1991), S. 32, nach einer Erhebung von Infratest Industria.

57 Der Anteil von 41 % entspricht allerdings einer Steigerung von vormals 39 % in 1989 und 37 % in 1987 (vgl. Streicher (1991), S. 32).

58 Die quantitativen Informationen dieses Abschnitts basieren vorwiegend auf der Verwertung von Sekundärliteratur, während die qualitativen Informationen im folgenden Abschnitt zum großen Teil in eigenen Erhebungen erarbeitet wurden (vgl. Kapitel I, Abschnitt C).

wird.[59] Mit einem weiteren Anstieg der Zahl der DV-Anwender ist angesichts der geringen Gesamtdurchdringung in der Wirtschaft – insbesondere bei kleinen Unternehmen – zu rechnen. Insgesamt konnte nur jeder fünfte Betrieb 1989 als DV-Anwender klassifiziert werden.[60]

Hardware-Klasse der Anwender	Anzahl der DV-Anwenderbetriebe	Anteil an allen DV-Anwenderbetrieben	(wertmäßiger) Anteil an der Nachfrage im Software-Markt
Personal Computer	497.750	80 %	21 %
Small Business System	109.500	18 %	30 %
General Purpose Computer	12.750	2 %	49 %
Gesamt	620.000	100 %	100 %

Beschäftigtenklasse	Anzahl der DV-Anwenderbetriebe	Anteil der Betriebe pro Beschäftigtenklasse	
		1/83	1/89
1 - 49	559.650	4 %	20 %
50 - 199	42.000	59 %	78 %
200 - 999	16.300	83 %	88 %
über 1000	2.050	94 %	100 %
Gesamt	620.000	10 %	21 %

Quelle: GMD (1989)

Abb. 4-5: Anwenderklassifizierung (Bundesrepublik)[61]

Trotz eines zahlenmäßig erheblichen Übergewichts der Betreiber kleiner Systeme, liegt der wertmäßig größte Anteil des Softwarevolumens im Geschäft mit den Betreibern großer Systeme (vgl. Abbildung 4-5). Analog zu den Verhältnissen der Systemgrößenklassen verhält sich die Verteilung der DV-Anwenderbetriebe auf Unternehmensgrößenklas-

59 Vgl. z.B. GMD (1989), S. 36 und 21. Unter DV-Anwenderbetrieb versteht die GMD Betriebe, die mindestens einen Computer installiert haben.

60 Vgl. z.B. GMD (1989), S. 36.

61 Daten entnommen aus GMD (1989), S. 36 f.

sen. So beschäftigen 90 Prozent der Anwenderbetriebe weniger als 50 Mitarbeiter und weniger als 1 Prozent der Anwenderbetriebe erreichen eine Größenordnung von mehr als 1.000 Beschäftigten. Durch die Ausstattung der großen Anwender mit umfangreichen Systemen entfällt trotz der zahlenmäßigen Unterlegenheit ihrer Größenklasse fast die Hälfte des Softwarevolumens auf große Anwender.

Die drastisch steigende Zahl der DV-Anwenderbetriebe in der Bundesrepublik deutet auf ein hohes Potential an Erstanwendern hin.[62] Der hohe Durchdringungsgrad von 94 Prozent bei Großunternehmen ließ seit 1983 jedoch in dieser Klasse nur eine Steigerung um insgesamt 6 Prozent zu, wohingegen die Kleinunternehmen ihren Durchdringungsgrad verfünffachen konnten. Somit konnten 1989 alle Großunternehmen als DV-Anwenderbetriebe eingestuft werden, dagegen waren lediglich 20 Prozent der Betriebe bis 49 Beschäftigte DV-Anwenderbetriebe. Hier liegt ein erhebliches Marktpotential für Softwareunternehmen, das im wesentlichen durch die überwiegend kleinen Systeme der Erstanwender geprägt ist.

Angesichts des überragenden Anteils der großen DV-Anwenderbetriebe am gesamten Softwaremarkt, können die Aufwendungen der großen Anwender als Indikatoren für die Beurteilung von Branchen hinsichtlich der Verteilung des gesamten Softwarevolumens herangezogen werden. Neben dem absoluten Anteil des Aufwandes für Software, der direkt von der Branchen- bzw. Unternehmensgröße abhängt, ist dabei der relative Anteil der Softwareaufwendungen im Verhältnis zu Lösungs- oder Systemkosten interessant, d.h., wie softwareintensiv eine Lösung oder ein System typischerweise in bestimmten Branchen ist.

Untersuchungen der jeweils 10 größten Unternehmen in 12 verschiedenen Branchen in den USA haben ergeben, daß durchschnittlich 2,3 Prozent der Umsätze für Informationssysteme aufgewendet werden (vgl. Abbildung 4-6).[63] Von dem ermittelten Aufwand entfallen wiederum zwischen 7 und 15 Prozent auf Software, so daß zwischen der grundsätzlichen branchenspezifischen Bedeutung von Informationssystemen einerseits und der Softwareintensität dieser Systeme andererseits unterschieden werden kann.[64]

---

62 Erstanwender sind solche DV-Anwenderbetriebe, die erstmals einen Computer aufstellen.

63 Vgl. z.B. Davis (1989), S. 42. Ein vergleichbare Untersuchung, die die Bedeutung der Software als Bestandteil von branchenspezifischen Informationssystemen erfaßt, liegt für den deutschen Raum nicht vor. Die nicht ohne weiteres übertragbaren Ergebnisse für die USA sollen hier als Hinweis dienen, welche Branchen – außerhalb des Rahmens der branchenspezifischen Anwendersoftware – bedeutende Abnehmer für Softwareunternehmen sein können.

64 Die Kosten der Informationssysteme verteilt Davis auf Hardware, Personnel, Software und Overhead, so daß die niedrigen Werte für Software in der teilweisen Erfassung softwarebezogener Produkte und Leistungen bei Personnel und Overhead liegen (vgl. Davis (1989), S. 42 ff.).

Abbildung 4-6 zeigt zusammenfassend die Dominanz der Industrien *Automotive & Industrial*, *Banking & Finance*, *Electronics* und *Telecommunications*, die bezüglich der absoluten Softwareaufwendungen und deren Anteil innerhalb der Informationssysteme weit über dem Durchschnitt liegen. Dieses Ergebnis wird in anderen Untersuchungen auch für den europäischen und deutschen Raum tendenziell bestätigt.[65]

Aufwendungen für Informationssysteme (IS) der zehn größten Unternehmen in zwölf Industrien (USA)

Industrie	IS-Aufwand vom Umsatz	IS-Aufwendungen (Summe)	Softwareanteil am IS-Aufwand	Softwareaufwendungen (Summe)
Automotive & Industrial	3,2 %	11.179	8 %	894
Electronics	3,7 %	7.135	10 %	713
Banking & Finance	0,6 %*	6.303	9 %	567
Telecommunications	4,0 %	5.294	9 %	476
Petroleum	1,3 %	3.670	10 %	367
Process Industries	2,1 %	2.978	12 %	357
Insurance	1,7 %	2.545	13 %	331
Health Care & Pharmaceuticals	2,6 %	1.570	12 %	188
Food & Beverage	1,1 %	1.189	15 %	178
Retail	0,8 %	1.583	10 %	158
Transportation	2,6 %	1.979	7 %	139
Metal & Metal Products	2,2 %	1.117	9 %	101
Gesamt (Summe/Durchschnitt)	2,3 %**	46.542	10,3 %	4.469

* Im Verhältnis zu Vermögenswerten ** Ohne Banking & Finance
Beträge in Millionen US Dollar, Erhebungszeitraum 1988

Quelle: Davis (1989)

Abb. 4-6: Softwareaufwendungen im industriellen Vergleich[66]

2. Anbieter softwarebezogene Produkte und Leistungen

Die Angebotsseite der Marktteilnehmer der Softwarebranche zeigt ein heterogenes Bild verschiedenartiger Anbieter. Die bereits erwähnte zunehmende Vermischung der Leistungen aus den Bereichen Hardware, Software und Beratung macht eine Einteilung einzelner

65 Vgl. für Europa z.B. Input (1988), S. 8 und für Deutschland z.B. UBM (1989), S. 8.

66 Datenmaterial entnommen aus Davis (1989), S. 42 - 80; eigene Berechnungen.

Unternehmen entsprechend dieser Klassifizierung immer schwieriger.[67] Ein Mindestumsatzanteil an softwarebezogenen Produkten und Leistungen kann als Klassifizierungshilfe dienen, auch wenn dadurch Mehrfachzuordnungen nicht ausgeschlossen sind. Als Softwareunternehmen sollen hier solche Unternehmen bezeichnet werden, deren Umsatzanteil an softwarebezogenen Produkten und Leistungen denjenigen von Hardware oder Beratung übersteigt und mindestens 30 Prozent erreicht.[68]

Beschäftigten-klasse	Markt-anteil (Klasse)	Anzahl der Software-Unternehmen	ø Pro-Kopf-Umsatz (TDM)	ø Zahl Mitar-beiter	ø Software-umsatz (Mio)
1 - 9	26 %	1.500	143	5	0,7
10 - 49	23 %	567	133	23	3
über 49	51 %	268	150	108	16
Gesamt	100 %	2.335	145	21	5,1

Quelle: GMD (1989)

Abb. 4-7: Klassifizierung von Softwareunternehmen[69]

Neben den Software-, System- und DV-Beratungshäusern, die unter dem Sammelbegriff Softwareunternehmen zusammengefaßt werden, treten jedoch noch weitere wesentliche Anbieter auf.[70] Hier sind es vor allem die Hardwarehersteller, die einen beträchtlichen, ständig wachsenden Anteil an Software am Markt absetzen.[71] Aufgrund ihrer absoluten Größe erzielen zahlreiche Hardwareunternehmen auch mit geringen Softwareanteilen mehr Umsatz durch Software als die größten Softwareunternehmen.[72] Nebenanbieter wie Rechen- oder Schulungszentren spielen aufgrund ihrer geringen Marktanteile eine eher

67 Vgl. GMD (1989), S. 13; Diebold (1989), S. 3; Strunz (1985), S. 280.

68 Analog wird bei GMD (1989), S. 12, verfahren.

69 Datenmaterial entnommen aus GMD (1989), S. 17, 25 und 82.

70 Unter Softwarehäusern werden üblicherweise Entwicklungsunternehmen verstanden, Systemhäuser vertreiben zusätzlich einen erheblichen Anteil an fremder Hardware und DV-Unternehmensberatungen zeichnen sich durch einen wesentlichen Anteil an IuK-Beratungsleistungen aus.

71 Vgl. z.B. Diebold (1990b), S. 9, wo der Softwaremarktanteil von Hardwareunternehmen 1989 mit 25 Prozent angegeben ist (vgl. zur Anbieterstruktur auch Abbildung 4-4).

72 Vgl. z.B. Ovum (1990), S. 11, wo acht Hardwareunternehmen die Rangliste der größten Softwareumsätze auf dem europäischen Markt anführen. Die angegebenen Softwareanteile liegen dabei lediglich zwischen 7,6 und 23,1 Prozent.

untergeordnete Rolle. Die folgenden Auswertungen konzentrieren sich daher auf Softwareunternehmen und gehen fallbezogen auch auf Hardwareunternehmen ein.

Im Gegensatz zur steigenden Zahl der DV-Anwenderbetriebe ist die Zahl der Softwareunternehmen (ohne Einzelberater) seit 1979 bei einem stetig wachsenden Markt leicht rückläufig.[73] Den 620.000 DV-Anwenderbetrieben standen 1988 insgesamt 2.335 Softwareunternehmen gegenüber (vgl. Abbildung 4-7). Die große Mehrheit der Softwareunternehmen sind Kleinstunternehmen. Darüber hinaus gibt es ein nur schwer abschätzbare Zahl von unabhängigen Einzelberatern. Von den 268 deutschen Softwareunternehmen, die mindestens 50 Mitarbeiter beschäftigten, waren weniger als ein Drittel der Größenklasse von mehr als 100 Mitarbeitern zuzuordnen.[74]

Die weltweite Tendenz zur Konzentration in der Softwareindustrie hat sich in den vergangenen Jahren auch in der Strukturentwicklung der deutschen Softwareunternehmen bemerkbar gemacht. Die rückläufigen Betriebszahlen und der wachsende Markt sind ein eindeutiges Anzeichen für den Konzentrationsprozeß in der deutschen Softwarebranche. Die für den deutschen Markt typische große Zahl der Ein-Mann- und Kleinstunternehmen reduziert sich langsam, während die großen Unternehmen zum Teil erheblich wachsen.[75] Im internationalen Vergleich ist der Konzentrationsgrad in der deutschen Softwarebranche jedoch immer noch vergleichsweise gering.[76] Für die Wettbewerbsposition am Weltmarkt scheint eine weitere Konzentration erforderlich; denn die in Abbildung 4-7 angedeutet Entwicklung des Pro-Kopf-Umsatz der Softwareunternehmen in Abhängigkeit von der Unternehmensgröße wird auch in anderen Studien bestätigt: Softwareunternehmen der mittleren Größenklasse erzielen einen niedrigeren Pro-Kopf-Umsatz als die kleinen oder großen Unternehmen. Die 20 größten DV-Beratungs- und Softwareunternehmen hatten in den vergangenen Jahren sogar beständig über 200.000 DM Umsatz pro Mitarbeiter.[77]

3. Produkte und Leistungen: Integriertes Software-Marktmodell (ISM)

Die in Kapitel III dargestellten Möglichkeiten zur Strukturierung von softwarebezogenen Produkten und Leistungen werden hier aufgegriffen, um das heterogene Marktleistungs-

---

73 Vgl. z.B. GMD (1989), S. 85.

74 Vgl. z.B. GMD (1989), S. 27. Lediglich 70 Unternehmen beschäftigten mehr als 100 Mitarbeiter.

75 Vgl. z.B. Lünendonk (1989), o.S.

76 Vgl. hierzu Abschnitt A, Punkt 5.

77 Vgl. z.B. Lünendonk (1989), o.S., eigene Berechnungen.

spektrum der Softwarebranche quantitativ zu beschreiben.[78] Anhand der erläuterten Beschreibungskriterien Informationstechnologie, Leistungsart und Standardisierungsgrad wird schließlich ein Software-Marktmodell aufgestellt, das alle softwarebezogenen Produkte und Leistungen zwischen den verschiedenen Anbietern und Abnehmern darstellt.

a) Quantitative Beschreibung softwarebezogener Produkte und Leistungen

Bezüglich der Volumenverhältnisse von Anwendersoftware einerseits und der zusammengefaßten systemnahen und Systemsoftware andererseits herrscht tendenziell Einigkeit in verschiedenen Studien zum deutschen Softwaremarkt: Ein deutliches Übergewicht der Anwendersoftware gegenüber der systemnahen und Systemsoftware wird in einem Verhältnis von etwa 3 zu 1 wiederholt genannt.[79] Ähnliche Verhältnisse wie für den deutschen Markt gelten auch für andere Regionen und sind für den Weltmarkt typisch.

Weniger eindeutig fällt die Einteilung bezüglich des Standardisierungsgrades aus. Für unterschiedliche geographische Märkte treten Anteile zwischen 35 und 60 Prozent für Standardsoftware auf.[80] Insbesondere die Gegenüberstellung des europäischen Marktes und des amerikanischen Marktes zeigt deutliche Unterschiede: 1988 lag der Anteil an Standardanwendersoftware mit 59 Prozent in den USA wesentlich über den 35 Prozent in Europa.[81] Die Ergebnisse der eigenen Erhebungen in den großen deutschen Softwareunternehmen gehen etwas über diesen Rahmen hinaus. Die betrachteten Softwareunternehmen beurteilten die Umsatzanteile der Bereiche Standard- bzw. Individualsoftware als etwa gleich groß (vgl. Abbildung 4-8). Der hohe Anteil an Systemsoftware und systemnaher Software zeigt darüber hinaus, daß die untersuchten Softwareunternehmen erheblichen Umsatz außerhalb des Bereichs der Anwendersoftware erzielen. Besonders der hohe Anteil an individueller System- und systemnaher Software läßt eine vorhandene Kompetenz im Hardwarebereich vermuten.

---

78 Vgl. Kapitel III, Abschnitt B.

79 Vgl. z.B. Maenner (1986), S. 38 oder GMD (1989), S. 19.

80 Vgl. z.B. Maenner (1986), S. 37; Input (1988), S. 22.

81 Vgl. z.B. Input (1988), S. 22. Die bereits seit langem hohe Akzeptanz der Standardanwendersoftware auf dem amerikanischen Markt unterstützt den weltweiten Export amerikanischer Anbieter und erklärt deren starke Präsenz in Deutschland (vgl. Abschnitt A, Punkt 4).

Umsatzverteilungen großer Softwareunternehmen	Anwendersoftware	System- und systemnahe Software	Summe
Standardsoftware	35 %	15 %	**50 %**
Individualsoftware	34 %	16 %	**50 %**
Summe	**69 %**	**31 %**	

Abb. 4-8: Softwarestruktur großer deutscher Softwareunternehmen[82]

Für alle Teilfelder der Matrix in Abbildung 4-8 wird in den kommenden Jahren ein Wachstum vorausgesagt. Anwendersoftware und System- bzw. systemnahe Software wachsen im europäischen Raum gleichmäßig und kontinuierlich mit einer durchschnittlichen Rate von ca. 22 Prozent jährlich.[83] Innerhalb der Anwendersoftware findet derzeit jedoch ein Strukturwandel zugunsten der Standardsoftware statt, so daß mit einer Annäherung an amerikanische Verhältnisse zu rechnen ist.[84]

Ein Schwerpunkt im Bereich der Anwendersoftware liegt aus der Sicht der deutschen Softwareunternehmen in der funktionsorientierten (horizontalen), d.h. branchenunabhängigen Software.[85] Das stärkere jährliche Wachstum der branchenspezifischen (ver-

---

82 Eigenerhebung in 10 Softwareunternehmen mit jeweils mindestens 50 Mio. DM Umsatz.

83 Vgl. z.B. Input (1988), S. 20.

84 Vgl. z.B. Diebold (1990b), S. 9; Maenner (1986), S. 19.

85 Etwa 29 Prozent aller DV-Anwenderbetriebe mit mittleren und großen Rechnergrößenklassen haben funktionsorientierte Anwendungen installiert, wohingegen nur 26 Prozent branchenspezifische Anwendungen betreiben (vgl. GMD (1989), S. 61). Unter Verweis auf die problematische Abgrenzung von funktionsorientierter und branchenspezifischer Software gibt Infratest folgende Aufteilung des Marktvolumens von Anwendungssoftware für 1990 in Deutschland an: Standardsoftware 6,3 Mrd. DM, davon 4,0 Mrd. DM horizontale und 2,3 Mrd. DM branchenspezifische Anwendungen; individuelle Auftragsentwicklung 6,0 Mrd. DM, davon 3,3 Mrd. DM horizontale und 2,7 Mrd. DM branchenspezifische Anwendungen (Infratest, München, im Juli 1991).

tikalen) Software macht jedoch auch diesen Bereich zu einem attraktiven Geschäftsfeld.[86] Neben zahlreichen kleinen Speziallösungen[87] besteht vor allem für das produzierende Gewerbe und für die Banken ein großes Volumen branchenspezifischer Anwendungen, wohingegen bei der funktionsorientierten Software die Bereiche der Planung und des betrieblichen Rechnungswesens dominieren.[88]

Ähnlich dem gleichmäßigen Wachstum der Anwendersoftware, wachsen die Marktanteile der Systemgrößenklassen, auf die sich die Anwendungen verteilen. Abbildung 4-9 zeigt, daß die bestehende Vormachtstellung der PC-Anwendersoftware im europäischen Raum weiter gefestigt wird. Abgesehen von der Ausnahmeposition der Anwendersoftware für Workstations, fallen die jährlichen Wachstumsraten mit steigender Systemgröße.

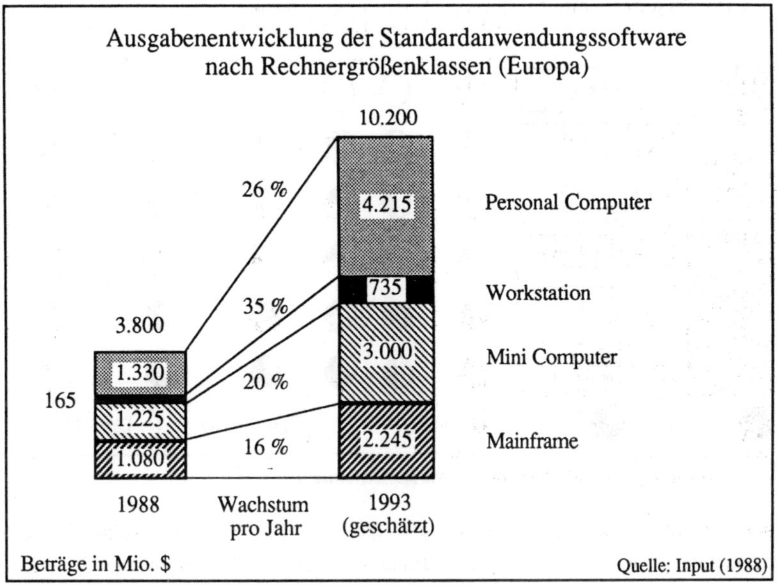

Abb. 4-9: Anwendersoftware in Systemgrößenklassen[89]

86 Vgl. Input (1988), S. 25, wo zwischen 1988 und 1993 jährliche Wachstumsraten von 23 Prozent für *industry-specific* und 20 Prozent für *cross-industry*-Softwareprodukte vorausgesagt wird. Dadurch wird 1993 bezüglich des Marktvolumens fast ein Gleichstand zwischen funktionsorientierter und branchenspezifischer Software erreicht werden.

87 Vgl. z.B. EDV-Marketing (1991), zu einer Übersicht von 105 branchenspezifischen Anwendungen für die Rechnergößenklasse der PCs.

88 Vgl. z.B. Input (1988), 10 f.

89 Vgl. z.B. Input (1988), S. 23.

Die bisher dargestellten Informationen zur Software im engeren Sinne orientieren sich an den gebräuchlichen Unterscheidungskriterien, zu denen – wenn auch mit zum Teil unterschiedlichen Definitionen und Ausgrenzungen – zahlreiche Ergebnisse umfangreicher empirischer Studien vorliegen. Um eine umfassende Vergleichbarkeit aller softwarebezogenen Produkte und Leistungen herstellen zu können, wurden Leistungsspektren der hier betrachteten Software- und Hardwareunternehmen hinsichtlich des Softwaremodells aus Kapitel III untersucht. Besonders wurde dabei auf die Berücksichtigung der isolierten lebensphasenorientierten Leistungsarten geachtet.

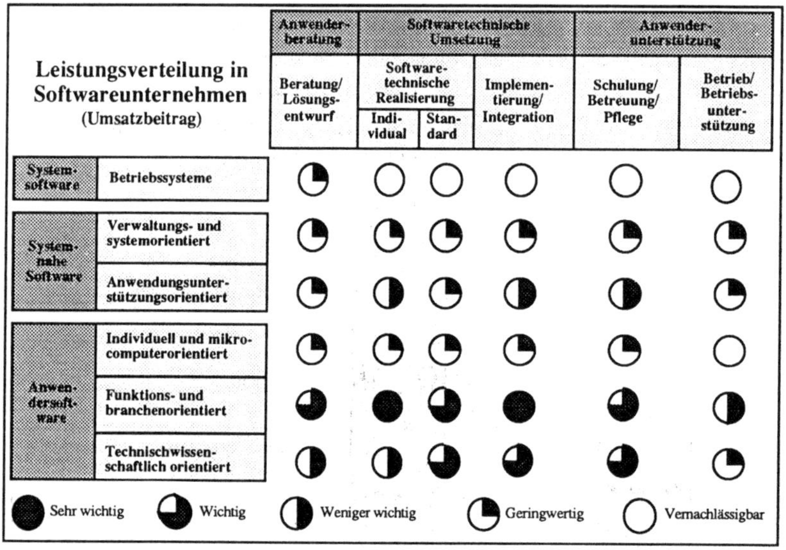

Abb. 4-10: Leistungsverteilung in Softwareunternehmen

Indem jedes Unternehmen einzelne Teilleistungen bezüglich des Umsatzbeitrags bewertete, konnte auf die durchschnittliche Bedeutung einzelner Teilleistungen in der Untersuchungsgesamtheit geschlossen werden.[90] Abbildung 4-10 und 4-11 fassen Ausschnitte der Untersuchungen zur Bedeutung der softwarebezogenen Produkte und Leistungen ge-

90 In den untersuchten Unternehmen wurden die isolierten Teilleistungen bezüglich ihres Umsatzbeitrages in ein Verhältnis zu allen anderen Teilleistungen bewertet. Die Bewertung erfolgte auf einer ordinalen 5-Punkteskalierung zwischen "sehr wichtig" und "vernachlässigbar". Die Verhältnisse wurden durch die Gesprächspartner während der Interviews geschätzt, indem der Skalierung entsprechende Symbole auf der Grundfläche der Abbildungen 4-10 (10 Softwareunternehmen) und 4-11 (5 Hardwareunternehmen) verteilt wurden.

trennt nach Softwareunternehmen und Hardwareunternehmen in einer zweidimensionalen Darstellung zusammen.

Für die betrachteten **Softwareunternehmen** zeigt Abbildung 4-10 deutliche Schwerpunkte in der Leistungsstruktur.[91] Gemessen an ihrem Umsatzbeitrag weisen tendenziell die Anwendersoftware und die frühen Phasen im Lebenszyklus der Software (Anwenderberatung und softwaretechnische Umsetzung) eine besondere Bedeutung auf. Vor allem die Klasse der funktionsorientierten und branchenorientierten Software dominiert in der Anwendersoftware. Sie entspricht in jeder Leistungsart dem Spaltenmaximum. Wie bereits in Abbildung 4-8 angedeutet, kann den beiden Klassen Standard- und Individualsoftware eine ähnliche Bedeutung zugesprochen werden. Trotz einer erkennbaren Abschwächung in den späten Lebensphasen der Software, sind alle Leistungsarten im Spektrum der Softwareunternehmen vertreten.

Ein interessantes Ergebnis stellt die hohe Einstufung der Leistungsart "Implementierung/ Integration" dar. Die Implementierung neuer und die Integration in bestehende Lösungen sind somit für die betrachteten Softwareunternehmen von erheblicher Bedeutung. Ein beträchtlicher Anteil dieser Leistungsart entfällt insbesondere auf die Implementierung fremder, horizontaler Anwendersoftware. Auch große Softwareunternehmen agieren demnach als Vertriebskanal für fremde Anbieter.

Von einer grundsätzlich geringeren Bedeutung der Leistungen für die Softwareunternehmen kann bezüglich der System- und der systemnahen Software (Kriterium der Informationstechnologieebene) und der Betreiberdienstleistungen (Kriterium der Leistungsart) gesprochen werden. Beide Bereiche liegen traditionell eher in den Geschäftsfeldern der Hardwareunternehmen. In der Klasse der Anwendersoftware zeigt die individuelle und mikrocomputerorientierte Software den geringsten Umsatzbeitrag. Dennoch erzielen die untersuchten Unternehmen dort nennenswerten Umsatz und messen diesem Feld eine strategische Bedeutung bei. Bezüglich dieser speziellen Klasse kann vermutet werden, daß es sich hierbei unter anderem um Kernfelder bestimmter Unternehmenstypen handelt. Ein erheblicher Teil der "kleinen Paketsoftware" wird durch Hardwareunternehmen, spezialisierte Softwareunternehmen und zahlreiche kleine Anbieter abgesetzt.

---

91 Der erste Eindruck anhand der Verteilung der Symbole zeigt deutliche Schwerpunkte hinsichtlich der Informationstechnologie (untere Zeilen) und der Leistungsart (linke Spalten).

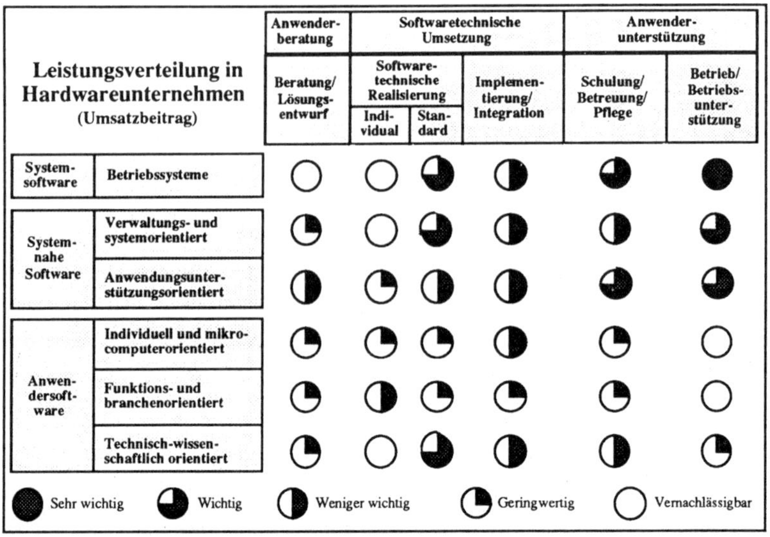

Abb. 4-11: Softwarebezogene Leistungsverteilung in Hardwareunternehmen

Für die betrachteten **Hardwareunternehmen** faßt Abbildung 4-11 die Untersuchungsergebnisse zur Verteilung der softwarebezogenen Produkte und Leistungen zusammen.[92] Allem voran ist bezüglich des Kriteriums Informationstechnologie eine Konzentration auf die System- und systemnahe Software zu erkennen. Unter den Leistungsarten überwiegen die späten Phasen, insbesondere die Leistungen der Anwenderunterstützung. Bezüglich dieser beiden Kriterien ist keine Teilleistung völlig vernachlässigt. Sowohl hinsichtlich der Unterscheidung nach der Informationstechnologie als auch nach der Leistungsart bieten die Hardwareunternehmen alle Teilleistungen softwarebezogener Produkte und Leistungen an. Innerhalb der softwaretechnischen Realisierung trägt die Individualsoftware einen deutlich geringeren Anteil zum gesamten Umsatz der Unternehmen bei als die Standardsoftware. Hierdurch darf die Bedeutung der Individualsoftware aber nicht unterschätzt werden: Gerade in großen Kundenprojekten treten Hardwareunternehmen häufig als Generalunternehmer oder Systemführer auf und bewältigen im Rahmen dieser Aufgaben umfangreiche Programmierarbeit. Das dargestellte Verhältnis zwischen Individual-

92 Der erste Eindruck zeigt konträre Schwerpunkte zu den Softwareunternehmen hinsichtlich der Informationstechnologie (obere Zeilen) und der Leistungsart (rechte Spalten).

und Standardsoftware drückt vielmehr aus, daß die Hardwareunternehmen im Bereich standardisierter Software ein Volumengeschäft betreiben.[93]

Zusammenfassend kann festgehalten werden, daß sich die bereits in der Grafik leicht erkennbaren entgegengesetzten Schwerpunkte der Leistungsspektren der Software- und der Hardwareunternehmen bei gegebenen Überschneidungen zu einem vollständigen Bild ergänzen. Unter der Berücksichtigung des Marktanteils der Softwareunternehmen von etwa 70 Prozent, erhalten deren Schwerpunkte bezüglich Anwendersoftware und Realisierung ein entsprechendes Gewicht. Neben einzelnen Schwerpunkten zeigt sich jedoch auch eine Verteilung der Leistungen über das gesamte Spektrum. Die Eigenständigkeit der heterogenen Leistungen der Branche wird damit unterstrichen. Außerhalb der Verteilung des Umsatzes auf verschiedene Leistungen muß vor allem die damit verbundene jeweilige Hebelwirkung erkannt werden, der innerhalb eines stärker umkämpften Marktes immer größere strategische Bedeutung zukommt.

b) Das integrierte Software-Marktmodell (ISM)

Nach der Untersuchung der Angebots- und Nachfrageseite im Softwaremarkt sowie der Darstellung des Spektrums softwarebezogener Produkte und Leistungen in der Branche, läßt sich zusammenfassend ein integriertes Software-Marktmodell skizzieren (vgl. Abbildung 4-12). Anhand der drei Kriterien Informationstechnologie, Leistungsart und Standardisierungsgrad kann die Gesamtheit aller marktbezogenen Produkte und Leistungen zwischen den Marktteilnehmern positioniert werden.

Mögliche Transaktionen im Rahmen des Marktgeschehens definieren sich über die drei Dimensionen der softwarebezogenen Produkte und Leistungen: Die Nachfrage der Anwender richtet sich gezielt an bestimmte Teilleistungen oder deren Kombinationen, die wiederum von bestimmten Anbietern entwickelt und vermarktet werden. Dabei bestehen auch innerhalb der Anbieterseite intensive Austauschbeziehungen, indem jeder Anbieter grundsätzlich als Zwischenhändler eines anderen auftreten kann oder eine Nachfrage – gezielt oder unbewußt – durch die Kombination von Leistungen verschiedener Anbieter gedeckt wird.

---

93 Vgl. zur Hebelwirkung der DV-Teilmärkte Kapitel IV, Abschnitt A, Punkt 4.

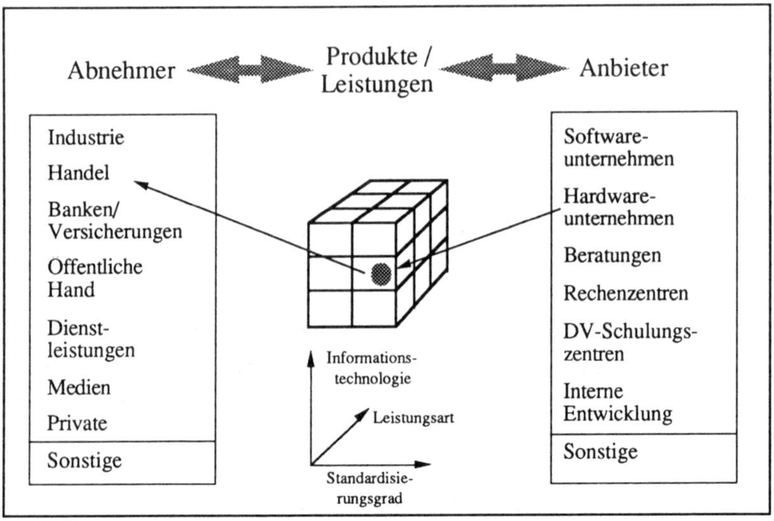

Abb. 4-12: Integriertes Software-Marktmodell

C. Marktverhalten in der Softwareindustrie

Neben den im vorangegangenen Abschnitt behandelten quantitativen *Marktstrukturdaten* vervollständigen Informationen zum *Marktverhalten* das Bild einer Branchenanalyse.[94] Ziel dieses Abschnittes ist es daher, Verhaltensmuster innerhalb der Softwarebranche zu beschreiben, die losgelöst von situationsbezogenen Einzelfällen allgemeine Gültigkeit in der Branche besitzen und darüber hinaus auch in laufenden Strukturveränderungen Beständigkeit aufweisen. Im folgenden werden Wettbewerbsverhalten, Marktbarrieren, Konglomeration und Kooperationen sowie Auslandsverflechtungen aus der Sicht der Branche beschrieben.[95]

94 Vgl. z.B. Oberender (1989), S. 3.

95 Die genannten Merkmale erscheinen zum Teil auch im Rahmen der Marktstruktur (vgl. z.B. Neumann (1979), S. 647). In neueren Arbeiten wird jedoch häufig die Trennung zwischen Marktstruktur und Marktverhalten konsequent eingehalten (vgl. z.B. die Sammlung von Branchenstudien bei Oberender (1989)).

1. Wettbewerbssituation und -gestaltung

Schlagzeilen wie "... eine Umwandlung des Software-Marktes von einem Käufer- in einen Verkäufermarkt"[96] oder "Hersteller: Kompensation im Software- und Servicegeschäft"[97] sind symptomatisch für die gegenwärtige Verschärfung des Wettbewerbsdrucks in der Softwarebranche. Sie drücken aus, daß sowohl innerhalb des Marktes als auch über seine Grenzen hinaus Bewegungen stattfinden, die den Wettbewerb beeinflussen: Beziehungen zwischen den alten Marktteilnehmern verändern sich und neue Anbieter treten hinzu. Zur Erfassung von Wettbewerbssituationen kann die Systematisierung nach Porter herangezogen werden: Die strukturellen Determinanten *Markteintritt neuer Konkurrenten, Verhandlungsstärke der Abnehmer, Bedrohung durch Ersatzleistungen, Verhandlungsstärke der Lieferanten* und *Rivalität unter etablierten Unternehmen* können demnach die Wettbewerbssituation beschreiben.[98]

Die **Bedrohung durch neue Konkurrenten** ist in der Softwarebranche seit ihrer Entstehung latent vorhanden, hat sich in den letzten Jahren jedoch verstärkt.[99] In Phase 1 der Branchenentwicklung, in der individuelle Kundenprojekte die vorherrschende Leistungsart war, dominierten die Hardwarehersteller als Anbieter von Software den Markt. Mit der Entstehung der ersten "Programmier-Unternehmen" überließen sie den Markt zunehmend der neuentstehenden Branche. Durch die wachsende Akzeptanz der Standardsoftware (Phase 2) und dem damit verbundenen Produktcharakter wurde der Softwaremarkt für die Hardwarehersteller wieder attraktiver und sie engagierten sich in höherem Maß. In Phase 3, in der Anwenderberatung und -unterstützung zunehmend an Eigenständigkeit und Volumen gewinnen, überlassen die Hardwareunternehmen diese wachsenden Segmente nicht anderen Anbietern. Aufgrund fallender Margen in ihrem Kerngeschäft und der Bedeutung der neuen Dienstleistungen hinsichtlich einer Marktöffnung engagieren sich die Hardwareunternehmen hier stark. Sie profitieren über ihre bestehenden Kontakte dabei erheblich von der großen Bedeutung des Stammkundengeschäfts in der Software-

---

96 GMD (1989), S. 35.

97 O.V. (1991), S. 1.

98 Vgl. Porter (1980), S. 25 ff.

99 Vgl. z.B. Diebold (1990b), S. 8, zur Umverteilung der Marktanteile an Software: Zwischen 1985 bis 1989 stieg der Anteil, den die Hardwarehersteller an Software und Dienstleistungen (ohne Hardware-Wartung), erzielten, von 18 auf 25 Prozent; gleichzeitig fiel der Umsatzanteil von Softwareunternehmen und Systemhäusern von 61 auf 54 Prozent.

branche.[100] Hardwareunternehmen, die sich gezielt in den Markt der Softwareunternehmen bewegen, stellen eine besondere Bedrohung dar.[101]

Es sind jedoch nicht nur die Hardwareunternehmen, die sich stärker im Leistungsspektrum der Softwareunternehmen engagieren wollen. Auch Beratungsunternehmen bewegen sich, ausgehend von ihrem Kompetenzfeld der Beratungsleistungen auf die Kerngeschäfte der Realisierung und Implementierung von Software zu (vgl. Abbildung 4-13). Auch innerhalb der Softwareunternehmen finden Verschiebungen in den Angebotsstrukturen statt. Neue Konkurrenzsituationen entstehen dadurch, daß Anbieter ihr Leistungsspektrum über die Grenzen von Marktsegmenten hinaus ergänzen. Noch mehr als die Branchenneulinge profitieren sie dabei von den niedrigen Barrieren.[102]

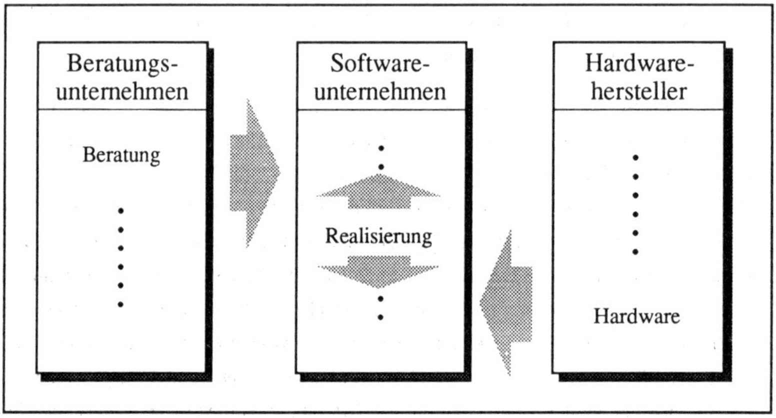

Abb. 4-13: Bedrohung durch neue Konkurrenten

Die **Verhandlungsmacht der Abnehmer** verstärkt den Wettbewerbsdruck insofern, als kompetente Anwender mit einer Rückwärtsintegration derzeit fremdvergebener Leistungen drohen können. In Teilen der Software im engeren Sinne besteht tatsächlich eine Alternative zwischen Eigen- und Fremderstellung. Eine wesentlich wichtigere Stärkung der Verhandlungsmacht der Abnehmer ergibt sich jedoch daraus, daß Abnehmer in der

---

100 Vgl. z.B. GMD (1989), S. 109, wo festgestellt wird, daß 26 Prozent des Umsatzes aller Softwareunternehmen ausschließlich durch die Initiative der Kunden entstehen, 36 Prozent hingegen entstehen durch die Initiative der Anbieter und sogar 38 Prozent des Umsatzes entwickeln sich aus dem Stammkundengeschäft.

101 Vgl. z.B. Eßlinger (1990), S. 2, der die Software explizit als Zielfeld nennt: "Die strategische Planung bei der IBM setzt an bei der Untersuchung der potentiellen Dynamik für uns entscheidender Faktoren wie beispielsweise dem Wachstum bei Software ...".

102 Vgl. Punkt 2 in diesem Abschnitt.

Regel aus einer Auswahl gleichwertiger Anbieter wählen können. Diese Freiheit gilt jedoch nur für eine solche Situationen, in der noch keine langfristigen Kontakte zu einem Anbieter bestehen. Aus dem Aufbau einer Kundenbeziehung ergibt sich häufig ein Abhängigkeitsverhältnis, das der Abnehmer zum Teil nur unter Inkaufnahme erheblicher Nachteile durchbrechen kann. Während die Verhandlungsmacht neuer Abnehmer insgesamt sehr hoch ist, fällt sie tendenziell im Verlauf einer langfristigen Kundenbeziehung.[103]

Die Bedrohung durch **Substitutionsleistungen** beschränkt sich auf die bereits angesprochene Fragestellung der Eigen- oder Fremderstellung bzw. auf die Substitution innerhalb des Spektrums softwarebezogener Produkte und Leistungen. Branchenfremden Substitutionsleistungen kann kein unmittelbarer wettbewerbswirksamer Einfluß zugesprochen werden, da eine äquivalente Funktionserfüllung nicht gewährleistet ist. Die Substitution der Funktion selbst stellt angesichts ihrer Vielfalt und der Bedeutung der Information und Informationsverarbeitung in einer modernen Wirtschaft derzeit keine Bedrohung für die Branche dar. Innerhalb des Leistungsspektrums sind Standard- und Individualsoftware jedoch immer häufiger gleichwertige Lösungen, so daß hier mit einer möglichen Umverteilung zu rechnen ist. Ebenso ist eine Verschiebung innerhalb der Leistungsarten des Softwarelebenszyklusses dahingehend denkbar, daß sorgfältige – und somit auch entsprechend aufwendige – Leistungen in frühen Entwicklungsphasen oder der Einsatz von Werkzeugen aufwendige Wartungsarbeiten erheblich reduzieren können.

Die **Verhandlungsstärke der Lieferanten** besitzt insofern Bedeutung als der bestehende Mangel an qualifizierten Fachkräften als Inputfaktor einen echten Engpaß darstellt. Angesichts der Tatsache, daß die Softwareunternehmen – unabhängig von der Ausbildung neuer Mitarbeiter – umfangreiche Qualifizierungsmaßnahmen durchführen müssen, erweist sich dieser Engpaß aber weniger dramatisch als häufig dargestellt. Industriellen Lieferanten kommt praktisch keine Bedeutung zu, da die Leistungen im wesentlichen immaterieller Natur sind und die Wertschöpfung fast vollständig innerhalb der Anbieterunternehmen liegt. Die erforderlichen Vorleistungen, wie z.B. Entwicklungswerkzeuge, sind, sofern überhaupt existent, in der Regel auch am Markt verfügbar.

Die **Rivalität unter den bestehenden Wettbewerbern** in der Softwarebranche unterliegt derzeit einem Wandel. Mit dem Ziel der internationalen Präsenz am Weltmarkt erhöhen viele Softwareunternehmen ihren Anteil an standardisierter Software, um im Rahmen der erhöhten Wiederverwendbarkeit von Leistungen quasi fertige Produkte mit ge-

---

103 Diese Entwicklung erklärt die besondere Bedeutung langfristiger Kundenbeziehungen.

ringem Aufwand reproduzieren und vertreiben zu können. Neben diesem Wachstum aus eigener Kraft machen die Softwareunternehmen zunehmend von der Möglichkeit der Unternehmensakquisitionen Gebrauch. Die extremen Wachstumserfolge in der Branche sind ausschließlich das Ergebnis von Akquisitionen oder dem außergewöhnlichen Erfolg von Standardsoftware.[104] Eine Veränderung der Konzentration ist auch in der deutschen Softwarebranche spürbar, da auch unter den größten deutschen Softwareunternehmen Unternehmenskäufe verbreitet sind oder sie selbst übernommen werden können.

Zusammenfassend lassen sich Wettbewerbsdruck und Rivalität in der Branche weder mit Ausdrücken wie "kriegerisch" noch mit "vornehm" bezeichnen,[105] sondern derzeit auf einem mittleren Niveau ansiedeln. Die steigende Zahl von Übernahmen und die aggressiven Wachstumsstrategien zeigen jedoch deutlich die aktuelle Steigerung des Wettbewerbsdrucks, der insbesondere folgende Ursachen hat:[106]

- Eintritt neuer, branchenfremder Anbieter
- Erklärte Wachstumsstrategien
- Stärkere Internationalisierung und Exportorientierung

Übereinstimmend wird festgestellt, daß alle großen Anbieter auf den steigenden Wettbewerbsdruck reagieren, indem sie verstärkt Marketingmaßnahmen im Sinne einer marktorientierten Unternehmensführung einsetzen.[107] Obwohl einzelne Ausprägungen dieser Maßnahmen unterschiedlich ausfallen, lassen sich im Rahmen der Branchenanalyse deutliche Verhaltensmuster im Einsatz der marktpolitischen Instrumente (Marketing-Programm) und der Integration der Programme (Marketing-Politik) finden.[108] Als Ausgangspunkt für die Maßnahmen der Marktorientierung lassen sich die wahrgenommenen kaufentscheidenden Faktoren, wie sie in Abbildung 4-14 dargestellt sind, heranziehen. In der Reihenfolge der Produkt-, Konditionen-, Distributions- und Kommunikationspolitik wird im folgenden auf die zentralen Parameter der Marketing-Planung aus der Sicht der gesamten Softwarebranche eingegangen.[109]

---

104 Vgl. z.B. Streicher (1991), S. 34.

105 Zur allgemeinen Beschreibung des Wettbewerbsdrucks vgl. z.B. Porter (1980), S. 42.

106 Vgl. allgemein zu den Determinanten und den Ursachen der Verstärkung des Wettbewerbsdrucks z.B. Picot (1990b), S. 120 f.

107 Die fehlende Marketing-Kompetenz wird in vielen Unternehmen anerkannt, gleichzeitig jedoch als Defizit in der gesamten Branche bezeichnet (vgl. z.B. Diebold (1989a), S. 2; Lippold (1991), S. 8).

108 Vgl. zu Marketing-Programm und Marketing-Politik zur planmäßigen Gestaltung des Marktes z.B. Heinen (1985), S. 513 ff.

109 Vgl. z.B. Nieschlag/Dichtel/Hörschgen (1976), S. 490 ff.

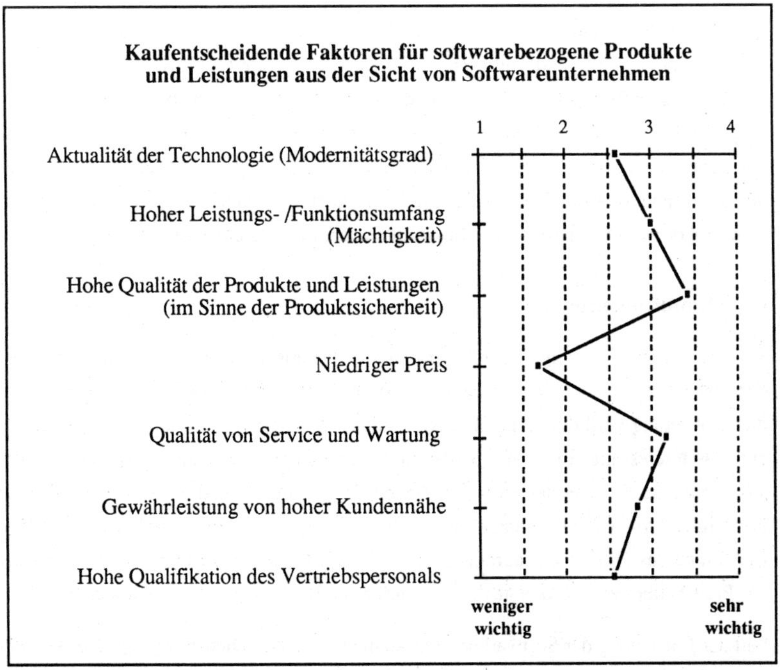

Abb. 4-14: Kaufentscheidende Faktoren[110]

a) Produktpolitik

In der Programmplanung der Softwareunternehmen ist der Konflikt zwischen Diversifikation und Konzentration deutlich erkennbar. Einerseits sehen sich die Unternehmen aufgrund des steigenden Wettbewerbsdrucks dazu gezwungen, zusätzliche Leistungen anzubieten, die nicht primär ihren Schwerpunkten entsprechen. Andererseits verlangt die fortschreitende, technische Entwicklung aus Kostengründen eine Konzentration des Engagements auf ausgewählte Felder. Um auf allen Gebieten technologisch führend zu sein, ist ein zu hoher Aufwand erforderlich. Das Ausweichen auf neue Geschäftsfelder – möglicherweise auch nur mit dem Ziel der Hebelwirkung für die angestammten Bereiche – ist jedoch zunehmend zu erkennen. Ein wesentlicher Unterschied zwischen Softwareunternehmen kann also die unterschiedliche Vielfalt innerhalb des Leistungsspektrums sein.

---

110 Schriftliche Erhebung in 12 Softwareunternehmen.

Grundsätzliche Wachstumsbereiche, deren Bedeutung von allen untersuchten Unternehmen anerkannt wird, sind vor allem die Standardanwendersoftware, die System- und Softwareintegration sowie die Anwenderunterstützung, hier insbesondere die Wartung.[111] Übereinstimmend planen die Unternehmen in diesen Bereichen, ebenso wie in der Beratung, ein langfristiges Wachstum. Der hohe Stellenwert der Qualität von Service und Wartung sowie der Produktsicherheit wird auch in Zukunft ein dominierendes Leistungsmerkmal sein, an dem sich alle Softwareanbieter ausrichten müssen.[112]

b) Konditionenpolitik

Wie Abbildung 4-14 zeigt , wurde dem niedrigen Preis der geringste Stellenwert unter den sieben kaufentscheidenden Faktoren beigemessen. Die große Übereinstimmung in dieser Wertung wird durch die niedrige Standardabweichung der Nennungen unterstrichen.[113] Interessanterweise sehen sich die Unternehmen einem hohen Preiswettbewerb ausgesetzt, messen aber dennoch dem Ziel der Preisführerschaft die geringste Bedeutung im Vergleich zu anderen strategischen Zielsetzungen bei.[114] Die vergleichsweise geringe Bedeutung des Preises als kaufentscheidender Faktor und die gleichzeitige Verstärkung des Preiswettbewerbs sind erste Anzeichen für den Reifungsprozeß der Branche.[115]

Seit der Entstehung der Softwarebranche steht eine für den Dienstleistungscharakter der individuellen Kundenprogrammierung typische kostenorientierte Preisbildung im Vordergrund. Erhebliche Schwankungen der Stundensätze innerhalb derselben Qualifikationsstufen führen zwangsläufig zu unterschiedlichen Preisen zwischen potentiellen Wettbewerbern. Mit dem Produktcharakter von Standardanwendersoftware, der sich durch höhere Entwicklungskosten und Mehrfachverwendbarkeit von der Individualsoftware unterscheidet, erfolgt die Preisstellung prinzipiell auf der Basis einer Investitionsrechnung, deren Grundlage beispielsweise eine Zahlungsreihe mit positivem Kapitalwert ist. In Ausnahmefällen kann sich die Preisstellung hier auch an Konkurrenten ausrichten. Die vorhandenen Leistungsunterschiede "vergleichbarer" Alternativen stellen dabei jedoch eine unterschiedliche Vergleichsbasis dar.

---

111 Zu den Wachstumsbereichen des Produkt-/Leistungsspektrums vgl. Kapitel IV, Abschnitt D.

112 Vgl. Abbildung 4-14. Ebenso wie das "Qualitätsmanagement" für die Leistung an sich erforderlich ist, gilt dies auch für den Herstellungsprozess: "The most important lesson is that developers must ... consciously seek quality" (Card/McGarry/Page (1987), S. 849).

113 Auf der ordinalen 4-Punkte-Skala betrug die Standardabweichung 0,778 Skalenpunkte.

114 Vgl. Abbildung 5-2.

115 Vgl. z.B. Porter (1980), S. 573 ff.

Jede Preisbildung berücksichtigt üblicherweise Preisnachlässe und Einzelkonditionen. Auch in der Softwarebranche sind Verrechnungssätze, Verrechnungsformen und Fristen in der Regel Gegenstand von Verhandlungen. Während nach wie vor die Aufwandsverrechnung die dominierende Verrechnungsform in individuellen Kundenprojekten ist, stieg der Umsatzanteil von Festpreisprojekten in den vergangenen Jahren stetig. Der geringste Festpreisanteil bei den untersuchten Unternehmen betrug bei steigender Tendenz 30 Prozent. Diese Entwicklung sei sowohl im Interesse der Abnehmer, die bereit sind, eine höhere Planungssicherheit zu bezahlen, als auch im Interesse der Anbieter, die gegenüber den Aufwandsverrechnungen höhere Gewinnmargen bei größerem Risiko akzeptieren. Gleichzeitig erhöht sich durch den steigenden Anteil der Festpreise der Wettbewerbsdruck, da Angebote auf der Basis von gleichen Anforderungsbeschreibungen besser verglichen werden können.

c) Distributionspolitik

Die wachsende Bedeutung der Standardanwendersoftware und insbesondere die Implementierung und Integration von fremder Software eröffnen neue Möglichkeiten und Probleme in der Distribution. In zwei Richtungen müssen die Absatzwege betrachtet werden: Softwareunternehmen vertreiben nicht nur selbstentwickelte Leistungen, sondern können ebenso fremde Produkte anbieten, so daß sie als Vertriebskanal eines anderen Anbieters auftreten. Die Verteilung der Leistungen der großen Softwareunternehmen auf die Kanäle (1) andere Softwareunternehmen als Zwischenhändler, (2) Hardwarehersteller und (3) Endabnehmer liefert im Verhältnis zur internationalen Konkurrenz ein wenig zukunftsorientiertes Bild. Vier Fünftel der untersuchten Unternehmen bezeichnen den Umsatzanteil, der nicht auf die Gruppe der Endabnehmer entfällt, als unbedeutend oder gleich Null. Die Ausnahmen bilden Unternehmen, die entweder in einem Konzernverbund stark verflochten sind oder Unternehmen mit marktbeherrschender Stellung in ihren Kernbereichen.[116] Mit dem zunehmenden Volumen der Standardanwendersoftware müssen auch im deutschen Markt verstärkt Zwischenhändler eingesetzt werden. Als häufigster Grund für das Fehlen von sogenannten "Value Added Resalers" wurde ein ungeeignetes Leistungsspektrum aufgrund des hohen Anteils individueller Softwareprojekte genannt. Für die Mehrheit der untersuchten Softwareunternehmen hat das "Entleihen" von Mitarbeitern an andere Anbieter oder Endabnehmer einen größeren Stellenwert als der Vertrieb eigener

---

116 Zur konglomerativen und kooperativen Verflechtung von Softwareunternehmen vgl. Kapitel IV, Abschnitt C, Punkt 3.

Standardsoftware. Das gelegentlich als Beistellung[117] oder Manpower-Leasing[118] bezeichnete Geschäftsfeld ist typisch für die Pionierjahre der Datenverarbeitung und mit zunehmender Reife der Branche weniger zeitgemäß.[119]

d) Kommunikationspolitik

Die rasche technologische Entwicklung und die langfristigen Konsequenzen der damit verbundenen Investitionsentscheidungen zwingen die Softwareunternehmen zu fundierten Grundsatzentscheidungen. Intensiver als zuvor werden Marktbeobachtungen und Marktsondierung zur Entscheidungsvorbereitung in den Softwareunternehmen eingesetzt. Im Rahmen dieser **passiven Unternehmenskommunikation** werden systematisch alle Außenkontakte zur Informationsgewinnung gepflegt.[120] Zahlreiche Unternehmen bieten ihr gewonnenes "Expertenwissen" z.B. auch in Form von Schulungen oder am Markt gehandelter Studien an.

In der **aktiven Kommunikation** zeigt sich der Wandel der Softwarebranche vom Verkäufermarkt zum Käufermarkt durch die angestrebte Verkaufsförderung mittels Werbung und Öffentlichkeitsarbeit.[121] Die Dominanz der Qualität in den kaufentscheidenden Faktoren (vgl. Abbildung 4-14) wird in der Branche zunehmend berücksichtigt und als strategisch bedeutsam eingestuft. Die Identifikation mit hohen Standards in Qualität und Technologie dient mehr denn je als Werbebotschaft. Bei vielen Unternehmen gleicht die Vermittlung dieser Botschaft einer aggressiven Selbstdarstellung. Einer derartigen Profilierung kommt neben der vertriebsunterstützenden Wirkung auch eine personalpolitische Bedeutung zu, da die mögliche Identifikation potentieller Mitarbeiter mit dem transparenten Profil des Unternehmens als entscheidend für die erfolgreiche Kontaktaufnahme mit Nachwuchskräften am strapazierten Arbeitsmarkt eingestuft wird.

Sowohl Marktsondierung als auch Profilierung sind konsequent verfolgte externe Kommunikationsvorgänge. Bezüglich der unternehmensinternen Kommunikation lassen sich die Softwareunternehmen durch die allgemein übliche "Politik der offenen Türen" beschreiben. Typischerweise kommt der informellen Kommunikation eine große Bedeutung

---

117 Vgl. z.B. Pärli (1985), S. 269.

118 Vgl. z.B. Strunz (1985), S. 281.

119 Vgl. z.B. Diebold (1989a), S. 2.

120 Neben dem Kontakt zu Geschäftspartnern werden vor allem Messen und Kongresse besucht.

121 Große Unternehmen setzen zahlreiche Maßnahmen zur Absatzförderung ein. Bei fallender Bedeutung ihrer Reihenfolge werden folgende Maßnahmen regelmäßig durchgeführt: (1) direkte Kundenkontakte, (2) Produktbroschüren, (3) Referenzen/Kundenlisten, (4) Anzeigen/Direct Mail, (5) Ausstellungen/Messen und (6) Informationsveranstaltungen/Workshops (Vgl. GMD (1989), S. 111).

in den Softwareunternehmen zu. Im Rahmen der vorherrschenden Projektarbeit wird sie in den betrachteten Unternehmen als notwendig erachtet und daher gleichzeitig gezielt als Führungsinstrument eingesetzt.

2. Marktbarrieren

Markteintrittsbarrieren[122] erklären sich durch die Vorteile etablierter Anbieter gegenüber neuen Anbietern, indem erstere entweder über (1) absolute Kostenvorteile aufgrund eines Know-how-Vorsprungs, (2) Betriebsgrößenvorteile durch Skalenerträge oder (3) über Produktdifferenzierungsvorteile verfügen.[123] Im Gegensatz dazu erschweren Marktaustrittsbarrieren das Verlassen des Marktes, indem z.B. vertragliche Bindungen oder unausweichliche Folgekosten mit dem Marktaustritt verbunden sind. Die nachfolgende Vorgehensweise orientiert sich an Ursprung und Wesen der Barrieren und überprüft deren Relevanz in der Softwarebranche.

a) Markteintrittsbarrieren

Die verbreitete Meinung, es herrschten in der Softwarebranche niedrige Markteintrittsbarrieren,[124] wurde tendenziell auch in dieser Erhebung bestätigt.[125] Die geschätzte Zahl von 10.000 unabhängigen Einzelberatern und Software-Entwicklern[126] und die Tatsache, daß mehr als die Hälfte der Softwareunternehmen weniger als zehn Mitarbeiter beschäftigen, deutet bereits auf die Möglichkeit des Markteintritts als Kleinstunternehmen mit geringer Kapitalausstattung hin. Sowohl in der Beratung als auch in der individuellen Programmierung treten kleine Unternehmen auch mit den großen Anbietern in Konkurrenz, da sie häufig aufgrund hoher Flexibilität individuellen Kundenbedürfnissen gerecht werden können und meist auch eigene Kostenvorteile durch einen geringeren Overhead weitergeben können. Erhebliche Barrieren bestehen hingegen im Bereich der risikoreichen und kapitalintensiven Standardsoftware-Entwicklung. Auch bei finanzstarken Anbietern aus den benachbarten Branchen der Hardware und der Beratung, die sogar über entsprechende Vertriebskanäle verfügen, wird häufig die Unabhängigkeit bzw. die Kompetenz seitens der Abnehmer angezweifelt. Sicherheits- und Qualitätsbewußtsein der Abnehmer sind hier entscheidend, so daß Neuanbieter grundsätzlich erst eine Akzeptanz schaffen

---

122 Markbarrieren und Marktschranken werden hier als Synonym verwendet.

123 Vgl. z.B. Bain (1959), Kapitel 3 - 5.

124 Vgl. z.B. GMD (1989), S. 27.

125 Vgl. Abbildung 5-1 zu den Beurteilungen der Marktschranken durch die untersuchten Unternehmen.

126 Vgl. z.B. GMD (1989), S. 17.

müssen. Softwareunternehmen pflegen deswegen langfristige Kundenkontakte und erzielen wesentliche Teile des Umsatzes durch Folgeaufträge. Nicht selten ziehen sich Großprojekte auch über Jahre hin oder gehen fließend ineinander über.

Die untersuchten Softwareunternehmen bezeichnen ihre eingesetzte Technologie insofern als kapitalintensiv, als das Verfolgen der technischen Entwicklungen mit erheblichem Aufwand durch die personelle Qualifizierung verbunden ist.[127] Aus der großen Bedeutung der Aktualität der verwendeten Technologie als kaufentscheidendem Faktor,[128] folgt ein erheblicher Kostenaufwand für Neuanbieter.[129] Analog zur Höhe der erforderlichen Investition ist die Mehrheit der kleinen deutschen Softwareunternehmen auch personell nicht in der Lage, große Projekte durchzuführen.[130]

Die bisherigen Überlegungen zu den Markteintrittsbarrieren deuteten bereits an, daß bestehende Widerstände in abgestufter Form für verschiedene Branchenneulinge gelten. Gegenüber potentiellen Anbietern nichtverwandter Branchen besitzen z.B. Hardwarehersteller oder Beratungsunternehmen wichtige Vorteile, so daß sie im Rahmen ihrer softwarebezogenen Leistungen quasi als branchenzugehörig betrachtet werden können. Sofern sie dieses Spektrum jedoch erweitern wollen, gilt für sie – wie für Softwareunternehmen auch –, daß sie einen mitunter beträchtlichen Aufwand betreiben müssen, um in neuen Marktsegmenten konkurrieren zu können. Dies gilt vor allem für Erstanbieter von komplexer Standardanwendersoftware oder anwendungsorientierter systemnaher Software, wie z.B. Datenbanken oder Werkzeuge. Eine aussichtsreiche Wettbewerbsposition in diesen Bereichen erfordert hohe Investitionen, die in der Regel nur große oder spezialisierte Unternehmen aufwenden können.

b) Marktaustrittsbarrieren

Den Marktaustrittsbarrieren wurde seitens der untersuchten Softwareunternehmen eine noch geringere Bedeutung beigemessen als den Markteintrittsbarrieren.[131] Barrieren sind jedoch auch hier vorhanden, und zwar zum Teil in anderen Marktsegmenten als die Ein-

---

127 Vgl. Abbildung 5-1.

128 Vgl. Abbildung 4-14.

129 Der Stand der Technik bezieht sich im wesentlichen auf das eingesetzte Know-how in Form der Qualifikation der Mitarbeiter und weniger auf die erforderliche technische Ausstattung.

130 vgl. Abbildung 4-7, wonach etwa zwei Drittel der Softwareunternehmen weniger als 10 Mitarbeiter beschäftigen.

131 Vgl. Abbildung 5-1 und allgemein z.B. Strunz (1985), S. 275.

trittsbarrieren. Für zahlreiche individuell erstellte Software scheidet jede Unterstützung und Wartung durch externe Experten, abgesehen von den ursprünglichen Entwicklern, de facto aus. In diesem Fall liegen in der Regel vorab formulierte langfristige Wartungsverträge vor. Je nach Vertragsgestaltung kann ein Anbieter hier stark im Rahmen der Pflegeverpflichtung gebunden sein. Darüber hinaus ist ein Rückzug aus Marktsegmenten mit nachteiligen Wirkungen für das Unternehmens-Image verbunden. Gerade in der Softwarebranche, in der die Qualität von Service und Wartung sowie die Gewährleistung von hoher Kundennähe eine große Bedeutung einnehmen (vgl. Abbildung 4-14), wirkt sich dies langfristig negativ aus.

3. Konglomeration und Kooperationen

Aussagen wie "Von den zehn führenden Software-Häusern waren im Frühjahr ´89 nur noch drei ohne industriellen Partner"[132] deuten die bestehenden Kontakte der Softwareunternehmen zu branchenfremden Unternehmen an. Zur Betrachtung der Unternehmensverflechtungen muß neben der Präzisierung der Partner auch die Form der Verflechtung, nämlich die *konglomerative Integration* und die *laterale Unternehmenskooperation* untersucht werden (vgl. Abbildung 4-15). Die konglomerative Integration stellt das Softwareunternehmen in einem hierarchischen Konzernverbund dar, d.h., es kann selbst Tochter sein und/oder über Tochterunternehmen verfügen. Abweichend von der primär eigentumsbezogenen Fragestellung der konglomerativen Integration betrachtet die Ebene der Unternehmenskooperation die Zusammenarbeit rechtlich unabhängiger Unternehmen. Beide Verflechtungsformen sind unabhängig von der Branchenzugehörigkeit der Partner.

a) Integration der Softwareunternehmen in Konzernstrukturen

Mit einem Anteil von 77 Prozent ist die Gesellschaft mit beschränkter Haftung die dominierende Rechtsform in den deutschen Softwareunternehmen.[133] Auch in dem Untersuchungsfeld der großen Softwareunternehmen überwiegt die Rechtsform der GmbH vor der AG oder einer Zusammenfassung in Form von Holding-Gesellschaften. Die Eigentumsverhältnisse der Unternehmensanteile lassen sich für die untersuchten Unternehmen dabei gleichmäßig in drei Gruppen unterteilen: Neben den in Streubesitz befindlichen An-

---

132 iwd (1990), S. 7. Dabei wird unter dem Begriff Industrie in diesem Punkt allgemein die gewerbliche Verarbeitung von Rohstoffen und Halbfabrikaten zu Gütern im weitesten Sinne verstanden.

133 Vgl. z.B. GMD (1989), S. 84. In der Größenklasse ab 50 Mitarbeiter steigt der Anteil auf 82 Prozent.

teilen liegen maßgebliche Anteile entweder bei (1) Industrieunternehmen, (2) Software- oder DV-Konzernen oder (3) bei einem überschaubaren Kreis privater Personen, häufig sogar den Gründerpersonen. Softwareunternehmen, die Tochtergesellschaft einer industriellen Konzernmutter sind, gehen häufig auf die Ausgliederung ehemaliger DV-Bereiche zurück. Traditionell entfällt bei diesen Softwareunternehmen immer noch ein erheblicher Anteil des Umsatzes auf die Konzernmutter.[134] In der jüngeren Vergangenheit ist auch der gegenläufige Trend in Form von Unternehmensakquisitionen zu beobachten.

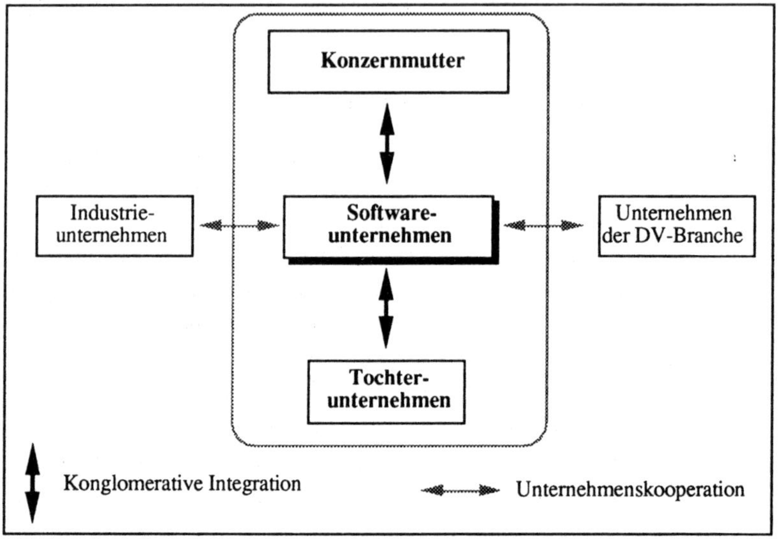

Abb. 4-15: Konglomeration und Kooperation

Softwareunternehmen innerhalb eines DV-Konzerns stellen häufig die regionale Basis eines internationalen Konzerns dar. In den vergangenen Jahren hat es auch unter den größten deutschen Softwareunternehmen spektakuläre Übernahmen durch ausländische Konzerne gegeben. Motivation für Übernahmen war in der Regel der Ausbau des eigenen Vertriebsnetzes und hier insbesondere die Unterstützung der eigenen Standardsoftware.

Ebenso wie Softwareunternehmen in einen Konzernverbund eingegliedert sein können, können sie selbst Muttergesellschaft, d.h. Eigentümerin von Unternehmensanteilen rechtlich unabhängiger Unternehmen sein. Im Gegensatz zur Integration von Software-

134 Bei fallender Tendenz wurden bei der Untersuchung Werte um 50 Prozent genannt, in einem Fall entfielen sogar 70 Prozent des Umsatzes auf die Konzernmutter.

unternehmen in branchenfremde Konzernstrukturen, fällt auf, daß nur wenige Softwareunternehmen über Beteiligungen außerhalb der eigenen Branche verfügen. Eine Diversifikation in branchenfremde Beteiligungen ist auch für die großen Softwareunternehmen kein Thema. Die wenigen branchenexternen Beteiligungen an Unternehmen beziehen sich auf verwandte Bereiche wie Mikroprozessortechnik oder Kabeltechnik und sind historisch bedingt. Wesentlich und in zunehmenden Maße verbreitet ist jedoch eine Verselbständigung von räumlichen oder auch funktionalen Geschäftseinheiten. Mit zwei Ausnahmen sind alle untersuchten Unternehmen mehrheitlich an mindestens einem rechtlich unabhängigen Unternehmen dieser Art beteiligt. Dabei wird immer auf eine enge Einbindung geachtet und in der Regel eine Mehrheitsbeteiligung bei der Muttergesellschaft gehalten.

b) Kooperationsverhalten

Die horizontalen Beziehungen der Unternehmenskooperation in Abbildung 4-15 entsprechen der zwischenbetrieblichen Zusammenarbeit mit Unternehmen des DV-Bereiches oder mit Industrieunternehmen. Allen Softwareunternehmen ist gemeinsam, daß sie, unabhängig von der Konstellation der Eigentumsverhältnisse, ihre technische und unternehmerische Selbständigkeit trotz teilweise deutlicher Umsatzkonzentrationen auf wenige Abnehmer betonen. Dieses Unabhängigkeitsstreben führt dazu, daß sich Kooperationen von Softwareunternehmen in zwei grundsätzliche Typen unterscheiden lassen: Entweder handelt es sich bei den Kooperationen um eine informelle, wenig bindende Zusammenarbeit oder es liegt eine gemeinsame, intensive, aber befristete Kooperationen in Form von Projektarbeit vor.[135]

Die Vermarktung fremder Standardsoftwareprodukte findet häufig auf der Basis informeller **Kooperationen zwischen Softwareunternehmen** statt. Das Volumen der fremdinstallierten und betreuten Software wird nach übereinstimmender Meinung der Unternehmen größer, so daß auch mit einer Steigerung des Stellenwertes dieses Kooperationstyps zu rechnen ist. Interessanterweise wird der Installation fremder Standardsoftware völlig unterschiedliche strategische Bedeutung beigemessen. Die Positionen reichen von einer vollwertigen Integration in das eigene Leistungsspektrum und einem angestrebten Ausbau bis hin zu einem wenig geschätzten "Muß", das im Rahmen langfristiger Kundenbeziehungen seitens der Abnehmer gefordert wird. Die Bearbeitung eines

135 Die dauerhafte Kooperation zwischen Softwareunternehmen oder zwischen einem Softwareunternehmen und einem industriellen Partner in der Form *strategischer Allianzen* (vgl. hierzu z.B. Backhaus/Piltz (1990), S. 3 ff.) bildet eine Ausnahme.

größeren Kundenkreises ist aber der am häufigsten genannte Grund für inländische Geschäftsbeziehungen zwischen Softwareunternehmen.[136] Neben dieser Zusammenarbeit, die in ihrer Intensität nicht über Absprachen hinausgeht, kommt es in Ausnahmefällen zwischen Softwareunternehmen zu einer befristeten und intensiven gemeinsamen Projektarbeit.

Ähnlich der Kooperation zwischen Softwareunternehmen untereinander besteht auch zwischen Softwareunternehmen und **Hardwareunternehmen** eine Zusammenarbeit, deren beiderseitige Absicht häufig lediglich die Erschließung neuer Absatzwege ist.[137] Der hohe Stellenwert der strategischen Zielsetzung einer Herstellerunabhängigkeit[138] läßt ein Überschreiten dieser Zusammenarbeit, das die Kooperationsstufe der Absprache nicht überschreitet, auf Dauer nicht zu. Eine Fokussierung auf bestimmte Anbieter ist jedoch auch in großen Softwareunternehmen zu finden, und zwar insbesondere dort, wo die Gründerpersonen ehemalige Mitarbeiter in Hardwareunternehmen sind. In diesem Fall werden bestehende Kontakte bewußt gepflegt und über den Informationsaustausch hinaus auch zu vertrieblichen Zwecken genutzt.

Zwischenbetriebliche Kooperation auf der Ebene der **Industriebetriebe** und der Softwareunternehmen bezieht sich in der Regel auf gemeinsame Entwicklungsarbeit. Dies gilt nicht nur auf der Ebene der individuellen Software-Entwicklung. Auf der Basis langfristiger Kundenbeziehungen ist der Einsatz von Pilotkunden bei mehreren der untersuchten Unternehmen ein fester Bestandteil des Entwicklungsplans für Standardanwendersoftware. In diesen Fällen handelt es sich um eine geplante langfristige Zusammenarbeit, die dazu dient, Erfahrungen mit neuen Produkten in vivo zu bekommen.

4. Auslandsverflechtungen

Der für die europäischen Industrieländer typische hohe Grad der Außenhandelsverflechtungen, läßt sich nicht auf die deutsche Softwarebranche übertragen. Die internationale Leistungsbilanz der deutschen Softwarebranche entspricht nicht dem Gesamtbild der deutschen Wirtschaft. Der niedrige Anteil des Auslandsumsatz der deutschen Softwarebranche von 9 Prozent führte 1988 zu einem gesamten Exportvolumen von ungefähr 1

---

136 Vgl. z.B. GMD (1989), S. 108.

137 Für die 71 Prozent aller Softwareunternehmen, die laut einer GMD-Studie regelmäßig mit Hardwareherstellern kooperieren, ist jedoch der Verkauf von Hardware häufigere Ursache als die Softwareentwicklung für Kunden der Hardwarehersteller (Vgl. GMD (1989), S. 107).

138 Vgl. Abbildung 5-2.

Mrd. DM.[139] Damit liegen die deutschen Softwareunternehmen nur geringfügig über dem Umsatz der zehn größten ausländischen Softwareunternehmen in Deutschland.[140] Während die zehn größten deutschen Softwareunternehmen 1988 zusammen 537 Mio. DM weltweiten Auslandsumsatz erzielen konnten, erreichten die zehn größten ausländischen Softwareunternehmen in Deutschland im selben Zeitraum 915 Millionen DM Umsatz.[141] Darüber hinaus beschränkt sich das geringe Volumen der deutschen Software-Exporteure mit wenigen Ausnahmen auf das deutschsprachige Ausland.[142]

Analog zur Exportschwäche ist die Einfuhr durch die deutschen Softwareunternehmen verhältnismäßig gering, so daß der hohe Umsatz ausländischer Softwareunternehmen zum großen Teil durch deren eigene Vertriebsgesellschaften oder Niederlassungen erfolgt. Die Hälfte der untersuchten Softwareunternehmen erklärt pauschal, daß Leistungen aus Drittländern keine Bedeutung für ihre Geschäftstätigkeit zukommt.[143] Neben englischen und französischen Softwareunternehmen sind es vor allem Anbieter aus den USA, die teilweise marktbeherrschende Stellungen einnehmen. 1988 erzielte ein amerikanisches Unternehmen auf dem deutschen Markt mit Abstand mehr Umsatz, als das umsatzstärkste deutsche Softwareunternehmen in seinem Heimmarkt.[144]

D. Entwicklungen in der Softwarebranche

Abschließend werden in diesem Abschnitt wesentliche Entwicklungstrends dargestellt, die über Veränderungen des Marktverhaltens hinaus auch die Marktstruktur prägen können. Die markt- und unternehmensbezogenen Trends stellen in weiten Teilen eine Zusammenfassung bisheriger Ergebnisse dar, auf die hier ohne explizite Verweise zurückgegriffen werden soll.[145]

---

139 Vgl. GMD (1989), S. 19 und 101; eigene Berechnung.

140 Vgl. z.B. UBM (1989), S. 46.

141 Vgl. z.B. Lünendonk (1989), o.S. und UBM (1989), S. 46.

142 Vgl. z.B. UBM (1989), S. 45; Hoch (1990), S. 19.

143 Nur ein Softwareunternehmen der zehn größten deutschen Exporteure nennt ein Schwerpunktland seines Exports außerhalb Europas und den USA. (vgl. z.B. UBM (1989), S. 45).

144 Vgl. z.B. Lünendonk (1989), o.S. oder UBM (1989), S. 46.

145 Die hier dargestellten Entwicklungstrends sind in Kapitel III und Kapitel IV entsprechend ihrer inhaltlichen Zugehörigkeit an verschiedenen Stellen bereits erwähnt, so daß dieser Abschnitt eine bereichsübergreifende Zusammenstellung von Entwicklungstrends darstellt.

1. Marktbezogene Trends in der Softwarebranche

Die gesamtwirtschaftliche Stellung der Softwarebranche wird durch ihr überproportionales Wachstum sowohl innerhalb der Informationstechnik als auch im Bezug auf fachfremde Branchen deutlich. Dieser Trend wird auch langfristig anhalten, da die Verbreitung der Datenverarbeitung weiter zunimmt und der Stellenwert der Software als Lösungskomponente weiter steigt. Auch Veränderungen hinsichtlich der Rivalität der Marktteilnehmer haben Auswirkungen auf das Marktgeschehen: Eine zunehmende Konzentration auf der Angebotsseite und der steigende Wettbewerbsdruck kennzeichnen das Bild der Branche. Auf der Produktebene sind es schließlich grundsätzliche technische Weiterentwicklungen, die zunächst das Marktleistungsspektrum der Branche verändern und somit folgewirksam branchenweite Veränderungen in der unternehmerischen Gestaltung der Softwareunternehmen hervorrufen.

Folgende wesentliche marktliche Trends wurden im Verlauf der Untersuchung identifiziert:

- Integration von Software und Systemen
- Standardisierung von Software
- Dienstleistungsorientierung
- Wachstum und Internationalisierung
- Neue Anbieter im wachsenden Markt

Die **Integration von Software und Systemen** bezieht sich auf die gleichzeitige Berücksichtigung von Hardware und Software im Sinne einer ganzheitlichen Lösung.[146] Dabei stellt sich zum einen die Aufgabe Systeme verschiedener Hersteller zu verbinden und zum anderen verschiedene Systemgrößenklassen zu integrieren. Sowohl Hardwareunternehmen, die sich traditionell mit Systemintegration befassen, als auch Softwareunternehmen, die unter Gewährleistung von Kompatibilität und Schnittstellen Anwendungen miteinander verbinden, betreiben diese Integration. Durch die größere Problemnähe der Software zur Anwendung (Problem und/oder Kunde) entfällt tendenziell der größere Teil der Integrationsaufgabe auf die Software, die letztlich die Integration über

---

146 Unabhängig vom Standardisierungsgrad einer Softwarelösung bleibt der Problem- oder Kundenbezug einer Anwendung unberührt, so daß die Spezifität der Lösung immer erhalten bleibt. Diese Spezifität besitzt auf Hardware und Software bezogen jedoch verschiedene Qualität: Der Standardisierungsgrad von Hardware ist weiter fortgeschritten als diejenige der Software, so daß die Anforderungen an die Integration bei der Software tendenziell höher sind als bei der Hardware.

die Realisierung logischer Schnittstellen vollzieht. Die Integration nimmt im Rahmen des wachsenden Lösungsgeschäfts einen immer größer werdenden Stellenwert ein.

Die **Standardisierung in der Software** zeigt zwei Ansatzpunkte: Einerseits kann über die Verwendung von Softwareprodukten das Ergebnis selbst standardisiert werden und andererseits kann die Leistungserstellung (Projekte) in geregelten, gleichförmigen Schritten ablaufen. Die wachsende Bedeutung der Standardsoftware auf dem deutschen Markt entspricht einer Angleichung an den internationalen Markt. Immer komplexere Lösungen werden auf Basis hochwertiger Module auf Kundenbedürfnisse zugeschnitten. Für die Anwender erhöht sich damit die Kalkulierbarkeit einer Softwarelösung durch eine bestehende Erfahrungsbasis der Anbieter, die ihrerseits für die Entwicklung der Standardsoftware zum Teil beträchtliche Vorleistungen im Sinne eines Investitionsprojektes erbringen müssen. Neben der Standardisierung auf der Ebene von Produzenten sind große Fortschritte in der Vereinheitlichung verwendeter Methoden und Verfahren bei der Herstellung von Software erzielt worden.[147] In Verbindung mit eigenen Werkzeugen und Methoden haben sich unternehmensspezifische Entwicklungsstandards entwickelt. Neben den Risiken verlangen sowohl die Produkt- als auch die Projektstandardisierung hohe Investitionen, so daß große Unternehmen im allgemeinen eine Vorreiterrolle einnehmen.

Der Trend der **Dienstleistungsorientierung** scheint aufgrund der Konsequenzen einer besonderen Ausrichtung an individuellen Kundenbedürfnissen im Widerspruch zur Standardisierung zu stehen. Die Dienstleistungsorientierung bezieht sich jedoch nicht auf die Verschiebung des Verhältnisses zwischen Individual- und Standardsoftware, sondern unterstreicht die wachsende Bedeutung kundenspezifischer Leistungen vor und nach der softwaretechnischen Realisierung. Im Sinne der Nichtübertragbarkeit der Leistungen sind hier vor allem die Beratung und Anwenderunterstützung angesprochen. Eine große Kundennähe wurde bei den untersuchten Unternehmen häufig als wichtiger Erfolgsfaktor genannt.

Überproportionales **Wachstum und Internationalisierung** der großen Softwareunternehmen bewirken eine zunehmende Konzentration auf der Angebotsseite des Marktes. Mit der zunehmenden internationalen Wirtschaftsverflechtung stärken die großen Softwareunternehmen ihre Wettbewerbsposition, da sie eine weltweite Präsenz einheitlicher Produkte und Leistungen gewährleisten können. Durch diese zum Teil aggressiven Expansionsstrategien kann trotz des wachsenden Marktes ein Verdrängungsprozeß kleiner,

---

147 Vgl. zur organisatorischen Programmierung Kapitel VI, Abschnitt 4, Punkt 2)a).

regional tätiger Softwareunternhemen stattfinden. Indikator dafür ist, daß die großen Softwareunternehmen deutlich schneller wachsen als das gesamte Marktvolumen.[148]

Schließlich prägen **neue Anbieter im wachsenden Markt** die Struktur der Branche. Unternehmen der angrenzenden Branchen erweitern ihr softwarebezogenenes Leistungsspektrum auf die Kerngebiete der Software. Zunehmend treten auch fachfremde Unternehmen wie z.B. Wirtschaftsprüfer oder Steuerberater in den Markt ein. Die genannten Unternehmen bzw. Branchen verfügen ihrerseits über Vertriebskanäle für ihre angestammten Produkte und Leistungen. Da es sich hierbei in der Regel um langfristige Beziehungen handelt, die beiderseitig bewußt gepflegt werden, sind prinzipiell die Voraussetzungen für eine Erweiterung auf Software gegeben.

2. Unternehmensbezogene Trends in der Softwarebranche

Im Sinne einer Teilmenge des Marktleistungsspektrums wirken sich die marktbezogenen Veränderungen auch auf die Leistungsspektren der Softwareunternehmen aus. Die Erfassung der softwarebezogenen Produkte und Leistungen anhand der drei Dimensionen Informationstechnologie, Leistungsart und Standardisierungsgrad ermöglicht die Darstellung der veränderten Bedeutungen einzelner Teilleistungen.[149] Abbildung 4-16 faßt diese Änderungstendenzen der einzelnen Teilleistungen als unternehmensbezogenen Trends zusammen.

Die Leistungsart, die bezüglich ihres bisherigen Engagements relativ zu den anderen Leistungen am deutlichsten ausgebaut werden soll, ist die **Standardanwendersoftware** im Bereich der funktionsorientierten und branchenspezifischen Software sowie der technisch-wissenschaftlichen Programme. Die Mehrheit der untersuchten Softwareunternehmen plant hier ein besonders hohes Wachstum.

Aus der gesamten Vielfalt der Teilleistungen zeichnet sich ebenso die Leistungsart der **Beratung** aus. Hier wollen sich alle betrachteten Unternehmen stärker engagieren. Insgesamt ist die angestrebte Intensität der Steigerung der Beratungsleistungen jedoch etwas geringer als die Kumulation über die Standardsoftware. In keiner der Teilleistung der Be-

148 Während das Wachstum des gesamten Marktvolumens der Branche mit 6 Prozent angegeben wird, konnten die größten 25 Softwareunternehmen ihren Umsatz 1990 im Durchschnitt um 21 Prozent steigern (vgl. Streicher (1991), S. 32 und 33).

149 Vgl. zur Darstellung der Leistungsspektren von Software- und Hardwareunternehmen in der selben Systematik Abbildung 4-10 bzw. 4-11.

reiche Standardsoftware oder Beratung gab es – unabhängig ob Anwender- oder Systemsoftware – Unternehmen, die sich zurückziehen wollten.

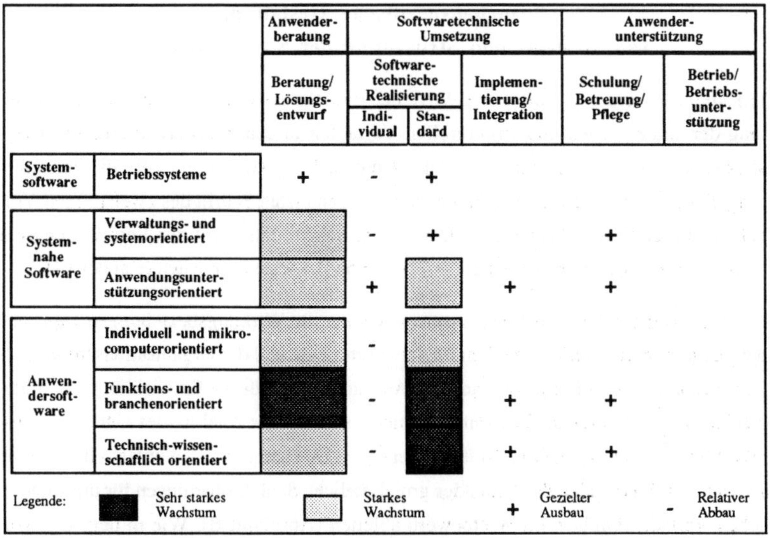

Abb. 4-16: Geplante Entwicklungen der Leistungsspektren

Einen relativen Verlust an Bedeutung wird bei unterschiedlicher Entwicklung des Engagements jedoch die **Individualsoftware** erfahren. Obwohl ein Ausbau des Engagements im Bereich der individuellen Anwendersoftware in einigen Fällen geplant ist, bezeichnet fast die Hälfte der befragten Unternehmen die Leistungsart der Erstellung von Individualsoftware als ein Rückzugsgebiet. Hier ist ein absoluter Rückgang oder zumindest ein langsameres Wachstum als in anderen Bereichen geplant.

Zu einem besonderen Wachstumsgebiet wird die **systemnahe, anwendungsorientierte Software** gezählt. Insbesondere die Beratung und die Realisierung über standardisierte Software wird in diesem Bereich von einer deutlichen Mehrheit mit hoher Intensität ausgebaut. Im Bereich der standardisierten Software sind es vor allem Entwicklungswerkzeuge und Netzwerksoftware, in denen ein stärkeres Engagement geplant ist.

Kapitel V

Branchenspezifische Gestaltung von Strategie und Struktur in der Softwareindustrie

In Kapitel V werden aus der Perspektive der Branche erste Ableitungen für die Gestaltung der strategischen und strukturellen Variablen in den Softwareunternehmen entwickelt. Innerhalb der zugrundeliegenden Untersuchungskonzeption stellt die Formulierung dieses übergeordneten Handlungsrahmens den ersten Schritt des zweistufigen Vorgehens dieser Untersuchung dar.[1] Der zweite Schritt entspricht der Verfeinerung der branchenbezogenen Ergebnisse auf der Ebene von Branchensegmenten (Kapitel VI).

Entsprechend des Untersuchungsansatzes werden die Wirkungsbeziehungen zwischen dem Unternehmensumfeld, der Unternehmensstrategie und der Organisationsstruktur als komplex und wechselseitig verstanden.[2] Ausgangspunkt für die Entwicklung des strategischen und strukturellen Gestaltungsrahmens ist hierin die Analyse des Unternehmensumfeldes (Abschnitt A). Ohne einen imperativen Determinismus zu unterstellen, lassen sich aus den Merkmalen des Umfeldes grundsätzliche Schlußfolgerungen für die strategischen Verhaltensweisen im Wettbewerb ableiten (Abschnitt B). Wie in dem Untersuchungsansatz ferner dargelegt, folgen aus dem gegebenen Umfeld und der gewählten Strategie wiederum Konsequenzen für die organisatorische Gestaltung in den Unternehmen (Abschnitt C).[3]

Die Untersuchung der Zusammenhänge zwischen den Komplexen Unternehmensumfeld, Unternehmensstrategie und Organisationsstruktur kann in zwei verschiedenen *Betrachtungsweisen* erfolgen: Abweichend vom folgenden Kapitel, in dem die Zusammenhänge auf der Ebene einzelner Branchensegmente anhand *isolierter Variablen* betrachtet werden, wird hier eine aggregierte Sichtweise gewählt, d.h., die Wirkungsbeziehungen werden anhand von *Merkmalskonfigurationen* im Sinne von Umfeld-, Strategie- und Strukturtypen betrachtet. Beiden Betrachtungsweisen sowie der Typisierung innerhalb der drei Komplexe selbst, liegen zahlreiche theoretische und empirische Studien zugrunde.[4]

---

1 Vgl. zur integrierten Untersuchungskonzeption Abbildung 2-6.

2 Vgl. Kapitel II, Abschnitt C, Punkt 1.

3 Analog zu der Umfeld-Strategie-Beziehung handelt es sich ebenso zwischen Strategie und Struktur um eine wechselseitige und nicht eineindeutige Beziehung (vgl. Kapitel II, Abschnitt C).

4 Vgl. Kapitel II, Abschnitt C, Punkt 1)a) zur Aufzählung der verwendeten Studien in dieser Arbeit. Während für die Konzipierung dieses Kapitels insbesondere auf Miller (1986) und (1987) zurückgegriffen wird, können für die einzelnen Abschnitte z.B. Segev (1989) und Hambrick (1988) (Ab-

A. Das Unternehmensumfeld in der Softwarebranche

In den beiden vorangegangenen Kapiteln sind zahlreiche Merkmale der Marktstruktur und des Marktverhaltens der Softwarebranche dargestellt worden. Damit sind die Voraussetzungen zur detaillierten Betrachtung des Umfeldes der Softwareunternehmen geschaffen worden.[5] In Verbindung mit der folgenden Umfeldbeschreibung aus der Sicht der untersuchten Softwareunternehmen können darauf aufbauend formale Umfeldmerkmale beschrieben werden, die ihrerseits zu Umwelttypen führen, welche schließlich auf ihre Relevanz in der Softwarebranche überprüft werden können.

1. Umfeldbeschreibung aus der Sicht einzelner Softwareunternehmen

Im Rahmen seines Leistungsspektrums und den Beziehungen zu bestimmten Lieferanten oder Abnehmern agiert jedes Softwareunternehmen innerhalb eines bestimmten Ausschnittes des gesamten, marktbezogenen Umfeldes. Die in Abbildung 5-1 zusammengefaßten aggregierten Wahrnehmungen der Marktmerkmale individueller Leistungsprogramme und Unternehmensaufgaben können als Orientierung für die Beschreibung des Branchenumfeldes herangezogen werden.

In der allgemeinen Darstellung des Leistungscharakters[6] der Software zwischen Dienstleistungs- und Produktcharakter deutete sich bereits die Verschiedenheit der Ausprägungen von Beschreibungsmerkmalen an. Tatsächlich werden die angebotenen Produkte und Leistungen der befragten Unternehmen tendenziell als heterogen eingestuft. Bezüglich dieses Kriteriums bestanden jedoch erhebliche Schwankungen zwischen den Antworten,[7] was durch die unterschiedliche Breite der Produkt-/Leistungsspektren einzelner Unternehmen erklärt werden kann. Diejenigen Unternehmen, die sich bewußt auf ausgewählte Marktsegmente konzentrieren, sehen sich mit einer insgesamt geringeren Heterogenität konfrontiert als solche, die ein breites Spektrum realisieren.

---

schnitt A), Porter (1980) und Miles/Snow (1978) (Abschnitt B) sowie Mintzberg (1979) (Abschnitt C) hervorgehoben werden.

5 Vgl. zum theoretischen Verständnis des Umfeldes Kapitel II, Abschnitt C, Punkt 2.

6 Vgl. Kapitel IV, Abschnitt C und insbesondere Abbildung 4-1.

7 Die hohe Standardabweichung von 1,753 Skalenpunkten in der Beurteilung der Heterogenität wird nur von der der Einstufung des Preiswettbewerbs (1,809 Skalenpunkte) übertroffen.

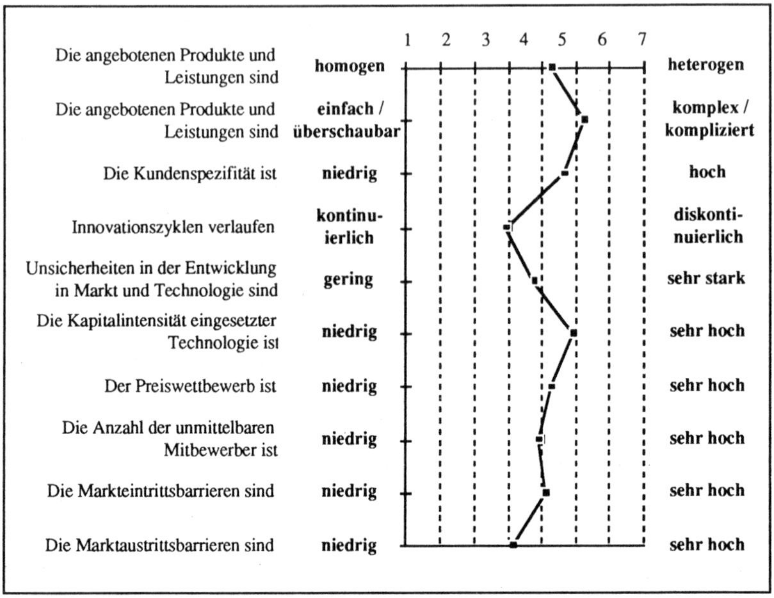

Abb. 5-1: Marktmerkmale des Leistungsprogramms und der Unternehmensaufgabe[8]

Große Übereinstimmung bestand in der Beschreibung der hohen Komplexität und der Kompliziertheit sowie in der ausgesprochenen Kundenspezifität angebotener Produkte und Leistungen.[9] Die Komplexitätsbewältigung und die kundenorientierte Arbeitsweise werden in diesem Zusammenhang als zentrale Problemstellungen in den Softwareunternehmen erkannt.

Die Unternehmen sehen sich durch kontinuierliche Entwicklungen in ihrem technologischen Umfeld beträchtlichen Veränderungen ausgesetzt. Daraus resultierende Unsicherheiten wirken um so mehr, als die Kapitalintensität neuer Technologie hoch eingestuft wird. Die Kapitalintensität bezieht sich dabei weniger auf eine erforderliche technische

8 Schriftliche Erhebung in 12 Softwareunternehmen (7-Punkte-Skala).

9 Mit einer Standardabweichung von 1,215 wurden die geringsten Schwankungen bei der Beurteilung der Komplexität und Kompliziertheit registriert. Hingegen waren die Schwankungen bei der Kundenspezifität am höchsten (Standardabweichung 2,015), da zwischen den Unternehmen erhebliche Unterschiede bezüglich des Standardisierungsgrades der Leistungen bestehen. Große Übereinstimmung bestand nämlich zwischen den Unternehmen, die einen unternehmerischen Schwerpunkt bei der Individualsoftware sehen und denjenigen, die sich tendenziell auf standardisierte Software konzentrieren, wobei die Kundenspezifität hier entgegengesetzt ausgeprägt ist.

Ausstattung oder die Werkzeuge als auf den Aufbau von Know-how in Form der laufenden Qualifizierung von Mitarbeitern.

Obwohl dem Preis als kaufentscheidender Faktor grundsätzlich eine sehr geringe Bedeutung beigemessen wurde,[10] sehen die Softwareunternehmen sich zwischenzeitlich in einem intensiven Preiswettbewerb mit zahlreichen unmittelbaren Wettbewerbern. Diese Entwicklung deutet darauf hin, daß die primär kostenorientierte Preisbildung durch eine höhere Preissensibilität der Abnehmer und die zunehmende Konkurrenz stärker marktbezogen erfolgt.

Schließlich werden die Marktbarrieren, wie Abbildung 5-1 zeigt, tendenziell als niedrig eingestuft. Bezüglich der Austrittsbarrieren bestehen jedoch erhebliche Differenzen zwischen den Unternehmen. Insbesondere im Bereich der Anwendersoftware können die Anbieter mit hohen Austrittsbarrieren durch langfristige Verträge im Rahmen der Pflegeverpflichtung konfrontiert sein. Entsprechendes gilt auch für die stetig steigenden Eintrittsbarrieren, wie die rückläufigen Zahlen der Neugründungen bestätigen.[11]

2. Umfeldbeschreibung der Softwareunternehmen anhand formaler Merkmale

Aufbauend auf den isolierten Wahrnehmungen einzelner Unternehmen bezüglich ihres Umfeldes und den allgemeinen Erhebungen (Kapitel IV) wird nun ein marktbezogenes Umfeld der Softwarebranche anhand qualitativer Merkmale beschrieben. Diese Umfeldbeschreibung bildet die Schnittstelle zu den Verweisen auf theoretische und empirisch validierte Ableitungen für die strategische Gestaltung in Unternehmungen.

Heterogenität *(heterogeinity)*, Komplexität *(complexity)*, Freigebigkeit *(munificence)*, Dynamik *(dynamism)* und Unsicherheit *(uncertainty)* sind die meistgenannten Beschreibungsmerkmale in den Studien, auf die sich die nachfolgenden Ableitungen stützen.[12] In diesen Schlüsselkriterien sind zahlreiche untergeordnete Beschreibungskriterien direkt oder indirekt enthalten, so daß nicht auf die gesamte Vielfalt aller Kriterien eingegangen werden muß.[13] Die Operationalisierung der Schlüsselkriterien orientiert sich hier mög-

---

10 Vgl. Kapitel IV, Abschnitt C, Punkt 1 und insbesondere Abbildung 4-14.

11 Vgl. Kapitel IV, Abschnitt C, Punkt 2.

12 Vgl. insbesondere Segev (1989), Hambrick (1988), Miller (1988), Miller (1987) und Miller (1986) und zur Aufbereitung in dieser Arbeit Kapitel II, Abschnitt C, Punkt 2)a).

13 So werden unter anderem auch die Beschreibungsmerkmale *hostility, instability, unpredictability, market diversity, barriers, competition* und die Komplemente der genannten Merkmale verwendet.

lichst eng an der jeweiligen Realisierung in den zugrundeliegenden Studien, um eine entsprechende Vergleichsgrundlage zu erhalten.

Die **Heterogenität** eines Umfeldes ist in der Vielfalt der Produkte und Leistungen begründet.[14] Im weitesten Sinne reicht das Spektrum der Leistungsarten in der Softwarebranche von der strategischen Informationstechnologieberatung bis zu Rechenzentrumsdienstleistungen. Software im engeren Sinne beinhaltet *Computerprogramme* aus den Bereichen zwischen der Systemsoftware und der Anwendersoftware sowie zwischen Individualsoftware in Form von Unikaten und Standardsoftware in der Form kundenunabhängiger Massenprodukte.[15] Der Ursprung dieser Vielfalt begründet sich in der Heterogenität der Anforderungen: Kunden- und Problemspezifika spiegeln sich direkt in der geforderten Software wider, so daß die Softwareunternehmen zu Recht als industrielle Dienstleister bezeichnet werden können. Abgesehen von fertigen Kleinlösungen (Paketsoftware) finden sich in dem breiten Spektrum der Standardsoftware kaum identische Lösungen bei verschiedenen Anwendern.[16] Situationsabhängig ist bei der Individualsoftware nicht nur das Ergebnis selbst, sondern ebenso der Herstellungsprozeß. Softwareunternehmen können in der Realisierung völlig unterschiedliche Rollen als Anbieter einnehmen.[17]

Die **Komplexität** eines Umfeldes wird allgemein durch die Anzahl interdependenter externer Elemente des Umfeldes erfaßt.[18] Die Berücksichtigung – und letztendlich eine Integration – zahlreicher unterschiedlicher Voraussetzungen und Rahmenbedingungen verursacht eine insgesamt hohe Komplexität in der Softwarebranche. Abgesehen von wenigen Kleinlösungen muß die Softwareentwicklung verschiedene technische, rechtliche, betriebswirtschaftliche und vor allem kundenspezifische Informationen berücksichtigen. Die Klassifizierung als Standardsoftware bedeutet dabei keinesfalls, daß die Berücksichtigung dieser Rahmenbedingungen mit der einmaligen Entwicklung abgeschlossen ist. Zutreffend ist vielmehr, daß durch einen gewissen Grad der modularen Wiederverwendbarkeit bzw. durch einen Erfahrungsgewinn der Aufwand tendenziell reduziert werden kann. Eine unvermeidbare und häufig unterschätzte Komplexität ist mit der technischen und organisatorischen Integration von Software im engeren Sinn verbunden. Die Integration

---

14 Vgl. z.B. Miller (1987), S. 74.

15 Vgl. Kapitel III zur Spannweite und zur Heterogenität des Leistungsspektrums der Software, hier insbesondere Abbildung 3-6.

16 Zum Lösungsbegriff in der Software vgl. Kapitel IV, Abschnitt A, Punkt 3.

17 Vgl. zu den Arten der Individualsoftware Kapitel III, Abschnitt B, Punkt 3)a) und 3)c).

18 Vgl. z.B. Segev (1989), S. 503.

von Software in eine bestehende Infrastruktur ist für Standardsoftware teilweise sogar aufwandsintensiver als für Individualsoftware, da die Entwicklung von Individualsoftware eine individuelle Infrastruktur bereits von Beginn an berücksichtigen konnte.

Unter **Freigebigkeit** wird die Verfügbarkeit von Ressourcen beurteilt.[19] Der für das gesamte Marktleistungsspektrum der Software geltende Dienstleistungscharakter erklärt den geringen Materialkostenanteil an den Herstellkosten: Dominierender Kostenfaktor sind hier die Personalkosten.[20] Abgesehen von dem geringen Kostenanteil stellt die Verfügbarkeit von Material keinen Engpaß dar. Diese Verfügbarkeit gilt nur in eingeschränktem Maße für das Personal, da in der Branche ein Mangel an qualifizierten Fachpersonal festgestellt wird. Die Notwendigkeit der individuellen umfangreichen Qualifizierung von Mitarbeitern relativiert den häufig gesehenen Personalengpaß, so daß insgesamt von einer eingeschränkten Freigebigkeit gesprochen werden kann.[21]

Die **Dynamik** eines Umfeldes begründet sich (1) in der Geschwindigkeit und dem Ausmaß der Veränderung im Verhalten der Abnehmer, (2) in der technischen Weiterentwicklung und (3) in der Verschiebung der Wettbewerbssituation durch neue Konkurrenten oder verändertes Konkurrenzverhalten.[22] Bezüglich dieser drei Kriterien muß das Umfeld der Softwarebranche als ausgesprochen dynamisch bezeichnet werden. Wie bereits in der Darstellung der Heterogenität angesprochen, bildet sich die Unterschiedlichkeit der Kunden und ihrer Probleme auf die Software ab. Die Ausgangsbedingungen für Software ändern sich im zeitlichen Verlauf entsprechend mit neuen Anforderungen oder der Entwicklung der Kunden selbst. Die rapide technische Entwicklung äußert sich in den kurzen Lebenszyklen bzw. der kontinuierlichen Weiterentwicklung von Produkten und Leistungen in der Form von Versionen. Zu beachten ist hierbei ein entscheidender Wandel in den Ursachen der Dynamik: Während ursprünglich vorwiegend Anwenderforderungen oder Hardwareentwicklungen neue oder angepaßte Produkte und Leistungen erforderten, verändert z.B. die systemnahe Software in Form von Datenbanken und Werkzeugen nicht nur die Produktlandschaft maßgeblich, sondern bewirkt entscheidende Vereinfachungen, Qualitätsverbesserungen oder Beschleunigungen im Herstellungsprozeß der Software. Wesentliche Veränderungen haben somit einen softwaretechnischen Ursprung.

---

19 Vgl. z.B. Keats/Hitt (1988), S. 572.

20 Vgl. z.B. Schelle (1988), S. 4.

21 So spezialisieren sich Anbieter z.B. auf bestimmte Zielgebiete im Sinne von Branchen bzw. Querschnittsfunktionen oder verfügen über spezielle Entwicklungsumgebungen.

22 Vgl. z.B. Miller (1987), S. 74.

Die **Unsicherheit** bezieht sich schließlich auf das Ausmaß der verfügbaren Information bezüglich des Auftretens und der Art des Wandels der oben genannten Kriterien.[23] Unsicherheit besteht in der Softwarebranche in wesentlichen marktbezogenen Entwicklungsströmungen wie beispielsweise der Durchsetzung von Standards bzw. der Akzeptanz von Neuprodukten sowie in der grundsätzlichen Frage der technischen Realisierbarkeit von Innovationen.[24] Innerhalb dieser Rahmenbedingungen müssen Softwareunternehmen durch die Wahl von Schwerpunkten navigieren, da aufgrund der hohen Komplexität nur Ausschnitte aller technischen Entwicklungen im Detail berücksichtigt werden können. In diesen Unsicherheiten stecken erhebliche, schwer kalkulierbare Gefahren wie Produktsubstitution (z.B. Individual- vs. Standardsoftware), Nachteile durch die Erschließung neuer Distributionswege (z.B. Hardwareunternehmen, Beratungen) und der Verlust technischer Wettbewerbsfähigkeit durch sprunghafte Entwicklungen (z.B. offene Datenbanken, Werkzeuge).[25]

Für das Umfeld der Softwarebranche ergeben sich bezüglich der Schlüsselkriterien demnach folgende grundsätzliche Merkmalseigenschaften:

- **Hohe Heterogenität,**
- **gemischte,** im allgemeinen aber **hohe Komplexität,**
- eingeschränkte, aber beherrschbare **Freigebigkeit,**
- **ausgesprochene Dynamik** und
- **hohe Unsicherheit.**

3. Typisierung des Umfelds

Nach der Darstellung einzelner Merkmale der Umfeldbeschreibung läßt sich ein Umfeldtyp für die Softwarebranche ableiten. Dazu werden zunächst bekannte Umwelttypologien[26] nach Emery/Trist, McCann/Selsky, Niemeier und Nippa skizziert, um anschließend das Umfeld der Softwarebranche innerhalb dieser Umwelttypologien einzuordnen.

---

23 Vgl. z.B. Segev (1989), S. 502.

24 Vgl. z.B. Moriarty/Kosnik (1989), S. 9, zu einer Darstellung von marktbasierten und technologischen Unsicherheiten in einem high-tech-Markt.

25 Die Unsicherheit entspricht damit der für Hochtechnologiemärkte typischen Ausprägung (vgl. z.B. Bühner (1989), S. 224).

26 Die in den Arbeiten vorwiegend verwendete Bezeichnung Umwelt, kann mit dem hier verwendeten Begriff Umfeld sinngemäß gleichgesetzt werden, da sich die Typologien auf einen umfassenden, wettbewerbsrelevanten situativen Kontext beziehen und sich nicht explizit mit dem ökologischen Kontext befassen (vgl. Kapitel II, Abschnitt C, Punkt 2)a).

a) Allgemeine Umwelttypen

In einer vielbeachteten Arbeit entwickelten Emery und Trist eine Einteilung der Umwelt in vier Grundtypen. Anhand der beiden Dimensionen *Verflechtung zwischen den Unternehmungen* und der *Umweltturbulenz* unterscheiden sie Typ 1 als ruhig und zufällig (placid, randomized), Typ 2 als ruhig und gebündelt (placid, clustered), Typ 3 als dynamisch und reaktiv (disturbed-reactive) und Typ 4 als turbulent (turbulent fields).[27] Aufbauend auf diesem zweidimensionalen Schema der Umwelttypisierung von Emery und Trist konnte Duncan die Relevanz der vier Grundtypen in einer empirischen Untersuchung anhand der Dimensionen *Umweltkomplexität* und *Umweltdynamik* bestätigen.[28]

Mit wenigen unabhängigen Beschreibungskriterien, die Emery und Trist gleichzeitig als direkt verhaltensbeeinflussend sehen, können die vier Grundtypen in ihren Wesensmerkmalen voneinander abgegrenzt werden. Während Typ 1 und Typ 2 gleichermaßen als statisch bezeichnet werden, unterscheiden sie sich durch die Zufälligkeit bzw. den Grad der Determiniertheit entsprechender Verhaltensmaßnahmen voneinander. Für Typ 1 sprechen Emery und Trist von einer einfachen, zufälligen Umwelt, der durch die Taktik *trial and error* entsprochen wird, wohingegen die Kompliziertheit und die Abhängigkeiten von den Umweltfaktoren in Typ 2 direkt umfeldbezogene Verhaltensweisen bewirken: "... environment is the emergence of strategy."[29]

Umwelt-Typ 3 und -Typ 4 unterscheiden sich von den beiden anderen Typen durch ihre höhere Turbulenz. Kennzeichnendes Wesensmerkmal von Typ 3 ist das Vorhandensein zahlreicher ähnlicher Unternehmungen, so daß der Wettbewerb, d.h. die Orientierung an Konkurrenten, die maßgebliche verhaltensbeeinflussende Voraussetzung ist (competitive challange).[30] Typ 4 besitzt schließlich höhere Turbulenz und zahlreiche bzw. komplexe Verflechtungen. Entscheidender Unterschied gegenüber Typ 3 ist jedoch, das sich nicht nur die Wettbewerbssituation im Sinne des Verhaltens der Marktteilnehmer verändert, sondern daß sich die gesamte Umwelt, neben den Beziehungen also auch die Teilnehmer und Gegenstände selbst, verändern: "The ground is in motion."[31]

---

27 Vgl. Emery/Trist (1965), S. 24 - 26.

28 Vgl. Duncan (1972), S. 323.

29 Emery/Trist (1965), S. 24.

30 Vgl. Emery/Trist (1965), S. 25 und 26.

31 Emery/Trist (1965), S. 26.

Die Beobachtungen, daß eine Umwelt sich nicht nur innerhalb ihres Typs verändert, sondern auch zu einem anderen Grundtyp verwandeln kann, führen McCann und Selsky dazu, einen fünften Grundtyp zu entwickeln. Dieser "Übergangstyp" ist in so hohem Maße dynamisch und komplex, daß er selbst in verschiedene Grundtypen zerfällt.[32] Als hyperturbulente oder partitionierte Umwelt findet dieser Typ wiederum bei Niemeier eine empirische Bestätigung.[33]

Ähnlich zu den genannten Typologien unterscheidet Nippa schließlich wieder vier Umwelttypen, bedient sich dabei jedoch dreier Umweltmerkmale, zwischen denen er einen Zusammenhang in der Form einer gegenseitigen Abhängigkeit sieht.[34] So führt z.B. die jeweils höchste Stufe der Komplexität, der Dynamik und der Abhängigkeit[35] zu dem Umwelttyp 1, der *herausfordernden Umwelt*, und die jeweils niedrigste Ausprägung der drei Umweltmerkmale führt entsprechend zu dem Umwelttyp 4, der *problemlosen Umwelt.* Mit steigenden Merkmalsausprägungen schließen sich an die problemlose Umwelt die *bewältigbare Umwelt* (Typ 3) und die *anspruchsvolle Umwelt* (Typ 2) an. In inverser numerischer Bezeichnung ähneln diese vier Typen sehr stark der obigen Einteilung nach Emery und Trist.

b) Positionierung der Softwareindustrie in den Umwelttypologien

Aufgrund der vorangegangenen Diskussion der formalen Merkmale in der Softwarebranche kann das Umfeld in die Klassifizierung der Umwelttypologien eingeordnet werden. Die hohe Komplexität und die ausgesprochene Dynamik machen eine Positionierung des Umfeldes der Branche einfach. Die *turbulente Umwelt* (turbulent fields) nach Emery und Trist,[36] die *hyperturbulente Umwelt* (partitioned environment) nach McCann und Selsky[37] sowie die *herausfordernde Umwelt* nach Nippa[38] sind demnach angemessen für die Typisierung des Softwareumfeldes.

Das typische Umfeld der Softwarebranche ähnelt aufgrund der Beschreibung in dem vorangegangenen Kapitel und der Einordnung in die formalen Typologien einem

---

32 Vgl. McCann/Selsky (1984), S. 464.

33 Vgl. Niemeier (1986), S. 237.

34 Vgl. Nippa (1988), S. 179.

35 Abhängigkeit ergibt sich aus dem Machtverhältnis und wirkt sich über die Bedeutung einer Beziehung und den Ausweichmöglichkeiten aus.

36 Vgl. Emery/Trist (1965), S. 26.

37 Vgl. McCann/Selsky (1984), S. 460.

38 Vgl. Nippa (1988), S. 276.

abstrakten Typ, wie ihn Miller beschreibt:[39]

- Die *Technologie* ist im Bereich der Produktionstechnik hochentwickelt und in der Regel automatisiert. Produkte und Leistungen sind kundenspezifisch,
- der *Wettbewerb* ist moderat,
- die *Dynamik/Unsicherheit* ist sehr hoch,
- das *Wachstum* ist rapide,
- die *Konzentration* ist unterschiedlich und
- die *Barrieren* sind primär wissensverursacht.

Die grundsätzliche Situation in der Softwarebranche ist mit dieser Typisierung gut erfaßt. Gleiche Tätigkeitsfelder vorausgesetzt, weichen die tatsächlichen Umfelder verschiedener Softwareunternehmen davon nur geringfügig ab. Wohl aber gilt dies für die Wahrnehmung und insbesondere für die Bewältigung dieser externen Kontextfaktoren. Gepaart mit internen organisatorischen Gegebenheiten ermöglicht die Gestaltung der strategischen Variablen unterschiedliche Erfolgspotentiale.[40]

B. Unternehmensstrategie in der Softwarebranche

Welche Konsequenzen ergeben sich aus der Beschreibung des Umfeldes der Softwarebranche für die Gestaltung der strategischen Variablen? Können auf der übergeordneten Ebene der Branche überhaupt aussagekräftige Ableitungen durchgeführt werden oder müssen sich die Ergebnisse auf allgemeingültige, plausible und in sich konsistente Schlußfolgerungen beschränken? Diesen Fragen geht der vorliegende Abschnitt unter Berücksichtigung des Untersuchungsansatzes in zwei Schritten nach:

- Überprüfung tatsächlicher strategischer Zielsetzungen anhand formaler Beschreibungsmerkmale des Umfeldes.
- Überprüfung möglicher Strategietypen im Sinne eines umfeldbezogenen Wettbewerbsverhaltens in der Softwarebranche.

1. Strategische Ziele und Umfeldmerkmale

Die Erhebung zur Bedeutung strategischer Ziele ergab ein deutliches Bild für die untersuchten Unternehmen. Größenvorteile, Marktdominanz und Preisführerschaft wurden

---

39 Vgl. Miller (1986), S. 242.

40 Zur ausführlichen Darstellung der Wirkungsbeziehungen vgl. Kapitel II, Abschnitt C, Punkt 1.

deutlich niedriger eingestuft als die Ziele Technologieführerschaft, Herstellerunabhängigkeit und vor allem Qualitätsvorsprung. Gerade bei den Extremwerten Preisführerschaft und Qualitätsvorsprung waren sich die Unternehmen in ihrer Wertung einig, wohingegen bei der Herstellerunabhängigkeit und den Größenvorteilen beträchtliche Schwankungen auftraten (vgl. Abbildung 5-2). Die folgenden Überlegungen untersuchen, ob die Beurteilungen der strategischen Ziele durch die Softwareunternehmen und die Darstellung der Umfeldbeschreibung ein konsistentes Bild ergeben.

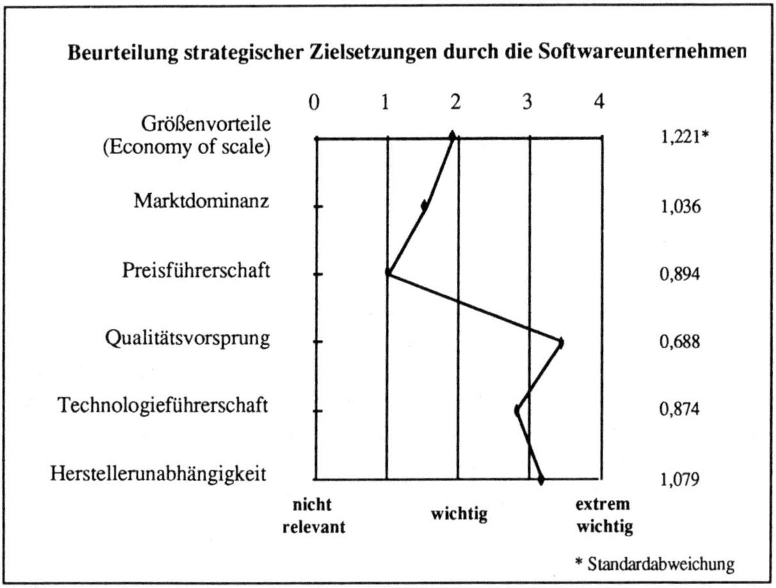

Abb. 5-2: Strategische Zielsetzungen[41]

Die großen Schwankungen in der Bewertung der **Größenvorteile** als strategisches Ziel relativiert die insgesamt niedrige Einstufung. Nischenanbieter stuften dieses Ziel als unbedeutend ein, wohingegen die verbleibenden Anbieter das Erreichen von Größenvorteilen als wichtig und zum Teil auch als sehr wichtig beurteilten. Zwei Aspekte des Größenvorteils sind hier sinnvollerweise zu unterscheiden: Während bei einer Konzentration der unternehmerischen Tätigkeit auf einen engen Bereich des gesamten Softwarespektrums der Punkt erheblicher Effizienzsteigerungen durch Synergieeffekte in der Regel schon überschritten ist, gilt dies nicht im Sinne der Diversifizierung dieser Größe in verschiede-

41 Schriftliche Erhebung in 12 Softwareunternehmen (5-Punkte-Skala).

ne Schwerpunkte. Durch die Konzentration auf *Kombinationen* intensiv bearbeiteter Teilfelder softwarebezogener Produkte und Leistungen können gegenwärtig und zukünftig Wettbewerbsvorteile realisiert werden.[42] Die heterogene Landschaft verwandter Softwareleistungen bietet hier erhebliche Synergiepotentiale und schafft langfristige Sicherheit in dem dynamischen Umfeld. Die Bedeutung der Größenvorteile als zukünftiger wettbewerbsbeeinflussender Faktor wird daher eher zu niedrig eingestuft.

Die niedrige Einstufung der **Marktdominanz** als strategisches Ziel ist angesichts der deutschen Marktstruktur nicht überraschend. Im internationalen Vergleich und in der zukünftigen Entwicklung in der Softwareindustrie kommt einem großen Marktanteil langfristig jedoch immer größere Bedeutung zu. Je höher der Anteil an Individualsoftware am Gesamtvolumen abgesetzter Software einzelner Unternehmen, desto stärker hängt die Marktmacht ausschließlich von der Größe des Unternehmens ab. Umgekehrt steigt mit dem wachsenden Anteil von Standardsoftware (Produktcharakter) die Möglichkeit, höhere Pro-Kopf-Umsätze durch Mehrfachverkäufe von Software zu erzielen. Abgesehen von Unternehmensfusionen sind die herausragenden Wachstumszahlen der Branche durch teilweise explosionsartig gestiegenen Absatz von Standardsoftware entstanden. Mit einer derart marktbeeinflussenden Entwicklung können die Anbieter die Unsicherheit und die Dynamik des Marktes selbst gestalten. Besondere Folgen hat die Marktdominanz – oder negativ gesehen die Abwesenheit bzw. die Inkompetenz – von Softwareunternehmen bezüglich der Softwareprodukte auf der systemnahen Ebene. Offene Datenbanken und Werkzeuge beispielsweise bestimmen die Entwicklung des Marktes erheblich, indem de-facto-Standards oder Folgewirkungen zugunsten der frühen Anbieter entstehen.

Als Konsequenz der relativ geringen Bedeutungslosigkeit des Preises als kaufentscheidener Faktor erhält die **Preisführerschaft** die geringste Wertigkeit bei den befragten Unternehmen. Die Heterogenität und die Unsicherheit der Branche verleiht jedoch der *Kostenkontrolle* eine besondere Qualität, da das Erfolgspotential von technischen Innovationen nur schwer zu beurteilen ist.[43] Erhebliche Fehlinvestitionen und falsche Kalkulationen sind ein zunehmendes Problem in der Branche. Darüber hinaus führen Marktentwicklungen, wie z.B. steigende Preissensibilität (Forderung nach Festpreisen) oder bessere Vergleichbarkeit tatsächlicher Kosten von Software, durch den zunehmenden Stan-

---

42 Dies gilt nicht nur in der Verbindung branchenübergreifender Kernleistungen wie der Beratung und der Realisierung von Lösungen, sondern in einem die Wettbewerbslandschaft beeinflussenden Maße auch für die Verbindung von verschiedener Software im engeren Sinne: Die Kombination von offenen Datenbanken und ausgereiften Entwicklungswerkzeugen desselben Anbieters sind hier zu nennen. Vgl. zur Wechselwirkung einzelner Leistungen Kapitel IV, Abschnitt A, Punkt 3 und 4.

43 Vgl. z.B. Schwald (1988), S. 72, der feststellt, daß Zeit- und Kostenschätzungen in der Softwareentwicklung in sechs betrachteten Problemfeldern die größten Probleme aufwerfen.

dardisierungsgrad dazu, daß die marktbezogene Preisbildung an Bedeutung gewinnt. Insgesamt erweist sich eine erfolgreiche Kostenkontrolle für den Erfolg eines Softwareunternehmens wohl als notwendig, ist jedoch kein strategisches Ziel der höchsten Priorität, da die Kostenführerschaft ein ungenügendes Kriterium der Differenzierung ist.

Der **Qualitätsvorsprung** umfaßt vielschichtige Aspekte. Allen voran steht die Sicherheit und der Leistungsumfang bzw. der Erfüllungsgrad individueller Anforderungen an die Software. Die hohe Heterogenität und Komplexität der Branche erklären sich unmittelbar durch die erforderliche Ausrichtung an spezifischen Kundenbedürfnissen. Tatsächlich prägt das hohe Qualitätsbewußtsein der Anwender trotz steigender Preissensitivität auch weiterhin das Marktgeschehen. Selten sind Anwender bereit, Kosteneinsparungen zu realisieren, indem sie auf einen höheren Qualitätsstandard verzichten. Die Berücksichtigung der vielschichtigen Aspekte von Softwarequalität[44] ist jedoch nur eine notwendige Voraussetzung, nicht aber hinreichend für den langfristigen Erfolg von Unternehmen. Zahlreiche Produkte erlangen, trotz objektiver Überlegenheit, nie den gebührenden Erfolg, da die Vermarktung mangelhaft ist.[45]

Für die große Bedeutung der **Technologieführerschaft** sprechen mehrere Argumente aus der Umfeldbeschreibung. Die hohe Dynamik führt zu kurzen Lebenszyklen und somit tendenziell zur kürzeren Marktpräsenz der zurückhaltenden Anbieter. Durch Engpässe im innovativen Know-how und durch die allgemein hohe Komplexität sind diese Rückstände darüber hinaus schwer aufzuholen. Die im Vergleich zum Qualitätsvorsprung deutlich niedrigere Einstufung der Technologieführerschaft durch die betrachteten Unternehmen ist jedoch berechtigt, da die bedingungslose Verfolgung dieser Strategie durch die Unsicherheit am Markt nicht sinnvoll erscheint.[46]

Die Beurteilungen des strategischen Ziels der **Herstellerunabhängigkeit** weisen die größten Schwankungen auf. Unterschiedliche Eigentumsverhältnisse und Entstehungsformen der Unternehmen sind hierfür wichtige Ursachen. Auch unter den großen Softwareunternehmen ist der Ursprung in der Form eines Spinn-Offs von Hardwareunter-

---

44 Vgl. z.B. Sneed (1986), S.31 ff., der unter den Hauptzielen Benutzerakzeptanz und Ausbaufähigkeit die Ziele Effektivität, Effizienz, Zuverlässigkeit, Wartungsfreundlichkeit, Anpassungsfähigkeit und Machinenabhängigkeit zusammenfaßt.

45 Rosenthal und Salzman beschreiben das Problem der der Vermarktung als "black box", da der Anwender "keinen Einblick in die Software hat" und der Anbieter keine Detailkenntnisse vom Anwender besitzt (vgl. Rosenthal/Salzman (1989), S. 10). Zur allgemeinen Problematik des Marketing in der Softwarebranche vgl. Kapitel IV, Abschnitt C, Punkt 1).

46 Hier bestehen wiederum Parallelen zu den anderen strategischen Zielen: Ebenso wie der Qualitätsvorsprung muß der Technologievorsprung vermarktet werden. Eine zunehmende Marktmacht er-

nehmen zum Teil noch deutlich zu erkennen. Durch Gründerpersonen, die ehemalige Mitarbeiter bei Hardwareunternehmen sind, läßt sich eine gewachsene Affinität zu bestimmten Hardwareunternehmen erklären. Heterogenität und Unsicherheit der Branche sprechen jedoch eindeutig für eine Herstellerunabhängigkeit bzw. zumindest für eine Berücksichtigung verschiedener Plattformen.

Zusammenfassend kann festgestellt werden, daß die Analyse der strategischen Ziele aus der Perspektive der Branche übergeordnete Schlußfolgerungen zuläßt. Insgesamt decken sich die in Abbildung 5-2 dargestellten Beurteilungen mit vergleichbaren Befragungen aus anderen innovativen und technischen Märkten.[47] Die hohe Einstufung des Qualitätsvorsprungs als strategisches Ziel durch die befragten Unternehmen ist ebenso gerechtfertigt wie die gering eingeschätzte Bedeutung der Preisführerschaft.[48] Uneinigkeit besteht hingegen in der Bewertung der Größenvorteile und der Marktdominanz. Generell werden diese in ihrer Bedeutung verkannt. Aufgrund der Größe der betrachteten Unternehmen sind jedoch in Teilbereichen bereits dominante Stellungen erreicht, so daß ein weiteres Wachstum nicht unbedingt vorteilhaft sein muß. Für Nischenanbieter hingegen muß angenommen werden, daß ab einem gewissen Grad nur noch mit geringer Effizienzsteigerung durch zusätzliches Wachstum zu rechnen ist.[49] Allerdings ist grundsätzlich zu prüfen, ob die Position als Nischenanbieter vorteilhaft ist. Die Interdependenz der verschiedenartigen Produkte und Leistungen und die hohe Dynamik unterstreicht vielmehr die Bedeutung der Verbindung verschiedener Standbeine. Große, gezielt diversifizierte Anbieter können hier erhebliche Synergiepotentiale erschließen, die sich bei weiterem Wachstum immer noch erheblich steigern lassen.

2. Wettbewerbsstrategie und Umfeldtyp

Im Anschluß an die Untersuchung strategischer Ziele soll nun auf das Wettbewerbsverhalten in der Branche eingegangen werden. Dabei sind folgende Fragestellungen zu beantworten: Welche wettbewerbsstrategischen Verhaltensmuster sind in der Software-

---

leichtert sich diese Vermarktung, da die Akzeptanz der Abnehmer bezüglich Innovationen bei großen Anbietern aufgrund der Sicherheit tendenziell höher ist als bei kleinen Unternehmen.

47 Einer Marketingstudie von highTech zufolge wurden die Qualitätsführerschaft und die Technologieführerschaft als wichtigste Wettbewerbsstrategien in High-Tech-Märkten identifiziert. Der Preis/ Kosten-Führerschaft wurde mit Abstand am häufigsten "keine Bedeutung" beigemessen (vgl. z.B. Fuchs (1991), S. 53).

48 Diese Einstufung steht nicht im Widerspruch zur allgemeinen Tendenz der steigenden Preis- und Kostensensibilität am Markt, da mit der Preisführerschaft keine relative, sondern eine absolute Verbesserung der Kostenposition angestrebt wird.

49 Eine dominante Marktstellung ist aufgrund der Heterogenität des Marktes und der beherrschenden Position einzelner Anbieter in Teilen bereits erreicht.

branche denkbar? Welche eignen sich weniger und welche stellen einen optimalen "fit" dar? Um diesen Fragen nachzugehen, lassen sich Strategietypen im Sinne von Konfigurationen bestimmter Verhaltensmaßnahmen heranziehen und auf ihre Eignung im Umfeld der Softwarebranche überprüfen.[50]

Die klassische Typologie der **Wettbewerbsstrategien** nach Porter dient hier als Ausgangspunkt für die Überlegungen.[51] Mit weitreichenden Konsequenzen prägt das Streben nach niedrigen Kosten die Strategie der *Kostenführerschaft*. Dies bedeutet nicht, daß Qualität, Innovation oder andere Bereiche vernachlässigt werden, sie unterliegen jedoch einer strengeren Kostenorientierung und -kontrolle als bei Unternehmen mit anderen Schwerpunkten. Die *Differenzierung* verfolgt eine bewußte, marktbezogene Unterscheidung zum Leistungsspektrum der Konkurrenz über Dimensionen wie Design, Technologie, Marketing, Vertrieb und ähnliches. Die Strategie der *Fokussierung* entspricht einer Konzentration auf ausgesuchte Marktsegmente und erreicht dort durch eine besondere Ausgangsposition Differenzierungs- oder Kostenvorteile oder beides. Die ursprünglich konzeptionelle Entwicklung dieser Typologie erreichte inzwischen auch im Rahmen empirischer Arbeiten eine große Popularität, so daß auf verschiedene Studien zurückgegriffen werden kann.[52]

Um die folgenden Überlegungen von einem differenzierteren Standpunkt durchzuführen, wird zusätzlich die Typologie der **Adaptationsstrategien** nach Miles und Snow hinzugezogen.[53] Mit den Bezeichnungen *Defender, Prospector* und *Analyzer* haben Miles und Snow eine ebenfalls vielbeachtete Typologie entwickelt, die einen bestimmten Aspekt des strategischen Verhaltens stark betont.[54] Während die Wettbewerbsstrategien nach Porter das *Verhalten* eher inhaltlich verstehen, d.h. "*was* tut das Unternehmen", betonen die Strategietypen nach Miles und Snow den formalen Aspekt des Verhaltens, d.h., sie fra-

---

50 Vgl. zum allgemeinen Untersuchungsansatz Kapitel II, Abschnitt C und zur Verwendung des Begriffs Konfiguration ebenda Punkt 1).

51 Vgl. Porter (1980), S. 62 ff.

52 Vgl. z.B. Miller/Friesen (1986a) und (1986b); White (1986); Segev (1989).

53 Vgl. Miles/Snow (1978), S. 31 ff. Die hier gewählten Typologien nach Porter und Miles und Snow sind eine Beschränkung auf zwei verbreitete Strategietypologien, die wesentliche Aspekte anderer Formulierungen , wie z.B. der von Miller/Friesen (1978) oder der von Miller (1983) in Grundzügen enthalten. Zu einer Übersicht über unterschiedliche Ansätze von Studien vgl. z.B. Nippa (1988), S. 291 und 295.

54 Hambrick beschreibt die Typologie nach Miles und Snow treffend anhand eines einzigen Merkmals, dessen Ausprägung in oben aufgeführter Reihenfolge schwächer wird: "... the business' willingness to alter its products and markets." (Hambrick (1988), S. 121). Zur ausführlichen Diskussion dieser Typologie vgl. Punkt 1)b) in diesem Abschnitt.

gen eher "*wie* tut das Unternehmen etwas".[55] Aus diesem Grund trifft sowohl die Bezeichnung Wettbewerbsstrategie als auch Adaptationsstrategie für die Strategietypologie nach Miles und Snow zu.[56]

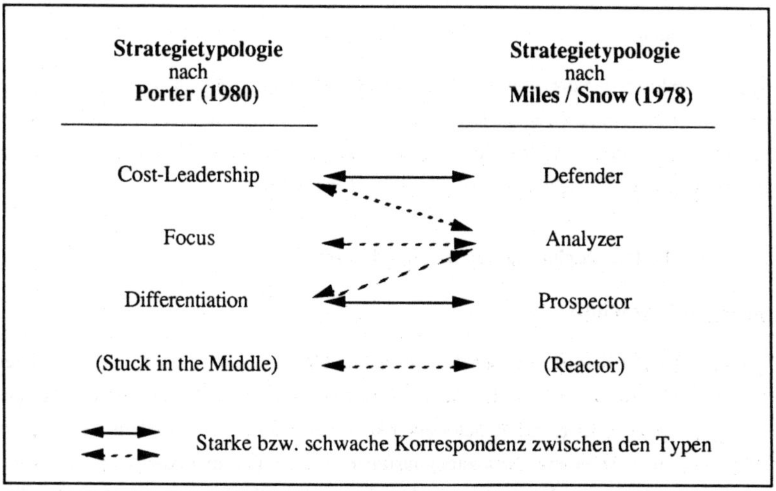

Abb. 5-3: Strategietypologien

Unterschiede und Gemeinsamkeiten der Strategietypologien nach Porter und Miles/Snow sind vielfach evaluiert worden.[57] Dabei wurden deutliche Übereinstimmungen und Zusammenhänge zwischen beiden Typologien festgestellt, wie sie in Abbildung 5-3 angedeutet sind. Parallelen finden sich vor allem zwischen dem innovationsfreudigen *prospector* und dem vielseitigen *differentiator* sowie zwischen dem stabilitätssuchenden *cost leader* und dem *defender*.[58] Innerhalb beider Typologien verfügen die jeweiligen Strategietypen über ein gewisses Maß an Ausschließlichkeit insofern, als Unternehmen nicht gleichzeitig konsequente Kostenführerschaft und Fokussierung und Differenzierung verfolgen können, bzw. ihr Verhalten entspricht entweder demjenigen eines Prospectors oder eines Analyzers oder eines Defenders. Ohne auf die häufig geführte Diskussion der

---

55 Beide Strategietypologien beziehen sich jedoch ausschließlich auf den Verhaltensaspekt von Unternehmen und sind damit nicht mit Produkt-/Marktstrategien bzw. der Auswahl von Geschäftsfeldern in Verbindung zu bringen.

56 In Bezug auf die reaktive Anpassung von Unternehmen auf ihr Umfeld verweisen Miles und Snow auf den "Adaptive cycle" (vgl. Miles/Snow (1978), S. 21 ff. und Miles/Snow/Meyer/Coleman (1978), S. 548 ff.). Zur Beziehung ihrer Strategietypologie zu den Wettbewerbsstrategien vgl. z.B. Miles/Snow (1986), S. 63 oder auch Segev (1989), S. 500.

57 Vgl. insbesondere Segev (1989).

58 Vgl. z.B. Hambrick (1988), S. 121; Miller/Friesen (1986a), S. 38.

Möglichkeit der gleichzeitigen Verfolgung verschiedener Strategien einzugehen,[59] soll hier vorausgesetzt werden, daß der jeweilige Strategietyp nicht eine isolierte Maßnahme darstellt, sondern vielmehr umfangreiche Anforderungen[60] mit sich bringt. Es ist somit sinnvoll, von einer grundsätzlichen Ausrichtung des Unternehmens zu sprechen und trotz Überschneidungen wesentliche und spezifische Unterschiede zu unterstellen.

Die in Abbildung 5-3 dargestellten Strategietypen werden im folgenden kurz erläutert und bezüglich ihrer grundsätzlichen Eignung in der Softwarebranche überprüft. Schlußfolgerungen basieren dabei auf den Ergebnissen der beiden vorangehenden Kapitel und stützen ihre Aussagen auf verschiedene, jeweils angegebene Studien.[61]

a) Die Wettbewerbsstrategien nach Porter

Kostenführerschaft

Die Strategie der Kostenführerschaft wird in ihrem Wesen bzw. in der Konsequenz ihrer Maßnahmen häufig verkannt. Der Kostenführer verfolgt nämlich nicht nur die Absicht Kosten zu sparen oder grundsätzlich stärker kostensensibel zu sein, sondern vielmehr das Ziel unter allen Anbietern *der* kostengünstigste zu sein. Dieser Kostenvorsprung kann entweder als Wettbewerbsmittel im direkten Preisvergleich eingesetzt werden oder aber zu überdurchschnittlichen Renditen führen. Konsequenterweise erfordert die Kostenführerschaft den "... aggressiven Aufbau von Produktionsanlagen effizienter Größe, energisches Ausnutzen erfahrungsbedingter Kostensenkungen, strenge Kontrolle von variablen Kosten und Gemeinkosten, Vermeidung von marginalen Kunden und Kostenminimierung in den Bereichen Forschung und Entwicklung, Service, Vertreterstab, Werbung usw."[62] Diese intensive Kostenorientierung bedeutet jedoch nicht Kostensenkung durch rigorose Einsparungen. Auch andere Bereiche wie z.B. Qualitätsstandards müssen neben der Erhaltung und dem Ausbau der Kostenposition in Form entsprechender Investitionen berücksichtigt werden.

Wie läßt sich der Strategietyp der Kostenführerschaft mit dem oben beschriebenen Umfeld der Softwarebranche vereinbaren? Die eindeutige Beurteilung des Preises als für die Kaufentscheidung nicht zentraler Faktor und die Einstufung der Preisführerschaft als un-

---

59 Vgl. z.B. Miller/Friesen (1986a) und (1986b).

60 Vgl. z.B. Porter (1980), S. 69 und 70 sowie Miles/Snow (1978), S. 3 f. und S. 7.

61 Vgl. insbesondere die Abbildungen 3-6, 4-14, 5-1 und 5-2. Zu den verwendeten Studien vgl. die angegebene Literatur in Kapitel II, Abschnitt C.

62 Porter (1980), S. 63.

bedeutendes strategisches Ziel sprechen tendenziell bereits für die Inadäquanz der Kostenführerschaft.[63] Wenn tatsächlich die Ausnutzung von Preisspielräumen nur geringen Einfluß auf das Käuferverhalten hat, dann können zwar höhere Renditen realisiert, diese aber bei Bedarf nicht in einen Ausbau der Marktposition umgewandelt werden.[64] Mithin führt die intensive Kostenorientierung und alle mit dem Kostenvorsprung verbundenen Maßnahmen nicht zu Wettbewerbsvorteilen, sondern lediglich zu zeitlich begrenzten überdurchschnittlichen Renditen.

Zusätzlich korrespondieren bereits die Voraussetzungen der Strategie der Kostenführerschaft nicht mit den Gegebenheiten des Umfeldes. Wie oben angedeutet, führen Größenvorteile in der Softwarebranche durch die Konzentration auf einen Ausschnitt nur bedingt zu Kosteneinsparungen.[65] Vielmehr ergibt die Verteilung der Ressourcen auf Kombinationen von Teilen des heterogenen Leistungsspektrums entscheidenden Zusatznutzen in Form von Synergien durch Technologie- und Innovationspotentiale. Schließlich sind die intensive Kostenkontrolle und die Kostenminimierung in Bereichen wie Forschung und Entwicklung konträr zur Dynamik und Komplexität der Softwarebranche.

Zusammenfassend muß die Eignung der Strategie der Kostenführerschaft als langfristige Basis der Wettbewerbsstrategie stark in Frage gestellt werden. Dieses Ergebnis darf nicht darüber hinwegtäuschen, daß die gesamte Branche unter zunehmendem Preisdruck durch die Abnehmer gerät. Eine bessere Kostenkontrolle, nicht aber primär die Kostenminimierung, ist daher unabdingbar für den langfristigen Erfolg; denn im Gegensatz zu der geringen Wirkung der Preissenkung als Wettbewerbswaffe, führt die wachsende Preissensibilität der Abnehmer aufgrund von Preisvergleichen und alternativen Angeboten zu deutlichen Preisobergrenzen.[66]

Fokus: Konzentration auf Schwerpunkte

Dieser Strategietyp basiert auf einer Konzentration bezüglich einer Gruppe bestimmter Abnehmer, einer Abgrenzung des eigenen Leistungsspektrums oder auf der Bearbeitung beschränkter geographischer Märkte.[67] In derartigen Nischen verfolgen Unternehmen Kostenvorsprungs- oder Differenzierungsstrategien. Letztlich ist die Fokusstrategie also

---

63 Vgl. Abbildung 4-14 bzw. Abbildung 5-2.

64 Der Preis ist somit kein hinreichendes Kriterium zur Differenzierung am Markt und preispolitische Maßnahmen verlieren entsprechend an Bedeutung.

65 Vgl. Punkt 1 in diesem Abschnitt.

66 Vgl. zu Überlegungen bezüglich der Kostenposition in Softwareunterenehmen Kapitel VI, Abschnitt B.

67 Vgl. z.B. Porter (1980), S. 67.

eine Kombination der Maßnahmen branchenweiter Kostenführer- und Differenzierungsstrategien, die durch die Konzentration ihrer Tätigkeit wirkungsvoller oder effizienter sein soll. Der Strategietyp der Fokussierung wird daher in der Literatur hinsichtlich seiner Bedeutung unterschiedlich aufgefaßt. Teils wird er als selbständiger Strategietyp interpretiert, teils untergliedert in Kosten- bzw. Differenzierungsfokus und schließlich wird er mit dem Hinweis auf die Abhängigkeit von der Kostenführungs- bzw. der Differenzierungsstrategie auch vernachlässigt.[68] Das Wesensmerkmal der Beschränkung des Tätigkeitsfelds gibt den Ausschlag, daß die Fokusstrategie hier als eigenständiger Typ verstanden wird.

Welche Bedeutung kommt diesem Stratgietyp als grundlegende Wettbewerbsstrategie in der Softwarebranche zu? Grundsätzlich ist eine Beschränkung im Sinne einer Eingrenzung des Tätigkeitsfeldes naheliegend, da eine für den Wettbewerb entscheidende Qualität der Leistungen und das damit gekoppelte technische Niveau mit hohem Aufwand verbunden sind, so daß auch große Unternehmen aus kapazitätsbedingten Gründen nicht im gesamten Spektrum der heterogenen Leistungen der Softwarebranche gleichermaßen führend sein können. In dem Zusammenspiel der Eingrenzung des Leistungsspektrums und der Intensität, mit der die angebotenen Leistungen betrieben werden, ergeben sich zwei wichtige Fragestellungen, die gleichzeitig die Eignung der Fokusstrategie in der Softwarebranche klären: (1) Müssen die Unternehmen tatsächlich in allen Bereichen ihres Leistungsspektrums führend sein oder gibt es einzelne Felder, in denen die Position eines vorsichtig reagierenden Imitators zweckmäßig ist? Und (2) in welchen Bereichen soll ein Unternehmen überhaupt tätig sein?

Keines der untersuchten Unternehmen beschränkte sich in seinem Leistungsangebot auf eine elementare Teilleistung der Software im Sinne des vorgestellten Marktmodells.[69] In der Darstellung ihrer Leistungsspektren zeigen sich vielmehr verschiedene Schwerpunkte durch die Kombinierung von Leistungen, die letztendlich auch für die Klassifizierung und Typenbildung der Softwareunternehmen herangezogen wurden (vgl. Kapitel VI, Abschnitt A). Diese umfangreichen Schwerpunkte gehen jedoch über das Verständnis von

---

68 Vgl. zu den unterschiedlichen Anwendungen z.B. Miller/Friesen (1986a), Segev (1989), bzw. White (1986).

69 Durch das Modell werden softwarebezogene Produkte und Leistungen anhand der drei Kriterien Informationstechnologie, Leistungsart und Standardisierungsgrad eindeutig beschrieben (vgl. Kapitel IV, Abschnitt B, Punkt 3).

Nischen hinaus, da sie durch die fließenden Übergänge zu Leistungen außerhalb der Kernfelder weite Bereiche abdecken.[70]

Faßt man die Schwerpunkte als Nischen auf, so finden sich in den betrachteten Softwareunternehmen sowohl solche, die sich auf *einen weitgefaßten* Bereich beschränken, als auch solche, die bewußt *mehrere begrenzte* Schwerpunkte kombinieren. Beide Alternativen haben sich dabei langfristig als erfolgreich erwiesen, da sie entweder durch die Konzentration ein besonderes Maß an Kompetenz erreicht haben oder von Synergien zwischen verschiedenen Bereichen profitieren konnten. Für die Ausgestaltung bzw. Kombination von Schwerpunkten sind in hohem Maße unternehmensspezifische Gegebenheiten entscheidend. Erschwerend kommt für die Wahl der Schwerpunkte hinzu, daß es sich hierbei um Entscheidungen handelt, die nur mit beträchtlichem finanziellen und zeitlichen Aufwand revidiert werden können.

Zusammenfassend zeigt sich ein gemischtes Bild für die Eignung der Fokusstrategie in der Softwarebranche:

- Bei der Wahl "richtiger", d.h. ex post betrachtet marktgerechter Schwerpunkte, erweist sich die Konzentration auf Nischen als überaus erfolgreich, da ein hohes Maß an Kompetenz zu Qualität- und Technologieführerschaft führen kann und darüber hinaus kein Aufwand in Bereichen außerhalb der Kernaktivitäten verloren geht.
- Bei der Wahl "falscher" Schwerpunkte kann die Fokusstrategie fatale Konsequenzen haben, da innerhalb kürzester Zeit ganze Nischen durch Innovationen mit substitutivem Charakter entfallen können oder auch Marktentwicklungen, wie z.B. Standardisierung, den Softwaremarkt grundlegend verändern können.

Differenzierungsstrategie

Die Differenzierung stellt schließlich den dritten Typ der Wettbewerbsstrategien nach Porter dar. Sie zeichnet sich dadurch aus, "... Produkte oder Dienstleistungen des Unternehmens zu differenzieren und damit etwas zu schaffen, das *in der ganzen Branche* als einzigartig angesehen wird."[71] Es bestehen dabei verschiedene Ansätze zur Differenzierung. Einzigartigkeit kann so z.B. bezüglich des Designs, der Technologie, des Kundendienstes und des Services sowie des Vertriebsnetzes erreicht werden.[72] Gleichzeitige Diffe-

---

70 Vgl. z.B. Bühner (1989), S. 225 f., der diese Konzentration auf Kerngeschäfte in Anlehnung an Chandler als neue, fünfte Strategiestufe versteht.

71 Porter (1980), S. 65.

72 Vgl. z.B. Porter (1980), S. 65 f.

renzierung bei mehreren Dimensionen verstärkt tendenziell die Unterscheidung von konkurrierenden Produkten und Leistungen. Analog zum Strategietyp der Kostenführerschaft bringt auch die Differenzierungsstrategie bestimmte Anforderungen mit sich. Die starke Marktorientierung und die anschließende Umsetzung der gewonnenen Erkenntnisse in einer adäquaten Entwicklung des Leistungsprogramms stellen besondere Anforderungen an Marketing- und Forschungs- und Entwicklungsaktivitäten. Die angestrebte "Exklusivität" der Produkte und Leistungen bildet dabei nach Segev eine gegensätzliche Position zur Kostenführerschaft im Sinne einer Austauschbeziehung.[73] Diese Aussage bedeutet jedoch nicht, daß beliebige Kosten zur Steigerung der Differenzierung in Kauf genommen werden, vielmehr kann der Kostenkontrolle auch dann noch erhebliche Bedeutung zukommen, wenn die Kostenführerschaft nicht primäres strategisches Ziel ist.

Wie eignet sich die Differenzierung als Strategietyp in der Softwarebranche? Die Eigenschaften der Software geben breiten Raum für eine Differenzierung hinsichtlich technischer Merkmale und des Erreichungsgrades kundenspezifischer Anforderungen. Die deutlich höher eingestufte Bedeutung der Qualität im Sinne von Sicherheit, Service und Wartung gegenüber dem Preis (vgl. Abbildung 4-14) stützt die Vermutung, daß bestehende Differenzierungsmöglichkeiten vorteilhaft ausgenutzt werden können. Neben der marktorientierten Differenzierung, läßt sich die vorteilhafte Position der Technologieführerschaft hier leichter erreichen und beibehalten als bei einer primär kostenorientierten Strategie. Zusätzlich eröffnet eine Differenzierung auf der Ebene der Hersteller einen größeren Abnehmerkreis und steigert die Kompetenz in der Integration verschiedener Systeme.

Möglicherweise konträr zur Differenzierung steht die wachsende Bedeutung von Standards in der Softwarebranche. Die Einzigartigkeit der angebotenen Produkte und Leistungen verliert dabei tendenziell an Vorteilhaftigkeit, wenn Schnittstellen für einen unabhängigen zukünftigen Ausbau und Integrationsmöglichkeiten in bestehene Infrastrukturen nicht gewährleistet sind. Eine angestrebte Einzigartigkeit kann jedoch auch innerhalb des Rahmens bestehender Standards erzielt werden, indem im Vergleich zu den Wettbewerbern z.B. besonders kunden- oder problemorientiertes Know-how oder individuelle Konditionen angeboten werden. Sofern unter Differenzierung nicht lediglich Andersartigkeit verstanden wird, sind in der Softwarebranche zahlreich Ansatzpunkte zur Verbesse-

---

73 Vgl. Segev (1989), S.501.

rung der Wettbewerbsposition enthalten, so daß die Differenzierung grundsätzlich als sinnvolle Basisstrategie bezeichnet werden kann.[74]

b) Die Adaptationsstrategien nach Miles und Snow

Ihre Typologie der Adaptationsstrategien bezeichnen Miles und Snow gleichermaßen als *competitive strategies*[75] und als *adjustment strategies*[76]. Die im folgenden besprochenen Typen Defender, Analyzer und Prospector sind daher mit den klassischen Wettbewerbsstrategien nach Porter auf der selben Ebene vergleichbar. Sie eignen sich darüber hinaus besonders für diesen Untersuchungsansatz, da sie als Alternativen "... of aligning the organization with its environment and of managing the internal interdependencies thereby created"[77] angesehen werden und die Verhaltenstypen jeweils im Zusammenhang mit Umfeldsituationen und Organisationsstrukturmerkmalen entwickelt wurden.[78]

Der Defender

Der Strategietyp Defender agiert in ausgewählten Marktsegmenten einer Branche. Anstelle einer Erweiterung des eigenen Leistungsspektrums konzentriert sich der Defender auf die Weiterentwicklung beherrschter Leistungen und Technologien. Er verfolgt dabei eine starke Kostenorientierung. In seinem angestammten Bereich versucht der Defender aufgrund der technischen Spezialisierung und der Kostengünstigkeit potentielle Konkurrenten abzuschrecken und selbst durch Penetration hohe Marktanteile zu erzielen. Dadurch ist die angestrebte Stabilität erreicht: "As a result of this narrow focus, these organizations seldom need to make major adjustments in their technology, structure, or methods of operation. Instead, they devote primary attention to improving the efficiency of their existing operations."[79]

Wie läßt sich das Verhalten des Strategietyps Defender in der Softwarebranche beurteilen? Der geforderten Qualität im Sinne der Sicherheit der Produkte und Leistungen kommt die typischerweise hohe Kompetenz der Unternehmen in ihren begrenzten Tätigkeitsfeldern entgegen. Die allgemein hohe Komplexität der Software unterstreicht ebenso die Möglichkeit, sich innerhalb des heterogenen Spektrums der Software zu differenzie-

---

74 Vgl. Kapitel VI, Abschnitt B, Punkt 1 und 2 zu Ansatzmöglichkeiten der Differenzierung.

75 Vgl. Miles/Snow (1986), S. 63.

76 Vgl. Miles/Snow (1978), S. 68.

77 Miles/Snow (1978), S. 18.

78 Vgl. z.B. Kirsch (1990), S. 284.

79 Miles/Snow (1978), S. 29.

ren. Im Gegensatz hierzu stehen jedoch die vergleichsweise niedrigen Barrieren, die den Eintritt potentieller Konkurrenten – insbesondere solcher aus benachbarten Branchen oder mit verwandtem Know-how – ermöglichen.

Bezüglich der "Verteidigung" seiner Segmente gilt für den Defender zum Teil dieselbe Kritik wie für die oben dargestellte Fokusstrategie: Sofern die gewählten Nischen langfristig konstant bleiben und an sich keine wesentlichen Veränderungen erfahren, weist die Strategie der Defender Vorteile auf. Angesichts der hohen Dynamik und insbesondere durch die Unsicherheit auf dem gesamten Markt, birgt diese Strategie jedoch erhebliche Risiken in sich, da der Defender nicht gegen solche Veränderungen außerhalb seiner Segmente geschützt ist, die die Grenzen seiner Segmente und deren Bedeutung selbst beeinflussen.

Zusammenfassend muß die Strategie des Defenders hinsichtlich ihrer Eignung in der Softwarebranche angezweifelt werden. Die Mobilität der Anbieter und die niedrigen Barrieren innerhalb des Leistungsspektrums der Software erschweren tendenziell die Verteidigung angestammter Bereiche. Die hohe Dynamik und die Unsicherheit in der Entwicklung von Produkten und Leistungen sowie des gesamten Marktes verringern darüber hinaus die erforderliche Stabilität im Umfeld des Defenders. Langfristig ist es daher auch marktbeherrschenden Unternehmen nur schwer möglich, Monopolsituationen in ihren Segmenten aufrechtzuerhalten, ohne ihr Leistungsangebot kontinuierlich weiter zu entwickeln.

Der Analyzer

In der Typologie von Miles und Snow stellt die Strategie des Analyzers den Mittelpunkt eines Kontinuums dar, an dessen Endpunkten der Defender bzw. der Prospector liegen.[80] Diese Position deutet bereits den dualen Charakter der Strategie an: "The firm is interestet in locating and exploiting new product and market opportunities, while maintaining a firm base of traditional products and customers, and has, therefore, a dual technological core encompassing a stable and a flexible component."[81] Ähnlich dem Defender positionieren sich die Analyzer auf einer stabilen Basis, die sie insbesondere auch durch eine hohe Effizienz verteidigen wollen. Außerhalb dieser Basis suchen die Analyzer unter Risikominimierung nach neuen Geschäftsgelegenheiten. Die Imitation erfolgreicher Innovationen spielt dabei eine große Rolle.

---

80 Vgl. z.B. Miles/Snow (1978), S. 68.

81 Segev (1989), S. 502.

Wie eignet sich nun die Strategie des Analyzers in der Softwarebranche? Durch das hybride Tätigkeitsfeld reduziert der Analyzer die Kritik, die am Defender geübt wurde. Bezüglich der stabilen Basis handelt es sich hierbei jedoch nur um einen graduellen Unterschied; denn die Sinnhaftigkeit der ausschließlichen Verteidigung angestammter Tätigkeitsfelder bleibt nach wie vor in Frage gestellt. Die Kombination zwischen stabilen und flexiblen Bereichen zeigt gleichzeitig große Synergieeffekte. Die Orientierung an der Marktentwicklung gewährleistet durch die niedrigen Barrieren zumindest in der Form eines Imitators eine Aktualität zweiten Ranges und somit auch die Möglichkeit, die stabile Basis langfristig in kleinen Schritten zu aktualisieren. Die hohe Dynamik und Unsicherheit könnten dadurch beträchtlich reduziert werden. Tatsächlich ist in der Softwarebranche zu beobachten, daß Unternehmen über eine definierte Basis, wie z.B. Bereiche der Standardanwendersoftware oder der systemnahen Software, verfügen und darüber hinaus mit "neuen Tätigkeitsfeldern experimentieren".

Das Verhalten des "chancensuchenden" Analyzers außerhalb seiner stabilen Basis steht grundsätzlich im Einklang mit der hohen Dynamik und der Heterogenität des Marktes. Durch die ständige Suche nach neuen Gelegenheiten kann der Analyzer attraktive Wachstumsbereiche in sein Leistungsspektrum integrieren, die sich mit den angestammten Bereichen ergänzen. Die imagebildende Position des Technologieführers entgeht dem Analyzer dabei. Durch die Abhängigkeiten und Folgewirkungen innerhalb des Leistungsspektrums der Software ist gerade die Erzielung einer frühen Verbreitung eigener Software im Sinne einer Entwicklung von Standards vorteilhaft. Während der Analyzer die Akzeptanz der Innovationen von Vorreitern am Markt verfolgen kann, verringert sich sein eigenes Risiko jedoch nur bedingt, da Entwicklungs- und Einführungskosten sich nicht notwendigerweise erheblich reduzieren. Die Qualität der Software als wesentlicher kaufentscheidender Faktor ist jedoch unabhängig von dem Markteintrittszeitpunkt. Tendenziell ist der Analyzer sogar in der Lage, von den Erfahrungen der Vorreiter zu profitieren und qualitativ hochwertigere Software anzubieten.

Zusammenfassend zeigt sich in zweifacher Hinsicht ein gemischtes Bild für die Strategie des Analyzers:

- Das hybride Geschäftsfeld, bestehend aus einer stabilen Basis und einem wechselhaften Bereich muß getrennt beurteilt werden.
- Beide Bereiche weisen sowohl Vorteile als auch Nachteile hinsichtlich ihrer Eignung als grundlegender Strategietyp in der Softwarebranche auf.

Der Prospector

Bezüglich des Kontinuums des adaptiven Verhaltens bildet der Prospector den Gegenpol zum Defender und ist zu diesem in vielen Merkmalen invers ausgeprägt. Gleichzeitig finden sich hier Eigenschaften des Analyzers in unterschiedlich starken Ausprägungen. "Prospectors maintain a broad and continuously developing domain, while monitoring a wide range of environment conditions and events in search of new product and market opportunities. They create changes in industry through perhaps sporadic product and market development, while flexible, prototypical, multiple technologies are used with a low degree for routinization."[82] In dieser bewußten *first-to-market-strategy* spielt die Zeit häufig eine größere Rolle als die Kosten, was dazu führt, daß die Effizienz im Vergleich zum Defender teilweise deutlich niedriger ist.

Welche Bedeutung kommt dem Strategietyp Prospector angesichts der Spezifika des Umfeldes in der Softwarebranche zu? Anders als bei dem chancensuchenden Analyzer weist die Entwicklungsleistung des Prospectors nicht einen reaktiven Charakter, sondern vielmehr einen proaktiven Charakter auf, d.h., der Prospector schafft sich die Chancen selbst. Dadurch ist der Prospector "Taktgeber" im dynamischen und unsicheren Umfeld und bestimmt die technische und marktliche Entwicklung der Branche. Die Unterscheidung der Dynamik und der Unsicherheit in eine marktbezogene und eine technische Komponente ist für diese Betrachtung unausweichlich, denn der Prospector trägt selbst ein erhebliches technisches Risiko. Die Konsequenz dieses Risikos ist eine schwer kalkulierbare Erfolgswahrscheinlichkeit, so daß sowohl hohe Gewinne als auch hohe Verluste eintreten können. Die zunehmende Kostensensibilität der Abnehmer läßt die untergeordnete Kostenorientierung des Prospectors stärker in den Vordergrund rücken, da auch für innovative Leistungen geringere Freiheiten bei der Preisfestsetzung zu erwarten sind.

Insgesamt ergibt sich für die Strategie des Prospectors im Vergleich zu den anderen Strategietypen ein günstiges Bild, da die konsequente Marktorientierung angesichts des dynamischen und in seiner Heterogenität ständig neue Chancen bietenden Umfeldes die erforderliche Flexibilität gewährleistet. Sofern das technische Risiko in den Unternehmen beherrscht wird, profitiert der Prospector in überdurchschnittlichem Maße davon, daß Qualität, Technologieführerschaft und sein innovatives Image Kaufentscheidungen derart beeinflussen, daß der Preisspielraum die vergleichsweise niedrige Effizienz überkompensiert.

---

82 Segev (1989), S. 502.

c) Zusammenfassende Beurteilung der Wettbewerbsstrategien

Innerhalb der Strategietypologien nach Porter und Miles/Snow konnten Wettbewerbsstrategien identifiziert werden, die hinsichtlich der Umfeldbeschreibung der Softwarebranche unterschiedliche Eignungen als grundlegende Basisstrategien für Softwareunternehmen aufweisen.[83] Die Ergebnisse, zusammengefaßt dargestellt in Abbildung 5-4, decken sich mit den Aussagen Millers, der auf der Basis formaler Beschreibungen verschiedene Umfeldtypen mit unterschiedlichen Strategietypen in Verbindung setzt.[84] Für den Umfeldtyp mit den zur Softwarebranche korrespondierenden Merkmalsausprägungen beschreibt Miller folgende Strategie:

- Die bevorzugte Strategie ist grundsätzlich eine *innovative Differenzierung*,
- die Marketingorientierung verfolgt *qualitativ hochwertige neue Produkte*,
- die *Produktionskapazitäten werden flexibel gehalten*,
- *Innovationen* und *Forschung und Entwicklung sind regelmäßig bzw. sehr hoch* und
- das *bearbeitete Marktsegment besitzt durchschnittliche Breite*.[85]

In der Typologie der Wettbewerbsstrategien nach Porter ergab sich die günstigste Beurteilung für die **Differenzierungsstrategie**. Die Differenzierung stellt im gesamten Spektrum der komplexen und heterogenen Software eine Möglichkeit der technischen und kundenorientierten wettbewerbsrelevanten Unterscheidung von Konkurrenzleistungen dar. Dagegen verfolgt die Strategie der **Kostenführerschaft** mit der grundlegenden Kostenorientierung zweitrangige strategische Ziele. Durch den zunehmenden Preiswettbewerb wird eine intensive Kostenkontrolle jedoch auch bei der Differenzierungsstrategie unabdingbar. Diesbezüglich zeigt die **Fokussierungsstrategie** Vorteile, indem sie in Nischen entweder Kostenführerschaft oder eine Differenzierung verfolgen kann. Die Begrenzung auf Nischen kann angesichts der Dynamik und der Unsicherheit jedoch schwerwiegende Folgen für die Unternehmung haben, so daß insgesamt weder die Kostenführerschafts- noch die Fokussierungsstrategie als grundlegende Strategietypen in der Softwarebranche empfohlen werden können.

---

83 Dieses Ergebnis widerspricht der Auffassung, daß die betrachteten Wettbewerbsstrategien gleichwertige Alternativen in der Softwarebranche sind.

84 Vgl. Miller (1986), S. 242.

85 Vgl. Miller (1986), S. 242 und in diesem Abschnitt Punkt 3)b).

Strategietypologie nach **Porter (1980)**	Cost-Leadership	-
	Focus	+ / -
	Differentiation	+
Strategietypologie nach **Miles / Snow (1978)**	Defender	-
	Analyzer	+
	Prospector	+

Abb. 5-4: Wettbewerbsstrategien in der Softwarebranche

In der Typologie nach Miles und Snow gibt es ein klares Votum gegen die Strategie des **Defenders**. Die hohe Angreifbarkeit von angestammten Bereichen durch Anbieter benachbarter Leistungen stellt die ausschließliche Beschränkung auf angestammte Bereiche als gefährliche Strategie dar. Die Stabilität, in der ein Defender agiert, findet er zudem weder vor, noch kann er sie in dem dynamischen Umfeld selbst schaffen. Einen Kompromiß geht der **Analyzer** mit der gezielt hybriden Geschäftsbasis ein: Die Verbreitung und der Ausbau angestammter Geschäftsbereiche und die gleichzeitige Neuorientierung eines flexiblen Bereichs an technischen und marktlichen Entwicklungen stellen eine hohe Sicherheit dar. Die typischerweise inkrementellen oder imitativen Entwicklungen des Analyzers lassen allerdings nur durchschnittliche Ergebnisse vermuten. Dies ist anders beim **Prospector**, der sowohl sein Leistungsprogramm als auch sich selbst kontinuierlich weiterentwickelt. Damit reagiert der Prospector nicht nur auf die Unsicherheiten in der Marktentwicklung, sondern schafft diese – für andere Unternehmen – selbst, wobei er aber gleichzeitig ein erhebliches technisches Risiko trägt. Insgesamt sind jedoch sowohl die Strategie des Analyzers als auch des Prospectors für die Softwarebranche geeignete Strategietypen.

C. Organisationsstruktur in der Softwarebranche

Nach der Untersuchung der Unternehmensstrategie im Zusammenhang mit der Umfeldsituation, kann nun im Rahmen der Argumentationskette des Untersuchungsansatzes auf die Gestaltungsvariablen der Organisationsstruktur eingegangen werden.[86] Analog zu den Ausarbeitungen zur Gestaltung der strategischen Variablen im vorangegangenen Abschnitt beziehen sich die folgenden Ausführungen auf die Perspektive der gesamten Branche und finden nicht auf der Basis isolierter Strukturvariablen statt, sondern auf der Ebene von Konfigurationen relevanter Merkmalsausprägungen. Die Ergebnisse weisen somit einen begrenzten Detaillierungsgrad auf, der in Kapitel VI verfeinert werden soll. Nachdem zunächst die grundsätzlichen Anforderungen aufgrund der formalen Beschreibung von Umfeld und Strategie dargestellt werden, erfolgt anschließend die Untersuchung der Strukturtypen in Anlehnung an Mintzberg.

1. Grundsätzliche Anforderungen der umfeld- und strategiebezogenen Organisationsgestaltung

In einer ihrer frühen Arbeiten verfolgen Miller und Friesen "... einen Kontingenzansatz, wonach Stimuli aus der Umwelt vermittelt über eine bestimmte Organisationsstruktur bestimmte Strategien als Reaktion zur Folge haben. Dabei soll die Struktur eine Harmonisierung von Umwelt und Strategie ermöglichen."[87] Damit kommt der Organisationsstruktur bereits eine wesentlich größere Bedeutung zu als in der "reinen" Kontingenztheorie, die von einem Strukturdeterminismus ausgeht, indem sie einseitige Ursache-Wirkungsketten betrachtet.[88] Im Rahmen des vorliegenden Untersuchungsansatzes sind an dieser Stelle keine einseitigen quasikausalen Wirkungsbeziehungen zwischen isolierten situativen Determinanten und Variablen der Organisationsstruktur aufzuzeigen, sondern vielmehr sind die vorausgegangenen Ergebnisse zu den für die Softwarebranche zutreffenden Konfigurationen der Umfeld- und Strategiemerkmale durch einen adäquaten Strukturtyp zu ergänzen.[89]

---

86 Vgl. zum Untersuchungsansatz Kapitel II, Abschnitt C, Punkt 1.

87 Staehle (1990), S. 514 (ohne Hervorhebungen). Vgl. zu dem verfolgten Ansatz z.B. Miller/Friesen (1978).

88 Vgl. z.B. Nippa (1988), S. 243.

89 Vgl. zur Methodik Kapitel I, Abschnitt B und zum Untersuchungsansatz Kapitel II, Abschnitt C.

In einer späteren, konzeptionellen Arbeit verbindet Miller Typen, d.h. Konfigurationen von Merkmalsausprägungen, aus Umfeld, Strategie und Struktur.[90] Der Strukturtyp, der mit dem für die Softwarebranche zutreffenden Umfeld- und Strategietyp korrespondiert,[91] weist markante Merkmale auf und ergänzt die beiden genannten Komplexe zu einer in sich konsistenten Konstellation.[92] Den als "organisch" bezeichneten Strukturtyp beschreibt Miller anhand folgender Merkmalsausprägungen:

- Die *Dezentralisation* erfolgt verstärkt unter Einbeziehung von Technikern, Wissenschaftlern und dem mittleren Management,
- die *Bürokratisieurng* ist niedrig, d.h., die Struktur ist organisch,
- die *Spezialisierung* von Stellen ist hoch,
- die *Differenzierung* der Mitarbeiter innerhalb der Stellen ist sehr hoch,
- die *Integration* erfolgt durch gemischte "task forces" und Arbeitsgruppen und
- der *Informationsaustausch* ist zum großen Teil informell und basiert auf offener Kommunikation.[93]

Um ein differenzierteres Bild möglicher Organisationsstrukturen zu erhalten, werden im folgenden Abschnitt verschiedene Strukturtypen auf ihre Eignung in der Softwarebanche untersucht.

2. Diskussion der Strukturtypen nach Mintzberg

In der Literatur finden sich zahlreiche abstrakte Typisierungen von Unternehmens- oder Organisationstypen.[94] Die umfassende und vielbeachtete Arbeit Mintzbergs zeigt eine Möglichkeit auf, verschiedene Ansätze unter anderem anhand des Bürokratisierungsgra-

---

90 Vgl. Miller (1986). Miller schlägt insgesamt vier Tripel dieser Komplexe vor.

91 Vgl. zum turbulenten Umfeldtyp Abschnitt A, Punkt 3)b) und zum Strategietyp der innovativen Differenzierung Abschnitt B, Punkt 2)c).

92 Vergleiche zu den verbleibenden drei Tripeln unterstützen die Relevanz der oben beschriebenen Umfeld- und Strategietypen und dem zugehörigen Strukturtyp für die Softwarebranche.

93 Vgl. Miller (1986), S. 242 und S. 245 f.

94 Vgl. stellvertretend z.B. Nippa (1988), S. 314 ff.; Miller (1983), S. 272 ff. oder Mintzberg (1980), S. 328 ff. In diesen wenigen Beispielen wird das breite Spektrum der Typisierungen deutlich und gleichzeitig ist zu erkennen, wie nahe sich Strategie- und Strukturtypen in ihren Beschreibungsmerkmalen stehen (Vgl. Miller (1986), S. 237). Miles und Snow entwickeln für die oben bereits dargestellte Typologie der Adaptationsstrategien Ausprägungen für Strukturvariablen, so daß gleichzeitig von Strukturtypen gesprochen werden kann (vgl. Miles/Snow (1986), S. 63 ff.) und Mintzberg beschreibt in seinen "contingecy factors" Umweltsituationen, die eng mit strategischen Maßnahmen verbunden sind (vgl. Mintzberg (1979), S. 305 ff.).

des zu systematisieren.[95] Ohne argumentieren zu wollen, daß einzelne im Schrifttum vorhandene Typologien in jeweiligen Typen Substitute enthalten, lassen sich verschiedene Ansätze an den beiden Polen *bureaucracy* und *Adhocracy* orientieren, wie Abbildung 5-5 zeigt. Diese beiden Pole nehmen eine Schlüsselstellung in der Typologie von Mintzberg ein und finden sich – unter anderen Bezeichnungen – sinngemäß in anderen Typologien wieder.

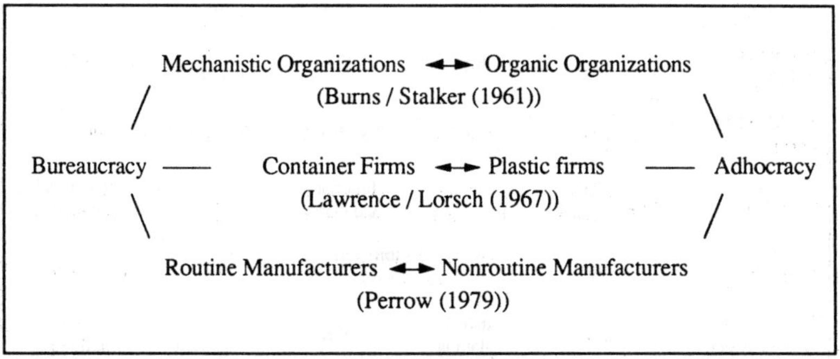

Abb. 5-5: Systematisierung von Strukturtypologien[96]

Nachfolgend werden die Strukturtypen *Simple Structure, Machine Bureaucracy, Professional Bureaucracy, Divisionalized Form* und *Adhocracy* in Anlehnung an Mintzberg kurz beschrieben und hinsichtlich ihrer Eignung in der Softwarebranche im Kontext der vorangestellten Aussagen zum Umfeld und zur Strategie beurteilt.[97] Die Darstellung konzentriert sich dabei auf die Beschreibung der Koordination (*coordinating mechanisms*) und der Gestaltungsvariablen (*design parameters*).[98] Vorausschickend faßt Abbildung 5-6 die Strukturtypen anhand wichtiger Beschreibungsmerkmale zusammen.[99] Der Vergleich mit den von Mintzberg vorgeschlagenen Kontingenzfaktoren unterstützt die folgende Beurteilung der Strategietypen.

---

95 Vgl. Mintzberg (1979). In Anlehnung an Mintzberg operationalisiert Picot diese Typen anhand der von ihm vorgeschlagenen Strukturvariablen (vgl. Picot (1990), S. 149 ff.).

96 Vgl. zu einem Vergleich der Strukturtypen z.B. Miller (1981), S. 8 ff., und (1983), S. 774 ff.

97 Zur ausführlichen Darstellung der Strukturtypen vgl. Mintzberg (1979), S. 305 ff., eine Kurzfassung findet sich bei Mintzberg (1980), S. 328 ff.

98 Auf die ausführliche Darstellung der besonderen, Mintzberg-spezifischen Strukturierung der Organisationsbereiche (*basic parts of the organization*) und der situativen Faktoren (*contingency factors*) wird hier aus Gewichtungsgründen verzichtet. Vgl. dazu Mintzberg (1980), S. 324 ff.

99 In den Beschreibungsmerkmalen finden sich die formalen Variablen *Formalisierung, Integration, Zentralisierung* und *Spezialisierung* wieder (Vgl. Kapitel II, Abschnitt C, Punkt 2)a).

	Simple Structure	Machine Bureaucracy	Professional Bureaucracy	Divisionalized Form	Adhocracy
Jobspecialization					
-horizontal	low	high	high	some	high
-vertical	high	high	low	some	low
Training	low	low	high	some	high
Indoctrination	low	low	high	some	varies
Formalization of behaviour	low	high	low	high within div.	low
Bureaucratic/ organic	organic	bureaucratic	bureaucratic	bureaucratic	organic
Grouping	usually functional	usually functional	functional and market	market	functional and market
Unit size	large	large (at bottom narrow elsewhere)		large	small
Planning and control systems	little	action planing	little	perfect control	limited action pl.
Liaison devices	few	few	some in admin.	few	many througout
Decentralization	centralization	limited horizontal decen.	hor. and vertical decen.	limited vertical decen.	selective decen.
Key coordinating mechanism	direct supervision	standardization of work	Standardization of skills	Standardization of outputs	mutual adjustment

Abb. 5-6: Strukturtypologie nach Mintzberg[100]

Simple Stucture

Die Einfachheit der *Simple Structure* faßt Mintzberg in einem Ausdruck zusammen: "... the simple structure is characterized, above all, by what it is not – elaborated."[101] Dementsprechend bezeichnet er diesen Strukturtyp als "nonstructured", da hier der Einsatz jeglicher formeller Mittel minimiert wird.[102] Aufgrund der geringen Formalisierung

100 Entnommen aus den tabellarischen Darstellungen aus Mintzberg (1979), S. 466 ff. und zusammengefaßt Mintzberg (1980), S. 330. Vgl. in Anlehnung dazu Niemeier (1986), S. 53, oder Picot (1990), S. 150 f.

101 Mintzberg (1980), S. 331.

102 Vgl. hierzu und im folgenden Mintzberg (1979), S. 306.

sind notwendigerweise Entscheidungs- und Weisungsbefugnisse über wenige hierarchische Ebenen stark zentralisiert und die vorherrschende Koordinationsform ist die unmittelbare Kontrolle (direct supervision).

Hinsichtlich der Eignung dieses Strukturtyps in dem Untersuchungsfeld führt die Unterscheidung nach den Möglichkeiten und deren effektiver Ausschöpfung zu interessanten Ergebnissen:

- Der hohe, häufig personenorientierte Zentralisierungsgrad ermöglicht prinzipiell innovative Differenzierung und proaktive Adaptation in dem dynamischen Umfeld.
- Die hohe Heterogenität und Komplexität sowohl der Leistung als auch der Leistungserstellung legen jedoch nahe, daß die auf geringer horizontaler Spezialisierung aufgebaute Führungsspitze mit der Entscheidungssituation auf Dauer überfordert ist.

Die Bedenken werden durch Kontingenzfaktoren, die Mintzberg beschreibt, unterstützt: In der Regel findet sich der Strukturtyp *Simple Structure* in jungen, kleinen Unternehmen, die in einem Feld niedriger Technikintensität agieren und dabei eine hohe Dynamik des Umfeldes verarbeiten können, nicht jedoch eine Komplexität, wie sie sich in der Softwarebranche findet.

Machine Bureaucracy

Der Strukturtyp *Machine Bureaucracy* läßt sich anhand der Gegensätze und der Gemeinsamkeiten mit der *Simple Structure* darstellen. An die Stelle der hohen Zentralisation und der unmittelbaren Kontrolle tritt eine begrenzte horizontale Dezentralisation, die durch eine starke Formalisierung in den Verfahren und eine hohe Standardisierung der Arbeitsprozesse gestützt wird. Die Standardisierung der Arbeit ist zentraler Punkt der Koordination im Unternehmen: "Rules and regulations – an obsession with control – permeate the entire structure; formal communication is favored at all levels; decision making tends to follow the formal chain of authority."[103] Die in sich starre Organisation legt dabei wenig Wert auf Aus- und Weiterbildung außerhalb der definierten Spezialgebiete und unterstützt nur in geringem Umfang den horizontalen Austausch und die Kommunikation zwischen Stellen. In der gesamten Typologie weist die *Machine Bureaucracy* damit den höchsten Grad der Bürokratisierung auf.

---

103 Mintzberg (1980), S. 332.

Entsprechend der Kontingenzfaktoren ordnet Mintzberg den Strukturtyp *Machine Bureaucracy* einem einfachen und stabilen Umfeld zu, das typischerweise durch eine anspruchslose, wenig automatisierte Technik gekennzeichnet ist.[104] In keiner Weise deckt sich also das "ideale" Umfeld dieses Strukturtyps mit der Beschreibung der Softwarebranche, deren Veränderlichkeit und Dynamik anpassungsfähige Strukturen erfordern. Durch die hohe Standardisierung innerhalb des gesamten Unternehmens unterstützt die *Machine Bureaucracy* darüber hinaus eher kontrollintensive Strategien, wie z.B. die Kostenführerschaft und ist weniger für die Strategie der innovativen Differenzierung geeignet. Die *Machine Bureaucracy* eignet sich demnach nicht als Ergänzung zu den oben ermittelten Umfeld- und Strategietypen der Softwarebranche.

Professional Bureaucracy

Die *Professional Bureaucracy* besitzt eine dezentrale Struktur, deren Koordinationsmechanismus nicht auf der Standardisierung von Arbeitsprozessen, sondern vielmehr auf der Standardisierung von "Fähigkeiten und Verhalten" (*skills*) einzelner Organisationsteilnehmer beruht. Gut ausgebildete Spezialisten (*professionals*) agieren hier in ihrem weitgehend autonomen Bereich, d.h., sie stehen weitgehend außerhalb einer administrativen Hierarchie und sind in der Arbeitsteilung unabhängig von Kollegen. Innerhalb dieser Inseln besteht ein geringer Formalisierungsgrad, da üblicherweise weder die Leistung noch die Leistungserstellung einfach zu standardisieren sind. In der Distanz zwischen den Inseln liegt auch begründet, daß nur ein geringer inhaltlicher Informationsaustausch stattfindet, wohl aber übergreifende Managementaufgaben wahrgenommen werden: "Not only do the professionals control their own work, but they also tend to maintain collective control of the administrative apparatus of the organization."[105]

Gemäß den Kontingenzfaktoren ordnet Mintzberg den Strukturtyp *Professional Bureaucracy* in ein hochkomplexes, aber nicht dynamisches Umfeld ein. Die hohe Komplexität schließt jedoch nicht das technische System ein, das Mintzberg eher als "nonsophisticated" bezeichnet.[106] Die demnach eingeschränkte Eignung für die Softwarebranche läßt sich veranschaulichen: Die in der Regel kleinen, personenbezogenen Inseln agieren mit hoher Kompetenz in Teilsegmenten des heterogenen Leistungsspektrums und beherrschen dort auch die vorhandene Komplexität; die Dynamik und Unsicherheit erfordert jedoch übergreifende fachliche Koordination, die aufgrund der Distanz zwischen den

---

104 Vgl. hierzu und im folgenden Mintzberg (1979), S. 314.

105 Mintzberg (1980), S. 334.

106 Vgl. Mintzberg (1979), S. 348.

autonomen Bereichen deutlich eingegrenzt ist. Schließlich ist die Eignung der *Professional Bureaucracy* auch hinsichtlich der erforderlichen Anwendung und Entwicklung der Technologie in Frage gestellt. Die Innovationskapazität ist aufgrund der Übersichtlichkeit der Bereiche begrenzt und deren Trennung verhindert zusätzliche Synergieeffekte.[107]

Die Erstellung und Vermarktung von Software stellt derart hohe und wechselnde Anforderungen, daß die erforderliche unternehmensweite innovative Differenzierung nicht allein innerhalb der Grenzen kleiner Bereiche erzielt werden kann und die Strukturiertheit der selbständigen Inseln eine übergreifende Koordination nur in unzureichendem Maße unterstützt. Insgesamt erscheint der Strukturtype *Professional Bureaucracy* daher möglich, aber nicht optimal als grundlegende Struktur für Softwareunternehmen.

Divisionalized Form

Die divisionalisierte Struktur besteht aus marktorientierten, unternehmerisch weitgehend selbständig tätigen Einheiten. Die geringen Interdependenzen der Einheiten sollen dabei auch durch die notwendige Koordination der Zentrale nicht gesteigert werden. Die Koordination basiert also nicht auf der Standardisierung von Arbeitsprozessen (*Machine Bureaucracy*) oder auf dem Verhalten (*Professional Bureaucracy*), sondern auf der Kontrolle des Ergebnisses: "And that it does by standardizing the outputs of the divisions – specifically, by relying on performance control systems to impose performance standards on the divisions and then monitor their results."[108] Innerhalb der Einheiten sind prinzipiell beliebige Strukturtypen denkbar.[109] Die zentrale Steuerung der Einheiten über die Kontrolle der Ergebnisse führt jedoch dazu, daß zugrundeliegende Strukturen bürokratischen Charakter aufweisen, typischerweise tendenziell der *Machine Bureaucracy* entsprechen.

Aufgrund des bürokratischen Charakters der Einheiten ordnet Mintzberg die *Divisionalized Form* demselben Umfeldtyp zu wie die Machine Bureaucracy, nämlich einem insgesamt stabilen und wenig komplexen Umfeld. Damit entspricht die *Divisionalized Form* auch nicht den Anforderungen der Softwarebranche. Ebenso wie die *Divisionalized Form* verschiedene Strukturtypen in seinen Divisions vereinbaren kann, wirken sich tendenziell auch deren unterschiedliche Vor- und Nachteile aus, so daß die *Divisionalized Form* als Grundstruktur differenzierter betrachtet werden muß. Anders als bei der *Professional Bu-*

---

107 Die eingesetzte Technologie stuft Mintzberg entsprechend als unbedeutend ein: "The technostructure is minimal in this configuration" (Mintzberg (1980), S. 334).

108 Mintzberg (1980), S. 335.

109 Aus diesem Grund bezeichnet Mintzberg die *Divisionalized Form* auch als "... not so much a complete structure as the superimposition of one structure on ohter." (Mintzberg (1980), S. 335)

reaucracy liegt die Trennungslinie der selbständigen Einheiten auf der Ebene quasi unternehmerischer Selbständigkeit und nicht eines kleinen, personenorientierten Bereichs. Damit liegt in der Regel eine andere Größenordnung in der Unterteilung und ein anderes Gliederungskriterium vor, und zwar eher eine marktorientierte Gliederung.[110] Wichtige Kritikpunkte bleiben in diesem Vergleich der Strukturtypen jedoch erhalten. Insbesondere die übergreifende Koordination zwischen den Einheiten bzw. den Bereichen ist bei beiden Typen nicht in dem Maße unterstützt, wie es mögliche Synergien zwischen verschiedenen Segmenten der Software sinnvoll erscheinen ließen.

Die Integration eines anderen Strukturtyps als die *Machine Bureaucracy* in die Einheiten der *Divisionalized Form* verändert den von Mintzberg vorgeschlagenen Strukturtyp. Da eine solche Modifikation denkbar und angesichts einer Reduzierung des bürokratischen Charakters auch sinnvoll ist, kann die Eignung dieses Strukturtyps weder bestätigt noch ausgeschlossen werden.[111]

Adhocracy

Als fünften Strukturtyp schlägt Mintzberg schließlich die *Adhocracy* vor:

> "... highly organic structure, with little formalization of behaviour; high horizontal job specialization based on formal training; a tendency to group the specialists in functional units for housekeeping purposes but to deploy them in small market-based project teams to do their work; a reliance on the liaison devices to encourage mutual adjustment – the key coordinating mechanism – within and between these teams; and selective decentralization to and within these teams, which are located at various places in the organization and involve various mixtures of line managers and staff and operating experts (...) The Adhocracy tends to use the functional and market bases for grouping concurrently, in a matrix structure."[112]

Diesen Strukturtyp ordnet Mintzberg als einzigen den Kontingenzfaktoren der hohen Dynamik und Komplexität zu, so daß die *Adhocracy* im Einklang mit dem Umfeld der Softwarebranche steht. Ebenso korrespondieren der hohe Automatisierungsgrad und die

---

110 Demgegenüber ist das Giederungskriterium in der Professional Bureaucracy personen-, d.h. möglicherweise stärker qualifikationsorientiert.

111 Die Annahme, daß unterschiedliche Unternehmenstypen (strategische Gruppen) verschiedene Strukturtypen innerhalb der Einheiten bevorzugen, macht die grundlegende Strukturierung auf der Ebene von strategischen Gruppen in Kapitel VI, Abschnitt C erneut zum Thema.

112 Mintzberg (1979), S. 432 - 435

Verwendung einer anspruchsvollen Technologie mit den Rahmenbedingungen der Branche. Indem intensiv projektorientiert gearbeitet wird, entstehen keine statischen Strukturen und eine kontinuierliche Anpassung an marktliche und technische Entwicklungen kann gewährleistet werden. Die Flexibilität der dynamischen Teams ermöglicht darüber hinaus eine Differenzierung, die durch interdisziplinäre Arbeitsgruppen in besonderem Maße innovativ sein kann. Die marktorientierte Strukturierung der Arbeitsgruppen und die Konservierung von Spezialwissen in gut ausgebildeten und kontinuierlich weitergeschulten Experten unterstützt schließlich auch das proaktive, zukunftsorientierte Verhalten, wie es dem Strategietyp des Prospectors entspricht. Insgesamt kann die *Adhocracy* damit als geeignete Basisstruktur für die Softwarebranche eingestuft werden.

3. Zusammenfassung

Aus der von Mintzberg vorgeschlagenen Strukturtypologie sind sowohl die *Professional Bureaucracy*, die *Divisionalized Form* als auch die *Adhocracy* mögliche grundlegende Strukturtypen für Softwareunternehmen. Insbesondere die Adhocracy eignet sich hinsichtlich der oben dargelegten Anforderungen resultierend aus der Umfeld- und der Strategiebeschreibung als Basisstruktur für Softwareunternehmen. Sie stimmt weitestgehend mit dem oben beschriebenen "organischen" Strukturtyp von Miller überein. Die Ausführungen dieses Kapitels sind jedoch aus der Perspektive der gesamten Branche geführt worden und können deshalb nur einen Überblick darstellen. Unbeantwortet bleibt deshalb unter anderem die Frage, wie die einzelnen Typen konkret realisiert werden können. Um detailliertere Aussagen machen zu können, werden die abhängigen Komplexe Umfeld, Strategie und Struktur im folgenden Kapitel auf der Ebene von Branchensegmenten und isolierten Variablen erneut aufgegriffen.

Kapitel VI

Strategische und strukturelle Gestaltungsvariablen in Softwareunternehmen – eine brancheninterne Analyse

Kapitel VI stellt die zweite Stufe innerhalb der Untersuchungskonzeption dieser Arbeit dar: Während im vorangegangenen Kapitel der Gestaltungsrahmen aus der übergeordneten Branchenperspektive beschrieben wurde, erfolgt hier die Verfeinerung dieser Ausführungen auf der Ebene einzelner Branchensegmente.[1] Entsprechend des veränderten Blickwinkels unterscheidet sich auch die Betrachtungsweise: Im vorangegangenen Kapitel sind Strategie- und Struktur*typen* auf ihre Eignung in der Softwarebranche überprüft worden, in diesem Kapitel erfolgt die Untersuchung auf der Basis isolierter strategischer und struktureller Variablen. Im Rahmen des deskriptiven Charakters dieser Untersuchung stehen dabei die Ist-Situation und mögliche Alternativen im Vordergrund.

Nach der Segmentierung der Branche durch die Bildung von Unternehmenstypen, wird analog zur Vorgehensweise in Kapitel V zuerst auf den Strategievariablen und im folgenden auf die Strukturvariablen eingegangen. Vorab werden jeweils die Ergebnisse aus der Perspektive der Branche in verkürzter Form rekapituliert.

A. Typisierung von Softwareunternehmen – eine Branchensegmentierung

Zur Analyse des brancheninternen Wettbewerbsumfeldes bieten sich verschiedene Segmentierungsvariablen an. Porter unterscheidet strategisch relevante Segmente anhand der Produktvariante, des Abnehmertyps, der Vertriebskanäle oder des geographischen Standortes der Abnehmer.[2] Da an dieser Stelle die Ergebnisse der branchenweiten Wettbewerbsanalyse verfeinert werden sollen, wird hier aus pragmatischen Gründen die Produktvariante gewählt, so daß die Ergebnisse der Strukturierung und Charakterisierung der Software (Kapitel III und IV) verwendet werden können.[3] Segmentierung bedeutet

---

1 Zur Untersuchungskonzeption vgl. insbesondere Abbildung 2-6. Die *Branche* als Gegenstand der Segmentierung muß hier hervorgehoben werden; denn es handelt sich nicht um die Einteilung des *Marktes* im Sinne eines Leistungsspektrums, sondern um die Aufgliederung der Branche in wettbewerbsrelevante Untereinheiten (vgl. zur Unterscheidung von Markt- und Branchensegmentierung Kapitel II, Abschnitt C, Punkt 1)b) und die dortigen Verweise).

2 Vgl. Porter (1985), S. 310. Im folgenden zeigt Porter einzelne Variablen, um die alternativen Varianten zu operationalisieren, nennt jedoch keine Präferenzen und weist darauf hin, daß trotz des Leitfadens für den Segmentierungsprozeß unterschiedliche Kriterien der Segmentierung angewandt werden können.

3 Als alternative Vorgehensweise zur Verfeinerung der branchenbezogenen Ergebnisse ließe sich das Instrumentarium der Branchenanalyse unter erheblichem Aufwand wiederholt auf die zu ermitteln-

dann die Gruppierung von Softwareunternehmen, deren einheitliche strategische Verhaltensweise in typischen Produkt-/Leistungskombinationen begründet ist. Ebenso wie bei der Abgrenzung der gesamten Branche an sich, können Unschärfen und mögliche Überschneidungen nicht ausgeschlossen werden.[4]

Inhaltlich und definitorisch ist für die Segmentierung das bereits dargestellte *integrierte Software-Marktmodell* mit den drei Dimensionen Informationstechnologie, Leistungsart und Standardisierungsgrad grundlegend.[5] Innerhalb dieses Modells läßt sich die unternehmerische Tätigkeit systematisch darstellen.[6] Schwerpunkte und Kernleistungen können in Kombinationen der hervorgehobenen Felder erkannt werden, so daß sich Unterschiede und Gemeinsamkeiten zwischen den Unternehmen zeigen, die eine Differenzierung auf der Basis der drei oben genannten Unterscheidungskriterien ermöglichen. Die zum Teil deutlichen Unterschiede und die teilweise großen Übereinstimmungen in der Beurteilung der Teilleistungen des Modells durch die betrachteten Unternehmen erleichtern die Unterscheidung der Gruppen *Software-Spezialist, Branchen-Spezialist, Dienstleister, Spezialist für Querschnittsfunktionen* und *Berater*.

Abbildung 6-1 zeigt die identifizierten Unternehmenstypen anhand ihrer Kernleistungen. Die Bezeichnungen und die Kernleistungen der Typen sollen dabei nicht suggerieren, daß sich Unternehmen ausschließlich in den Grenzen der beschriebenen Kernleistungen bewegen. Vielmehr handelt es sich dabei um Schwerpunkte, die eine gemeinsame Basis darstellen und darüber hinaus weitere Aktivitäten zulassen.[7] Entsprechend der realisierten Leistungsspektren agieren die Unternehmen in bestimmten Ausschnitten des gesamten Marktleistungsspektrums und finden somit unterschiedlich ausgeprägte *Teilumfelder* der Softwarebranche vor. Die Beschreibung des Umfeldes der Branche, das in hohem Maße

---

den Branchensegmente anwenden (vgl. dazu den Untersuchungsansatz in Kapitel II, Abschnitt C, Punkt 1).

4 Vgl. z.B. Strunz (1985), S. 280, zur Problematik der Abgrenzung der Branche und GMD (1989), S. 13, zur Unterteilung der Branche selbst.

5 Vgl. zur Strukturierung des Softwarespektrums Kapitel III und insbesondere Abbildung 3-6 und 4-12.

6 Während der Interviews ordneten die Gesprächspartner den jeweiligen Feldern unterschiedliche Bedeutung bezüglich ihres Umsatzbeitrages zu, so daß, gepaart mit der Frage nach der angestrebten zukünftigen Entwicklungen, grundlegende Schwerpunkte und Kernleistungen identifiziert werden konnten. Vgl. zu den aggregierten Leistungsspektren der betrachteten Softwareunternehmen auch Abbildung 4-10.

7 Die Größenordnung der untersuchten Unternehmen erklärt, daß alle Unternehmen zahlreiche unterschiedliche Produkte und Leistungen in ihrem Leistungsprogramm besitzen. Die Kernleistungen stellen jedoch Schwerpunkte dar, denen mit ihren weitreichenden Konsequenzen eine Schlüsselfunktion für das gesamte Unternehmen zugesprochen wird.

Software-Spezialist	• Systemnahe Softwareprodukte und Leistungen • Individuelle Anwendungssoftware
Branchen-Spezialist	• Branchenorientierte Anwendungssoftware mit hohem Standardisierungsgrad • Spezielle (vertikale) Branchenlösungen mit integriertem hochwertigen Branchen-Know-how
Dienstleister	• Individuelle Anwendungssoftware und Unterstützung fremder Pakete • Breites, stark an individuellen Kunden orientiertes Leistungsangebot
Spezialist für Querschnittsfunktionen	• Funktionsorientierte Standardanwendungssoftware • Branchenunabhängige (horizontale) Software
Berater	• Individuelle Anwendungssoftware und Unterstützung fremder Pakete im Rahmen des Lösungsgeschäfts • Intensive Beratung (auch nicht-DV-bezogen) mit fundiertem Branchen- oder Anwendungs-Know-how

Abb. 6-1: Unternehmenstypen als Repräsentanten von Branchensegmenten

als heterogen, dynamisch und unsicher sowie zum Teil als außerordentlich komplex eingestuft wurde, läßt sich somit entsprechend der Unternehmenstypen differenzieren.

Im folgenden sind die Unternehmenstypen stellvertretend für die Branchensegmente beschrieben und die besonderen Merkmale ihres realisierten Umfeldausschnittes als Unterscheidungsmöglichkeit hervorgehoben.

1. Der Software-Spezialist

Der Typ Software-Spezialist zeichnet sich vor allem durch eine hohe Kompetenz im Bereich der systemnahen Software aus. Die innovativen und ausgereiften Produkte wie z.B. Datenbanken, Netzwerke oder Werkzeuge stellen häufig eine Basis für die Entwicklung von individueller Anwendersoftware dar bzw. sind sogar ein integraler Bestandteil der Anwendung selbst. Software-Spezialisten sind typischerweise Technologieführer. Ein Teil dieser Produkte erlangt einen hohen Standardisierungsgrad und kann so über verschiedene Vertriebskanäle am Markt bezogen werden. Das zweite Standbein der Software-Spezialisten ist die individuelle Anwendersoftware, die in Form von Kundenprojekten entwickelt wird. In beiden angestammten Bereichen dominiert die Leistungsart der softwaretechnischen Umsetzung deutlicher als bei anderen Unternehmen über die vorgeschaltete Beratung und die nachfolgende Anwenderunterstützung.

Im Leistungsspektrum eines Software-Spezialisten bilden sich die Heterogenität und die Unsicherheit des Umfeldes der Branche direkt ab. Die standardisierte, systemnahe Software und die individuelle Anwendersoftware beinhalten bezüglich zweier wesentlicher Unterscheidungskriterien gegensätzliche Ausprägungen: Erstere verfügen bei starker Technikorientierung über einen Produktcharakter und letztere weisen die Charakteristika einer anwendungsorientierten Dienstleistung auf.[8] Als Technologieführer sind diese Unternehmen mit einer besonderen Unsicherheit konfrontiert, die jedoch gleichzeitig große Chancen als Vorreiter ermöglicht.[9] Schließlich können in beiden Stammbereichen der Software-Spezialisten Leistungen mit hoher technischer bzw. problemorientierter Komplexität auftreten, so daß das Umfeld dieser Unternehmen grundsätzlich als sehr anspruchsvoll angesehen werden muß.

2. Der Branchen-Spezialist

Unternehmen des Typs Branchen-Spezialist unterscheiden sich von anderen Softwareunternehmen durch die Integration von hochwertigem branchenspezifischen Know-how in ihrer Anwendungssoftware. Obwohl damit eine Fokussierung auf bestimmte Marktsegmente im Sinne einer branchenbezogenen Abnehmergruppe vorbestimmt ist, repräsentiert der Branchen-Spezialist dennoch ein Segment der Softwarebranche, da ein umfangreiches Branchenwissen dem gesamten Leistungsspektrum von der Beratung bis zur Anwenderunterstützung zugrunde liegt. Sowohl standardisierte (fremd- und eigenerstellte) als auch individuelle Anwendersoftware wird angeboten und betreut, wohingegen Ausprägung und Kompetenz im Bereich der systemnahen und der Systemsoftware vergleichsweise gering ist.

Für das Umfeld des Branchen-Spezialisten sind die Merkmale der Zielbranche fast von gleicher Bedeutung wie die der Softwarebranche selbst. Der Branchen-Spezialist orientiert sich stark an den spezifischen Bedürfnissen seiner Kunden und wird aus softwaretechnischer und auch aus anwendungsbezogener Sicht als kompetenter Partner eingestuft. Trotz der geforderten Aktualität der Beratung und der softwaretechnischen Realisierung

---

8 Zur Unterschiedlichkeit von Standardsoftware und Individualsoftware im Sinne eines Produkt- bzw. Dienstleistungscharakters vgl. Kapitel III, Abschnitt B, Punkt 3.

9 Vgl. zur Technologieführerschaft Abbildung 5-2 und die dortigen Erläuterungen.

ist der Branchen-Spezialist nicht in dem Maße von der Dynamik und Unsicherheit des Marktes betroffen, wie der Schrittmacher der Branche, der Software-Spezialist. Vielmehr greift der Branchen-Spezialist dessen Innovationen auf und optimiert diese anhand der speziellen Kundenbedürfnisse. Durch die Eingrenzung des Abnehmerkreises und die Beschränkung des Leistungsangebotes auf Anwendersoftware wird die hohe Heterogenität des Umfeldes der Softwarebranche erheblich reduziert.[10]

3. Der Dienstleister

Primäres Kennzeichen des Dienstleisters ist sein breit gestreutes Leistungsspektrum und die konsequente Orientierung des Unternehmens an den Bedürfnissen unterschiedlicher Kunden. Gewissermaßen stellt dieser Typ einen "Gemischtwarenladen" der Branche dar, da er in fast allen Bereichen vertreten ist. Typisch für diese Unternehmen ist der hohe Umsatzanteil durch die Installation und Betreuung fremder Standardanwendersoftware und das Angebot eigener individueller Anwendersoftware, in geringem Umfang auch von systemnaher Software. Häufiger als bei anderen Unternehmenstypen kommt es bei der individuellen Softwareentwicklung vor, daß einzelne Mitarbeiter in Arbeitsgruppen bei Kunden integriert sind und langfristig ausschließlich vor Ort arbeiten. Dieser Einsatz kann mit einer Beratung beginnen und sich in der dauerhaften Betreuung der Anwender über Jahre erstrecken.

Wie bei keinem der anderen Unternehmenstypen bildet sich die Heterogenität der Softwarebranche im Leistungsspektrum der Dienstleister ab. Die Vielzahl der Tätigkeitsfelder dieser Unternehmen und die damit verbundene fehlende Spezialisierung erklärt, daß dieser Typ nicht gezielt Branchen-Know-how aufbaut, nur in geringem Umfang eigene Standardanwendungssoftware entwickelt und vergleichsweise wenig in systemnahe Software investiert. In diesen Bereichen orientiert sich der Dienstleister an den Vorreitern der Branche und paßt deren Entwicklungen im Bedarfsfall schnell an.[11] Die Unsicherheit ist damit ebenso wie die Dynamik im Verhältnis zu anderen Typen stark reduziert. Die Komplexität und Heterogenität erfährt jedoch nur eine geringe Einschränkung, so daß der Dienstleister die Marktentwicklung sowohl aus softwaretechnischer als auch aus kundenorientierter Sicht besonders berücksichtigen muß.

---

10 Die Eingrenzung im Leistungsprogramm und im Zielmarkt reduziert bzw. erleichtert gleichzeitig die Kontrolle der hohen Komplexität.

11 Die Anpassungen beziehen sich dabei häufig auf die typischen Leistungen der Software-Spezialisten, der Branchen-Spezialisten oder der im folgenden erklärten Spezialisten für Querschnittsfunktionen.

4. Der Spezialist für Querschnittsfunktionen

Während der Software-Spezialist als Vorreiter technische Standards setzt, prägen die Unternehmen des Typs Spezialist für Querschnittsfunktionen Standards aus anwendungsbezogener Sicht, indem ihre standardisierten Produkte im Bereich der Anwendersoftware zum Teil weite Verbreitung finden. Typischerweise handelt es sich dabei um branchenunabhängige, funktionsbezogene Software. Obwohl die Unternehmen dieses Typs nur in sehr geringem Umfang individuelle Kundensoftware entwicklen, findet ein erheblicher Teil der Arbeit in Zusammenarbeit mit dem Kunden vor Ort statt. In Form von Beratungsarbeit oder Entwicklungskooperationen findet bereits im Vorfeld der Realisierung ein Teil der Leistungserstellung beim Kunden statt. Mit der Implementierung und der häufig vertraglich geregelten Anwenderunterstützung, wie z.B. Betreuung und Schulung, decken die Unternehmen alle Leistungsarten in den Bereichen ihrer Anwendersoftware ab.

Der Spezialist für Querschnittsfunktionen reduziert die Heterogenität des gesamten Marktleistungsspektrums, indem er individuelle Software und systemnahe Software nur in sehr geringem Umfang anbietet. Durch den Produktcharakter der Standardsoftware tritt jedoch eine marktliche Unsicherheit stärker in den Vordergrund. Häufig ist zu beobachten, daß qualitativ hochwertige, zum Teil sogar im Leistungsumfang überlegene Softwareprodukte sich am Markt nicht durchsetzen können. Unter allen Unternehmenstypen ist hier die Berücksichtigung von anderen Softwareunternehmen als Vertriebskanäle am weitesten verbreitet.[12] Die Ursache der dennoch hohen Problematik der Vermarktung liegt in der teilweise sehr hohen Komplexität und Kompliziertheit der Produkte, die einerseits isolierte Kleinanwendungen in Form von Paketsoftware sein können, andererseits aber auch unmittelbare unternehmensweite Anpassungen erforderlich machen können.

5. Der Berater

Der Berater stellt einen Sonderfall dar; denn kennzeichnend für diesen Typ ist ein großes Volumen an klassischer, nicht softwarebezogener Beratung. Ursprünglich war dieser Teil möglicherweise das Stammgeschäft. Zahlreiche ehemalige Beratungsgesellschaften erzielen inzwischen jedoch den größten Teil ihres Umsatzes mit Software im weitesten Sinne, so daß sie inzwischen zum Kreis der Softwareunternehmen hinzugezählt werden müssen. Unternehmen des Typs Berater ähneln dem Dienstleister in zahlreichen Merkmalen. Ne-

12 Zur Unterstützung des eigenen Vertriebs und Services treten insbesondere Unternehmen des Typs Dienstleister, aber auch Berater und Branchen-Spezialisten, auf.

ben der Realisierung individueller Kundenprojekte liegt die zentrale Kompetenz der Unternehmen dieses Typs in den Leistungsarten vor und nach der eigentlichen Realisierung: Die Beratung und Schulung sind wichtige Geschäftsfelder der Unternehmen des Typs Berater. Ähnlich wie bei dem Dienstleister entwickelt der Berater wenig eigene Standardsoftware, unterstützt jedoch intensiv die Standardsoftware verschiedener Anbieter im Verlauf des gesamten Lebenszyklusses. Häufig setzt der Berater Schwerpunkte, indem er einerseits zielbranchenorientiert arbeitet (vertikal) oder andererseits an Querschnittsfunktionen ausgerichtet (horizontal) ist.

Das Umfeld der Berater ähnelt insgesamt dem des Dienstleisters. Die Überschneidungen der Abnehmer von klassischer und DV-bezogener Beratung schafft jedoch besondere vertriebliche Synergien, so daß die marktliche Unsicherheit hier niedriger einzustufen ist.

Zusammenfassend lassen sich wesentliche Unterschiede in den Umfeldern der vorgestellten fünf Segmente anhand der formalen Merkmale gegenüberstellen:

- Der *Software-Spezialist* ist als Pionier besonders von der branchentypischen Dynamik und Unsicherheit betroffen.
- Im Vergleich zu anderen Branchensegmenten weist das Umfeld des *Branchen-Spezialisten* untypische Merkmalsausprägungen auf: Er reduziert die Heterogenität und Komplexität durch Beschränkung des Abnehmer- und Anwendungsbereichs erheblich und bewältigt die Dynamik, indem er gezielt Innovationen am Markt aufgreift und anpaßt.
- Der *Dienstleister* deckt mit der Breite seines Leistungsangebots die gesamte Heterogenität und Komplexität der Branche ab. Gleichzeitig reduziert er durch diese Diversifikation jedoch auch seine Unsicherheit beträchtlich.
- Der *Spezialist für Querschnittsfunktionen* sieht sich in der Realisierung und Unterstützung seines Leistungsangebots einer Vielfalt von veränderlichen und wechselseitig abhängigen Faktoren ausgesetzt. Wesentlicher Umfeldfaktor ist jedoch die marktliche Unsicherheit, die bei standardisierten Produkten höher ist als bei Individualsoftware.
- Der *Berater* sieht sich – je nach der Wahl seiner Schwerpunkte – mit unterschiedlich ausgeprägten Umfeldern konfrontiert. Typischerweise findet er jedoch eine hohe Heterogenität und Dynamik vor, da innovative und qualitativ hochwertige Leistungen vorausgesetzt werden.

B. Gestaltung der Unternehmensstrategie in den Branchensegmenten

Unter Berücksichtigung der voranstehenden Branchensegmentierung werden im folgenden die übergeordneten, branchenbezogenen Ergebnisse zur Gestaltung strategischer Variablen im Einklang mit den jeweiligen Umfeldbeschreibungen der Segmente verfeinert.[13] Das Vorgehen orientiert sich dabei an zentralen Dimensionen der Wettbewerbsstrategie und bringt diese mit den Branchensegmenten bzw. den maßgeblichen Segmentierungskriterien in Verbindung.[14] Da die Branchensegmente nicht mit strategischen Gruppen identisch sind, ist eine eindeutige Zuweisung oder Beschreibung anhand von Strategievariablen nicht unmittelbar möglich.[15] Vielmehr sind zahlreiche Überschneidungen bezüglich der Merkmalsausprägungen zu erwarten, so daß die Unterscheidung auf der Segmentebene nur teilweise erfolgen kann und daher häufig die Segmentierungskriterien herangezogen werden.[16]

Ausgangspunkt der Überlegungen sind die Ergebnisse aus dem vorangegangenen Kapitel V. Auf der Ebene der gesamten Softwarebranche wurden dort entsprechend der Umfeldbeschreibung Strategietypen identifiziert, die sich durch Differenzierung oder ein ausgeprägt unternehmerisches Verhaltensmuster auszeichnen.[17] Dieses Ergebnis deckt sich mit den Arbeiten Millers, der für das typische Umfeld der Softwarebranche einen Strategietyp beschreibt, der sich durch innovative Differenzierung auszeichnet.[18] Demnach kommt den Möglichkeiten einer technologischen oder marktbezogenen Differenzierung des Leistungsangebots und einem proaktiven, innovationsfreudigen Unternehmensverhalten eine gewisse Bedeutung in allen Unternehmen der Branche zu.[19] Die Unterscheidungen zwischen den Branchensegmenten implizieren jedoch zum Teil eine unterschiedliche Bedeutung dieser Möglichkeiten, so daß die Gestaltung der strategischen Variablen segmentspezifische Eigenheiten aufweisen kann.

---

13 Das Konzept der strategischen Gruppen setzt im Rahmen des Struktur-Verhalten-Ergebnis-Konzeptes auf den branchenbezogenen Ergebnissen der Ableitungen zu Strategie und Struktur auf und ermöglicht Ableitungen bezüglich der segmentbezogenen Komplexe Umfeld, Strategie und Struktur. Vgl. zur integrierten Untersuchungskonzeption insbesondere Abbildung 2-6.

14 Zur Erläuterung der Strukturierungskriterien Informationstechnologie, Standardisierungsgrad und Leistungsart vgl. Kapitel III, Abschnitt B und zur Segmentierung der Branche vgl. Kapitel VI, Abschnitt A.

15 Vgl. hierzu Kapitel I, Abschnitt C, Punkt 1)b).

16 Aufgrund der eingeschränkten Trennschärfe wurde daher auch von einer Vorgehensweise abgesehen, die sich an den Branchensegmenten orientiert.

17 Vgl. Kapitel V, Abschnitt A und B.

18 Vgl. Miller (1986), S. 242.

19 Vgl. zu dieser Art der Unterscheidung von Differenzierung z.B. Miller (1986), S. 238 f.

Bevor in den folgenden Abschnitten auf die strategischen Variablen der **Differenzierung** und der **Fokussierung** eingegangen wird, sollen hier – weitgehend unabhängig von den Branchensegmenten – die Merkmale der **Kostenführerschaft** gewürdigt werden. Obwohl die Kostenführerschaft im Vergleich zu den anderen Strategietypen als ungeeignet eingestuft wurde, muß die zunehmende Bedeutung der *Kostenposition* in den Softwareunternehmen anerkannt werden.[20] Durch die Notwendigkeit der langfristigen Planung der Kostenposition kommt auch der Beachtung einzelner Gestaltungsvariablen der Strategie der Kostenführerschaft eine Relevanz zu. Die gleichzeitige Verfolgung einzelner Variablen der Differenzierung und der Kostenführerschaft steht dabei nicht im Widerspruch.[21]

Aus der Liste der grundsätzlich erforderlichen Verhaltensweisen und Fähigkeiten zur Verfolgung einer Kostenführerschaft lassen sich zwei Möglichkeiten zur Realisierung von langfristigen Kostenvorteilen in der Softwareentwicklung als zentralem Bestandteil der unternehmerischen Tätigkeit herausheben:[22]

- Verfahrensinnovationen und -verbesserungen (Werkzeuge)
- Nutzung von Betriebsgrößenersparnissen und Erfahrungsökonomien (Wiederverwendbarkeit)

Der Einsatz computergestützer Werkzeuge verändert die **Verfahrensweise** in der Entwicklung und Pflege von Software derzeit grundlegend.[23] Die umfangreiche Liste von Werkzeugen zwischen einfachen Programmierhilfen und komplexen, wissensbasierten Systemen deutet zahlreiche Ansätze zur Verbesserung des Produktionsprozesses aus wirtschaftlichen Gesichtspunkten an. Von besonderer Relevanz für die Kostenposition ist die Erhöhung der *Qualität* und die Steigerung der *Geschwindigkeit* der Prozesse durch die Anwendung von Werkzeugen.

---

20 Die Kostenplanung erweist sich dabei als komplexes Problem, das nur unter Inkaufnahme erheblicher Unsicherheiten gelöst werden kann. Zu umfassenden Werken zur Kalkulation von Softwareprojekten vgl. z.B. Riedl/Wirth/Kretschmer (1985); Berkhoff/Blumenthal (1983); Otto (1983); Herrmann (1983); Gewald/Schelle (1981).

21 Vgl. z.B. Miller/Friesen (1986a) und (1986b).

22 Vgl. zu den Verhaltensweisen z.B. Hinterhuber (1982), S. 101 f.; Porter (1980), S. 69, oder die Erläuterungen unter Kapitel V, Abschnitt B, Punkt 2)a).

23 Vgl. hierzu ausführlich Abschnitt C und dort insbesondere Punkt 2)a).

Grundsätzlich lassen sich alle Aspekte der **Qualität** durch den Einsatz entsprechender Entwicklungswerkzeuge zur Software steigern.[24] Die Reduktion von Fehlern durch integrierte Testmöglichkeiten und automatische Konsistenzprüfungen erhöht die Stabilität von Software unmittelbar. Auch die Früherkennung von Fehlern ist von großem Interesse, da die Behebung im frühen Stadium der Entwicklung wesentlich weniger Aufwand verursacht als in der Schlußphase. Neben der Stabilität im Sinne der Fehlerlosigkeit kann die Qualität durch den Einsatz von Entwicklungswerkzeugen auch durch eine zielgerichtete Entwicklung gesteigert werden, indem ausgereifte Methoden der Modellierung und Dokumentation bzw. der Ergebnispräsentation in allen Phasen einen Überblick über Stand und Verlauf der Entwicklung geben können. Damit kann sichergestellt werden, daß Anforderungen richtig erkannt und umgesetzt werden.

Durch die fehlerarme und zielgerichtete Vorgehensweise ist bereits ein wesentlicher Aspekt des zweiten Ansatzpunkts der Verfahrensinnovation, nämlich die **Geschwindigkeit**, implizit angesprochen. Auch wenn Änderungen in den Anforderungsbeschreibungen oder die mangelhafte, zuweilen unrealistische Zeitplanung die häufigste Ursache für die zahlreichen Terminüberschreitungen von Softwareprojekten darstellen,[25] besteht in der Praxis ein starker Drang, an den Symptomen anzusetzen, d.h. die Entwicklungszeit durch die Beschleunigung der Prozesse zu verkürzen.[26] Die Automatisierung im Rahmen der Softwareentwicklung setzt dabei sowohl in der Freisetzung von Mitarbeiterkapazitäten als auch in der schnelleren Abarbeitung standardisierbarer Entwicklungsaufgaben an. Im Spektrum der Werkzeuge finden sich daher Ansätze zur Unterstützung von Prozessen durch

- die Erhöhung der Flexibilität in der Modellierung,
- die automatische Generierung von Code, Masken und Dokumentationen oder
- die implizite Durchführung von Tests und Konsistenzprüfungen.[27]

Neben den beschriebenen Verfahrensverbesserungen führt auch die Nutzung von **Betriebsgrößenersparnissen** zu langfristigen Kostenvorteilen. Während die *externe Standardisierung*, d.h. die Herstellung von mehrfach absetzbaren Software*produkten*,

---

24 Vgl. z.B. Kaminski (1990), S. 4; Sneed (1986), S. 28 ff., und allgemein zur Qualitätssicherung in der Softwareentwicklung Moericke (1991), S. 16 ff.

25 Vgl. z.B. Schwald (1988), S. 72.

26 Vgl. z.B. Fähnrich (1990), S. 16.

27 Vgl. zu Klassifizierungen von Softwareentwicklungswerkzeugen z.B. Hildebrand (1991), S. 14, insbesondere Bild 3; Ruf (1988), S. 14 ff.; Schulz (1986), S. 193 ff.

nur bedingt von der Größe des Softwareunternehmens abhängig ist,[28] können erhebliche Kostenvorteile durch die Wiederverwendung von Bestandteilen oder Erfahrungen bezüglich Software, d.h. durch eine *interne Standardisierung*, erzielt werden.[29] Die Integration bekannter, weitgehend unabhängiger Funktionen oder ganzer Moduln und die Verfügbarkeit von Erfahrungswerten können erhebliche Synergien in den Entwicklungsprozessen bewirken. Insbesondere die Unternehmenstypen Spezialist für Querschnittsfunktionen und Branchen-Spezialist verfügen dabei über eine Basissoftware, die für bestimmte Anwendungen bzw. Anwendergruppen mit verhältnismäßig geringem Aufwand angepaßt werden kann. Demgegenüber bauen die Software-Spezialisten und die Dienstleister typischerweise auf neutraler Basis auf und verfügen dabei bei entsprechend größerem Aufwand über eine höhere Flexibilität.[30]

Neben der möglichen Wiederverwendbarkeit von Komponenten verfügen insbesondere große Softwareunternehmen über umfangreiche Projekterfahrungen und können durch einen Erfahrungsaustausch Synergieeffekte erzielen. Die Konzentration der Erfahrungen in Fachbereichen bestimmt dabei das Bild, wobei diese Grenzen bezüglich des praktischen Know-how-Austauschs unterschiedlich streng gezogen werden.[31] Typischerweise unterstützen z.B. Berater und Dienstleister den Erfahrungsaustausch über die Grenzen organisatorischer Einheiten hinweg,[32] wohingegen die anderen Unternehmenstypen tendenziell bemüht sind, die Wissens- und Erfahrungsbasis innerhalb gezielter Fachbereiche zu entwickeln.

---

28 Auch kleine Unternehmen können technisch sehr erfolgreiche Softwareprodukte entwickeln, da das erforderliche Investitionsvolumen nicht notwendigerweise ihr Budget übersteigt. Erhebliche Synergieeffekte bringt die Unternehmensgröße jedoch für den Vertrieb. Erst in den vergangenen Jahren zeigten sich mit der stärkeren Marktorientierung Ansätze für neue Distributionswege (vgl. z.B. Kapitel IV, Abschnitt C, Punkt 1)c)).

29 Vgl. zum "Lernprozeß" in der Softwareentwicklung z.B. Abdel-Hamid/Madnick (1990) und allgemein zur Wiederverwendbarkeit durch Standardisierung Kapitel III, Abschnitt B, Punkt 3)c).

30 Die neutrale und die spezifische Basissoftware unterscheiden sich als Ausgangspunkt grundlegend: Während einerseits neutrale Komponenten durch individuelle Programmierung gestaltet und zusammengefügt werden, geht die spezifische Basissoftware zum Teil schon von fertigen Lösungen aus, die über parametrische Konfigurationen angepaßt werden müssen (vgl. Kapitel III, Abschnitt C, Punkt 3).

31 Vgl. zur Gliederung von Organisationseinheiten Abschnitt C, Punkt 1.

32 So wurde z.B. das institutionalisierte "Projekt-Paten-Konzept" wurde herausgestellt, in dem besonders qualifizierte Mitarbeiter als begleitende Revisoren bestimmten Projekten zugeordnet werden, um dort ohne Entscheidungs- und Weisungskompetenz ihre Erfahrungen einzubringen.

1. Innovative Differenzierung

Die innovative Differenzierung verfolgt das Ziel der Einzigartigkeit wesentlicher Teile des eigenen Leistungsangebots durch technologiebasierte Neuentwicklungen. Derartige Pionierleistungen bedeuten im heterogenen Produkt-/Leistungsspektrum der Softwarebranche entweder eine grundsätzliche Steigerung der Leistungsfähigkeit bisheriger Software oder die Schaffung tatsächlich neuer Möglichkeiten. In beiden Fällen sind häufig erhebliche technische Risiken zu bewältigen, da die technische Realisierbarkeit und die Akzeptanz am Markt großen Unsicherheiten unterliegt.

Die Möglichkeiten der **innovativen Differenzierung** für Softwareunternehmen lassen sich in zwei Arten unterscheiden:

- **Methoden- und Verfahrensbereich**

  Die Verwendung neuer Methoden und Hilfsmittel sowie die Integration hochwertiger Vorleistungen verändern den *Herstellungsprozeß* von Software.[33]

- **Produkt- und Leistungsbereich**

  Eine Differenzierung von *Produkten* und *Leistungen* kann entweder aus der Sicht der Softwaretechnik oder der Anwendungstechnik erfolgen.[34]

Die beiden Möglichkeiten korrespondieren mit der Unterscheidung von Software innerhalb der Informationstechnologieebene. Methoden oder Verfahren konkretisieren sich häufig in Form von systemnaher Software, indem sie als Bestandteil (z.B. Datenbanken) oder bezüglich der Herstellung (z.B. Werkzeuge) softwarebezogene Produkte oder Leistungen beeinflussen. Aus Sicht der Betreiber von DV-Systemen sind die Methoden und Verfahren sekundär, d.h., entscheidend ist die verbesserte oder neue Anwendersoftware selbst.

---

33 Beispielhaft können hier die Realisierung der technischen Unterstützung von Entwicklungskonzepten wie AD/Cycle (vgl. z.B. Andexer (1991); Merlyn/Boone (1990); Rösch (1991) zur Umsetzung von AD/Cycle) oder die steigende Bedeutung offener Datenbanken in der Entwicklung von Anwendungssoftware (vgl. z.B. UBM (1989) wo einheitliche Datenbanken auf verschiedenen Systemen als Grundlage für die Anwendungssoftware dargestellt sind) genannt werden.

34 Beispielhaft kann hier die Erschließung neuer Möglichkeiten durch den Einsatz von Expertensystemen (vgl. z.B. Mertens/Borokowski/Geis (1990) zu einer Aufzählung von Anwendungsmöglichkeiten) genannt werden.

a) Systemnahe Software in der innovativen Differenzierung

Ein erheblicher Teil der softwaretechnischen Innovationen findet auf der Ebene der systemnahen Software statt. Durch deren Auswirkungen auf das gesamte Leistungsangebot ist die Dynamik und die Unsicherheit der Softwarebranche mittelbar geprägt. Da die systemnahe Software einen wesentlichen Teil des Leistungsspektrums des Unternehmenstyps Software-Spezialist ausmacht, gilt für diesen Typ zweierlei: Er ist sowohl unweigerlich mit der hohen Dynamik und Unsicherheit konfrontiert als er diese auch selbst in besonderem Maße beeinflussen kann. Der konsequente Ausbau softwaretechnischer Kompetenz – mithin das Verfolgen einer Technologieführerschaft – erscheint für Unternehmen dieses Typs ein möglicher Weg der innovativen Differenzierung.

Besondere Synergien entstehen durch die Kombination innovativer systemnaher Softwareprodukte und der individuellen Anwendersoftware: Ohne ihr Branchensegment zu verlassen, kombinieren erfolgreiche Anbieter in zunehmendem Maße ihr Produktspektrum von Datenbanken oder Entwicklungswerkzeugen mit individueller Anwendersoftware, die direkt mit den genannten Software*produkten* in Verbindung steht.

b) Anwendersoftware in der innovativen Differenzierung

Für die Unternehmenstypen Dienstleister und Berater, deren unternehmerischer Schwerpunkt auf der Erstellung individueller Anwendersoftware und der durchgehenden Unterstützung fremder Standardsoftware liegt, zeigt die Verfolgung der innovativen Differenzierung ein abgeschwächtes Bild. Die Unterstützung fremder Standardsoftware unterschiedlicher Ebenen impliziert automatisch einen reaktiven Charakter des Leistungsangebots. Gleichzeitig wird jedoch seitens der Abnehmer eine hohe Aktualität in der angewendeten Softwaretechnologie vorausgesetzt, so daß angesichts der gegebenen Heterogenität und Dynamik auch hier ein Spielraum für eine eingeschränkte innovative Differenzierung gegeben ist. Obwohl der Dienstleister und der Berater demnach zahlreiche Produktinnovationen anderer Anbieter "transportieren", ist zu beobachten, daß diese beiden Typen verstärkt eigene Entwicklungswerkzeuge anbieten und selbst einsetzen, um einerseits ein neues Marktsegment zu betreten und andererseits von der Kombination mit der angestammten individuellen Anwendersoftware zu profitieren.

Die durch einen hohen Standardisierungsgrad gekennzeichneten Produkte der Unternehmenstypen Spezialist für Querschnittsfunktionen und Branchenspezialist konzentrieren sich in der Regel auf die Anwendersoftware. Die Entwicklung neuer Produkte basiert allerdings im wesentlichen auf der Umsetzung anwendungsbezogener Funktionen (horizontale Software) bzw. auf branchenbezogenen Aufgabenstellungen (vertikale Software) und nicht primär auf die Weiterentwicklung der verwendeten Softwaretechnologie. Die geforderte Aktualität der verwendeten Technologie, die tendenziell eine vielschichtige qualitative Steigerung der Software ermöglicht, führt jedoch dazu, daß auch diese Unternehmenstypen sich technologisch laufend weiterentwickeln müssen. Wie im folgenden Punkt gezeigt wird, kommt bei denjenigen Unternehmen, die sich primär auf standardisierte Anwendersoftware konzentrieren, der marktbezogenen Differenzierung im Vergleich zur innovativen Differenzierung insgesamt eine höhere Bedeutung zu.

2. Marktbasierte Differenzierung

Die marktbasierte Differenzierung erfolgt durch die besondere Berücksichtigung der Abnehmerbedürfnisse. Die fehlende Orientierung am Markt wird häufig als Ursache für die Schwäche in der Vermarktung von Software erkannt.[35] Den Bereichen Qualität, Service und Maßnahmen der Absatzförderung wird daher allgemein deutlich steigende Bedeutung in der Softwarebranche beigemessen, und sie bestimmen die Möglichkeiten der **marktbasierten Differenzierung** in der Softwarebranche:[36]

- Die **Produkt- und Programmgestaltung** umfaßt die Merkmale und Eigenschaften der Produkte und Leistungen sowie die Zusammenstellung des Leistungsspektrums im Sinne einer horizontalen, vertikalen oder lateralen Diversifikation.
- Die **Distribution** beinhaltet die Festlegung von Standortfragen und die Bestimmung von Absatzkanälen
- Die **Kommunikation** der Unternehmen umfaßt alle Maßnahmen der Werbung, der Verkaufsförderung und des Public Relations.

Für die Softwareunternehmen bedeutet dies entweder die Leistungsfähigkeit standardisierter Produkte oder den Prozeß der Entwicklung individueller Software stärker an gegebenen Anforderungen zu orientieren. Sowohl im Bezug auf gemeinschaftliche Entwicklungsarbeit als auch im Bereich der Distribution und der nachfolgenden Anwenderunterstützung kooperieren bereits heute zahlreiche Softwareunternehmen mit Wettbewerbern

---

35 Einer Marketingstudie von highTech zufolge wird in 11 High-Tech-Märkten der Marketingfehler "falsche Marktsegmentierung" in der Softwareentwicklung mit Abstand häufigsten begangen (vgl. z.B. Fuchs (1991), S. 51). Der gezielte Einsatz von Marketinginstrumenten kann jedoch vorhandene Informations- und Unsicherheitsprobleme reduzieren (vgl. hierzu z.B. Kaas (1990), S. 539 ff.).

36 Die Struktur orientiert sich dabei an der gebräuchlichen Gliederung von Marketingmaßnahmen (Vgl. z.B. Nieschlag/Dichtl/Hörschgen (1976)).

und Kunden gleichermaßen. Aufgrund der unterschiedlichen Möglichkeiten der Marktorientierung standardisierter und individueller Software werden diese Bereiche im folgenden getrennt betrachtet.

a) Standardisierte Software in der marktbezogenen Differenzierung

Unabhängig vom Grad der Standardisierung impliziert eine standardisierte Software einen Anspruch an die Wiederverwendbarkeit bestimmter Bestandteile.[37] Als Extremposition sind Vergleiche zu einer "handelbaren Ware" denkbar. Besonders die Spezialisten für Querschnittsfunktionen und die Branchenspezialisten sind mit ihrem Schwerpunkt der funktions- bzw. der anwenderbezogenen Standardanwendersoftware dem allgemeinen Trend in der Branche voraus. Beide Typen verfolgen in allen Lebensphasen der Software eine starke Orientierung an marktlichen Gegebenheiten.[38]

In der **Entwicklung** der Software greifen beide Typen häufig zu intensiven und langfristigen Kooperationen mit dem Ziel der gemeinschaftlichen Lösungsentwicklung. Während die Branchenspezialisten in der Regel mit Anwendern kooperieren, sind die Spezialisten für Querschnittsfunktionen in der Suche ihrer Partner nicht festgelegt. Beide Typen betonen jedoch den Unterschied zwischen einer individuellen Softwareerstellung und der gemeinschaftlichen Entwicklung von Standardsoftware.[39]

In der **Markteinführung** wird häufig auf Pilot-Anwender zurückgegriffen, um höchstmögliche Qualität der Produkte zu sichern. Auch dadurch ist jedoch nicht immer zu vermeiden, daß Produkte erst durch Verbesserungen, resultierend aus praktischen Erfahrungen, als einwandfrei bezeichnet werden können und dann in neuen Versionen angeboten werden. Besonders in der Markteinführung wird die Qualifikation des Vertriebspersonals als wesentlicher Erfolgsfaktor eingestuft. Erfolgreiche Produktpräsentationen und Referenzanwender sind während der Einführungsphase komplexer Softwareprodukte unverzichtbar und deren positive Erfahrungen tragen maßgeblich dazu bei, ob sich eine Software am Markt durchsetzen kann.

Ein großer Teil der Leistungen im Rahmen der **Unterstützung** der Standardsoftware wird von dem ursprünglichen Entwickler auf andere Softwareunternehmen übertragen.

---

37 Vgl. Kapitel III, Abschnitt B, Punkt 3 zu den Formen der Wiederverwendung.

38 Vgl. z.B. Salzman/Rosenthal (1989), S.14, die den Konflikt zwischen den Funktionen Marketing und Entwicklung über eine Vision der "salability" in einer frühen Phase angehen wollen.

39 Dabei gleichen sich die angewandten Verfahren und Methoden jedoch, d.h. aus softwaretechnischer Sicht sehen die Unternehmen keinen Unterschied zwischen Individual- und Standardsoftware (vgl. auch Abschnitt C, Punkt 2 in diesem Kapitel).

Insbesondere der Dienstleister und der Berater vertreiben und unterstützen standardisierte Produkte fremder Anbieter. Mit der Aufnahme erfolgreicher Fremdprodukte in ihr Leistungsprogramm ergibt sich durch Leistungen wie Installation oder Schulung ein lukratives Feld für diese Unternehmen. Ein Leistungsfeld von wachsender Bedeutung ist auch die problematische Wartung alter Systeme,[40] für die Anpassungen oder Weiterentwicklungen nur mit großem Aufwand möglich sind. Diese Leistung entspricht vor allem dem Charakter des Dienstleisters, der durch langjährige Zusammenarbeit mit seinen Kunden hierfür prädestiniert ist und dadurch in manchen Fällen fast unersetzbar wird.

Während sich die Unternehmenstypen Berater und Dienstleister in der Einführung und Unterstützung fremder Standardsoftware tendenziell eher an der Nachfrage des Marktes orientieren – und dabei primär Anwendersoftware in ihr Produktprogramm aufnehmen –, ergänzen die Softwarespezialisten ihr Leistungsspektrum gezielt um innovative, häufig systemnahe Produkte, die ihrem Charakter der Technologieführerschaft eher entsprechen. Die Konformität dieser Produkte mit dem positiven Image eines Technologieführers erklärt auch die Aggressivität und die intensive Selbstdarstellung der Softwarespezialisten am Markt.

Auch in sensiblen und anspruchsvollen Anwendungsbereichen sind zahlreiche Anbieter vorhanden, so daß eine hohe Kompetenz in der Softwarequalität insgesamt als eine notwendige Voraussetzung eingestuft werden muß. Sie allein genügt jedoch nicht für eine Differenzierung. Sämtliche Anbieter von Standardsoftware passen sich durchweg dem geforderten hohen Qualitätsniveau an, so daß die Differenzierung über einen niedrigeren Qualitätsstandard nur in Ausnahmefällen stattfindet.[41]

b) Individuelle Software in der marktbezogenen Differenzierung

Der Dientsleistungscharakter individueller Software (Softwareprojekte) steht mit seinen marktlichen Konsequenzen teilweise im Gegensatz zur Standardsoftware. In allen Ausprägungen der Beschreibungskriterien Informationstechnologie und Leistungsart beinhaltet die individuelle Software per Definition einen gewissen Grad an kundenbezogener Einzigartigkeit.[42] Seitens dieser Einzigartigkeit bieten sich nur geringe Möglichkeiten der

---

40 Vgl. z.B. Lehner (1989), S. 160, der verschiedene Studien zur Verteilung des Wartungsaufwands zusammenfaßt.

41 Lediglich in kleinen Nischen (z.B. quasi-standardisierte Lösungen im Bereich privater Kleinrechner) bestehen Möglichkeiten der "Negativ-Differenzierung" durch günstige Angebote mit niedrigerem qualitativen Niveau.

42 Vgl. zu den Beschreibungskriterien Kapitel III, Abschnitt B und insbesondere Abbildung 3-6.

Differenzierung für die Anbieter, da Anforderungen und Rahmenbedingungen in hohem Maße kundenspezifisch und fallbezogen sind. Bezüglich der Leistungserstellung selbst besteht jedoch die Möglichkeit einer Differenzierung, indem z.B. ein hohes Maß an Flexibilität in allen Entwicklungsphasen angeboten wird.[43]

Vor allem in der Kombination von Leistungen eröffnet sich die Möglichkeit der Differenzierung. Die Dienstleister und die Berater, deren Kernleistungen die Entwicklung individueller Anwendungssoftware ist, betonen daher die Leistungsarten der Anwendungsunterstützung bzw. der Anwenderberatung. Insbesondere das breite Leistungsspektrum des Dienstleisters bietet den Kunden hochwertige individuelle Unterstützung in allen Phasen. Die Flexibilität dieses Anbieters ist in allen Leistungsbereichen offen für gemeinschaftliche Arbeit mit unterschiedlichen Gewichtungen in Projektteams. Große Erfahrungen in der langfristigen Betreuung laufender Anwendungen bieten dem Dienstleister auch gute Voraussetzungen für den Zukunftsmarkt des Outsourcing.

Im Vergleich zur Standardsoftware erfordert die Akquisition von Softwareprojekten besondere Qualifikationen des Vertriebs, da nur indirekt vergleichbare Referenzlösungen herangezogen werden können. Jeder Unternehmenstyp setzt dabei seine spezifische Stärken ein. Der Berater initiiert Projekte – häufig auch Folgeprojekte – durch erwiesene Kompetenz in vorgelagerten Aktivitäten einer Anwenderberatung. Der Dienstleister profitiert von langfristigen Kundenprojekten und der Präsenz in den späten Lebensphasen von Anwendungen, die häufig Anknüpfungspunkte für Neuentwicklungen, zumindest aber für Wartungen und Weiterentwicklungen, darstellen. Der Softwarespezialist realisiert schließlich Softwareprojekte häufig in Verbindung mit seiner eigenen standardisierten systemnahen Software oder unterstützt zumindest deren Einsatz.

3. Fokussierung

Die Strategie der Fokussierung wurde bereits in Kapitel V kritisch beurteilt.[44] Zwei anschauliche Gründe sprechen gegen eine Konzentration in der Form einer konsequenten Ausgrenzung bestimmter Bereiche der Software:

---

43 So kann z.B. insbesondere bei den Dienstleistern der Beitrag zu einer Softwareentwicklung in einer Bandbreite schwanken: Einerseits werden einzelne Mitarbeiter zu Projekten abgestellt und andererseits kann ein Projekt ohne maßgebliche Kundenbeteiligung durchgeführt werden (vgl. Abschnitt C, Punkt 1)b) in diesem Kapitel).

44 Sowohl in der Form der Fokusstrategie (Typologie der Wettbewerbsstrategien nach Porter) als auch in der Strategie des Analyzers (Typologie der Adaptationsstrategien nach Miles/Snow) konnten zahlreiche positive und negative Argumente für die Fokussierung der Softwareunternehmen gefunden werden.

- Über die verschiedenen Ausprägungen der Unterscheidungskriterien Informationstechnologie, Standardisierungsgrad und Leistungsart bestehen starke Verbindungen zwischen einzelnen Produkten und Leistungen, so daß der Ausschluß ganzer Bereiche nicht sinnvoll erscheint.

- Die Konzentration auf ausgewählte Produkte und Leistungen kann sich als gefährliche Strategie erweisen, da diskontinuierliche Entwicklungen in der Software zur Substitution ganzer Bereiche führen können.

Für die Fokussierung sprechen jedoch die vom Markt geforderte hohe Qualität und Aktualität der verwendeten Technologie, die derart hohe Aufwendungen erfordert, daß eine diesbezügliche Führungsposition in allen Bereichen der heterogenen Software nicht erreicht werden kann. Die Verfolgung gewählter Schwerpunkte innerhalb des Produkt-/Leistungsspektrums ermöglicht den Unternehmen daher ein flexibles Maß an Spezialisierung in ihrer unternehmerischen Tätigkeit. Tatsächlich definieren viele Unternehmen bewußte Schwerpunkte in Kombinationen einzelner Teilleistungen. Eine Ausnahme in der Bildung von Schwerpunkten stellen die Dienstleister dar. In gewisser Weise entspricht jedoch auch deren fehlende Spezialisierung einem Schwerpunkt; denn der Dienstleister stellt sich als kompetenter Partner in allen wesentlichen Bereichen der Software dar, indem er erforderlichenfalls fehlendes Know-how aufbaut.

Wie oben bereits angedeutet, kombinieren viele Unternehmen bewußt zusammenhängende, begrenzte Leistungsbereiche, um in der Verbindung Synergieeffekte zu erzielen.[45] Hinter vielen Kombinationen verbirgt sich der Lösungsgedanke, der verschiedenartige Leistungen in einem ganzheitlichen Ansatz verbindet. Aus dem in Kapitel III dargestellten marktbezogenen Leistungsspektrum sind folgende Leistungskombinationen von besonderer Bedeutung:[46]

- Eigene **systemnahe Software** (z.B. Datenbanken oder Entwicklungswerkzeuge) fließt in Entwicklungsprojekte der **individuellen Anwendersoftware** ein.

- **Beratungskompetenz** wird gezielt aufgebaut, um Kundennähe und Vertriebseffekte für die **softwaretechnische Realisierung** (Individual- und Standardsoftware) zu erzielen.

---

45 Vgl. zur Fokusstrategie Kapitel V, Abschnitt B, Punkt 2)a) und 2)b).

46 Vgl. Kapitel III, Abschnitt B und C und insbesondere Abbildung 3-6 sowie die Darstellung des Leistungsspektrums der Softwareunternehmen in Abbildung 4-10.

- Das Angebot von **Standardsoftware** (eigen- oder fremderstellt) schließt tendenziell weitreichende anwendungsbezogene **Unterstützungsleistungen** (z.B. Wartung oder Schulung) ein.

- Ein **breites Leistungsspektrum** unterstützt das Angebot umfangreicher, nicht anwendungsbezogener **Betriebsunterstützung** (z.B. Facility Management).

4. Zusammenfassendes Fazit zu Differenzierung und Fokus

Die bereits in Kapitel V angedeuteten Möglichkeiten zur Erlangung von Wettbewerbsvorteilen aufgrund von Differenzierung und – unter bestimmten Voraussetzungen – auch durch die Fokussierung konnten auf der Ebene der Branchensegmente grundsätzlich bestätigt werden. Allerdings müssen bezüglich beider Basisstrategien Einschränkungen gemacht werden:

- Eine Differenzierung des Leistungsspektrums ist bereits deswegen erforderlich, da in der Regel individuelle Kundenbedürfnisse oder Problemstellungen das Leistungsangebot bestimmen, und darüber hinaus ist

- eine Fokussierung unumgänglich, da angesichts der Heterogenität softwarebezogener Produkte und Leistungen das Verfolgen von Schwerpunkten allein aus Gründen der begrenzten Ressourcen angezeigt ist.

Beide Strategietypen sind in gewisser Weise also notwendig für den unternehmerischen Bestand. Sie beinhalten darüber hinaus jedoch auch die Möglichkeit eines entscheidenden Wettbewerbsvorteils: Sowohl differenzierte Einzelleistungen als auch Schwerpunkte können in Kombinationen auftreten, die erhebliche Synergieeffekte mit sich bringen. Grundlegender Gedanke dieser *strategischen Leistungskombinationen* sind die Netzeffekte zwischen verschiedenartigen softwarebezogenen Produkten und Leistungen.[47] Zwischen einzelnen Marktsegmenten liegen zum Teil intensive Wechselwirkungen, die vorteilhaft von den jeweiligen Unternehmenstypen ausgenutzt werden können, ohne daß diese ihr Branchensegment und somit das Feld ihrer Kernleistungen verlassen müssen.[48]

---

47 Vgl. zu den Netzeffekten in der Softwarebranche Kapitel IV, Abschnitt A, Punkt 4, wo die "Hebelwirkungen" zwischen Software und branchenfremden Leistungen (z.B. Hardware oder Beratung) genannt sind.

48 Mit der Umschichtung der Schwerpunkte im Leistungsangebot ist prinzipiell eine Verlagerung bezüglich der Branchensegmente möglich. Es handelt sich hierbei jedoch nicht nur um das Eintreten bzw. das Verlassen von *Markt*segmenten. Die Verlagerung eines Unternehmens von einem Branchensegment zum anderen ist gleichbedeutend mit der Veränderung des relevanten Umfelds, das durch die Merkmale des neuen Leistungsangebots bestimmt ist.

Von der Hebelwirkung der systemnahen Software profitiert vor allem der Software-Spezialist. Er erhält sein Kompetenzzentrum in diesem Bereich und bietet darüber hinaus individuelle Anwendersoftware an, um Kontakt zum Markt zu halten und aktuelle Anwenderbedürfnisse zu erkennen. Auf einer engeren Know-how-Basis können jedoch auch andere Unternehmenstypen von einem Vertriebseffekt ausgehend von der systemnahen Software profitieren. Dies sind häufig Dienstleister oder Berater, die ein ausgeprägtes Angebot an individueller Anwendersoftware aufweisen.

Eine ähnliche Bedeutung hat die Hebelwirkung innerhalb unterschiedlicher Anwendersoftware. Spezialisten für Querschnittsfunktionen konzentrieren sich primär auf bestimmte funktionsorientierte Anwendungsgebiete und erschließen von diesen aus weitere Bereiche. Die erfolgreichen Anbieter von Standardsoftware entwickeln ihr Angebot langfristig als evolutionäres Konzept, deren Bestandteile sowohl selbständige Einheiten darstellen als auch systematisch zusammengesetzt und erweitert werden können. Analog hierzu breitet sich der Branchen-Spezialist auf nicht primär branchenspezifische Anwendungen aus, verzichtet jedoch ebenso nicht auf sein Kompetenzzentrum

C. Gestaltung der Organisationsstruktur in den Branchensegmenten

Entsprechend der integrierten Untersuchungskonzeption knüpft die Betrachtung der Organisationsstruktur auf der Ebene der Branchensegmente in zweifacher Hinsicht an bisherige Ergebnisse an:[49]

- Die Gestaltung strategischer Variablen in den einzelnen Branchensegmenten hat Auswirkungen auf die Organisationsstruktur (Kapitel VI, Abschnitt B).
- Die branchenspezifischen Ergebnisse zur Gestaltung der Organisationsstruktur lassen sich auf der Ebene von Segmenten verfeinern (Kapitel V, Abschnitt C).

Aus der Perspektive der gesamten Branche ergab sich eine Eignung des Strukturtyps *adhocracy* aus der Strukturtypologie Mintzbergs.[50] Der Strukturtyp *Professional Bureaucracy*, der Ähnlichkeiten mit der *adhocracy* aufweist, zeigt bereits eine geringere Eignung.[51] Wesentlicher Grund dafür ist die hohe planmäßige Unabhängigkeit kleiner autonomer Bereiche, zwischen denen nur sehr geringer Informationsaustausch stattfindet.

---

49 Vgl. zur integrierten Untersuchungskonzeption Kapitel II, Abschnitt C und dort insbesondere Abbildung 2-6).

50 Vgl. Mintzberg (1979), S. 431 und die Ableitungen aus Kapitel V, Abschnitt C.

51 Vgl. Kapitel V, Abschnitt C, Punkt 2 und 3.

Dieses Ergebnis steht im Einklang mit den Arbeiten Millers, der das Tripel Umfeld-Strategie-Struktur, das in seiner Ausprägung den Umfeld- und Strategiemerkmalen der Softwarebranche entspricht, durch einen "organischen" Strukturtyp vervollständigt, den er selbst mit der *adhocracy* vergleicht.[52] Im deutschsprachigen Schrifttum findet sich eine Beschreibung des Typs "Ad hoc-Kratie" z.B. bei Picot, der sich dabei an Mintzberg anlehnt:[53]

- **Aufgabenverteilung**: Kleine funktionsfähige Teams arbeiten auf problembezogener Basis zusammen. Anstelle spezialisierter Stellen wird eine Projektorientierung verfolgt.
- **Verteilung von Weisungsrechten**: Dem Teamcharakter innerhalb des Mehrliniensystems wird eine größere Bedeutung beigemessen als rigiden Kompetenz- und Weisungssystemen.
- **Verteilung von Entscheidungsrechten**: Die personenorientierte Koordination versucht weitgehende Selbststeuerung durch hohe Delegation und Partizipation.
- **Programmierung**: Die Standardisierungsmöglichkeiten von Abläufen und Leistungen sind gering, so daß eine indirekte Programmierung über standardisierte Fähigkeiten und Wertvorstellungen verfolgt wird.
- **Kommunikationssystem**: Als wichtiges Koordinationsinstrument innerhalb der selbstgesteuerten Gruppen dient die direkte und ungebunde Kommunikation.
- **Machtsystem**: Das Machtsystem ist gekennzeichnet durch die Identifikation der Mitarbeiter und nicht durch formale Legitimation oder durch Sanktionen.

Für das weitere Vorgehen in diesem Abschnitt werden die zur Beschreibung der Strukturtypen verwendeten Organisationsmerkmale vereinfachend unter *Spezialisierung* und *Koordination* zusammengefaßt. Diese beiden Dimensionen bezeichnet Welge als Hauptdimensionen der praxisrelevanten Strukturkonzeption, da alle weiteren Dimensionen aus ihnen abgeleitet werden können und da sie als komplementäre Begriffe im Sinne der Arbeitsteilung und der daraus resultierenden Notwendigkeit der Zusammenführung die Rahmenstruktur einer Organisation prägen.[54] Aufgrund der herausragenden Bedeutung der

---

52 Vgl. Miller (1986), S. 242.

53 Vgl. Picot (1990), S. 150 f. und insbesondere S. 154.

54 Vgl. Welge (1987), S. 395, S. 411 und S. 481. Somit können sowohl die sechs Organisationsmerkmale, die Picot zur Beschreibung seiner "Ad hoc-Kratie" benutzt, als auch die Terminologie,

Leistungen, die zum Herstellungsprozeß der Software im engeren Sinne gehören, wird der Softwareentwicklung besondere Beachtung geschenkt.[55]

1. Spezialisierung

Im Sinne der Bewerkstelligung einer unternehmensweiten Arbeitsteilung kann die Spezialisierung unter anderem auf der Ebene von Mitarbeitern oder auf der Ebene organisatorischer Einheiten betrachtet werden.[56] Auf der Ebene der Mitarbeiter kann z.B. zwischen Breite und Tiefe der Qualifikation unterschieden werden und auf der Ebene von Organisationseinheiten können verschiedene Gliederungskriterien angewandt werden. Der Aspekt der Mitarbeiterqualifikation hat jedoch unmittelbare Konsequenzen für die Strukturierung der organisatorischen Einheiten und wird daher innerhalb der Projektorganisation (projektorientierte Arbeitsverrichtung) behandelt, die nach der Betrachtung der Gliederungsprinzipien folgt.

a) Spezialisierung der Organisationsstruktur

In den untersuchten Softwareunternehmen zeigten sich verschiedene Gliederungskriterien auf den oberen Hierarchieebenen. In den Grundstrukturen findet sich sowohl die funktionale als auch die produktorientierte oder die räumliche Dimension. Auf der höchsten Ebene dominieren insbesondere produkt-/leistungsbezogene bzw. kundengruppenbezogene oder räumliche Kriterien, wie Abbildung 6-2 in exemplarischen Grundstrukturen zeigt. Darüber hinaus kennzeichnet sich die Spezialisierung in den Softwareunternehmen durch

- die hohe **Inkonsistenz der Gliederungskriterien** innerhalb einer hierarchischen Ebene,
- die weite Verbreitung von mehrdimensionalen Organisationsformen, insbesondere der **Matrixorganisation** in Verbindung mit **Projekten** oder auch der räumlichen Trennung und
- die hohe angestrebte **Selbständigkeit organisatorischer Einheiten**, die sich durch die Vielzahl von Profit-Centern oder rechtlich unabhängigen Einheiten zeigt.

---

die Mintzberg selbst benutzt, erfaßt werden (vgl. in diesem Abschnitt bzw. in Kapitel V, Abschnitt C).

55 Vgl. Abbildung 4-10 und 3-4 zur Darstellung der Leistungsarten in den Softwareunternehmen.

56 Vgl. z.B. Welge (1987), Abschnitt 2.1.1.

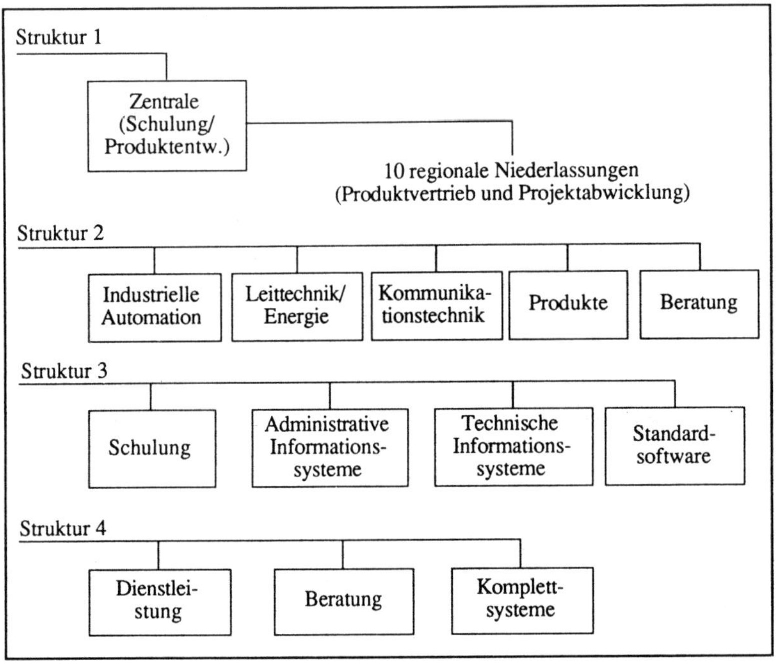

Abb. 6-2: Typische Organisationsstrukturen in Softwareunternehmen[57]

In der vorherrschenden Grundtendenz der Dezentralisierung durch die Erhöhung der Selbständigkeit und Unabhängigkeit organisatorischer Einheiten, bieten sich in der Softwarebranche zwei Alternativen der prinzipiellen Aufgabenorientierung an:[58]

- die **Verrichtungsorientierung** unterscheidet Leistungen neben den klassischen Funktionsbereichen anhand der Erstellung, so daß Softwareentwicklung, Produktbetreuung und -vertrieb sowie Service getrennt werden (interne Komponente)

- die **Objektorientierung** faßt Produktgruppen oder Anwendungs- bzw. Fachbereiche zusammen und realisiert dort jeweils die Grundfunktionen (externe Komponente)

---

57 Die vier Grundstrukturen sind authentische Beispiele aus den untersuchten Softwareunternehmen.

58 Vgl. zur klassischen Einteilung z.B. Picot (1990), S. 125, die hier den spezifischen Gegebenheiten der Branche angepaßt werden.

Abbildung 6-3 veranschaulicht das Grundproblem der Spezialisierung organisatorischer Einheiten. Beide Gliederungsprinzipien zeigen Vor- und Nachteile durch betriebliche Synergien bzw. Konflikte, so daß beide Prinzipien in der Praxis zu finden sind, und zwar häufig in hierarchischer Kombination miteinander.[59] Gliedert sich ein Softwareunternehmen in die in Abbildung 6-3 angedeuteten vier Geschäftsbereiche und ist in diesen gleichermaßen präsent, so impliziert dies zwei mögliche Konfliktbereiche: Ein **marktbezogener** Konflikt entsteht insofern, als innerhalb derselben Anwendungs-/ Fachbereiche konkurrierende Leistungen in Form von Individualsoftware und Standard-

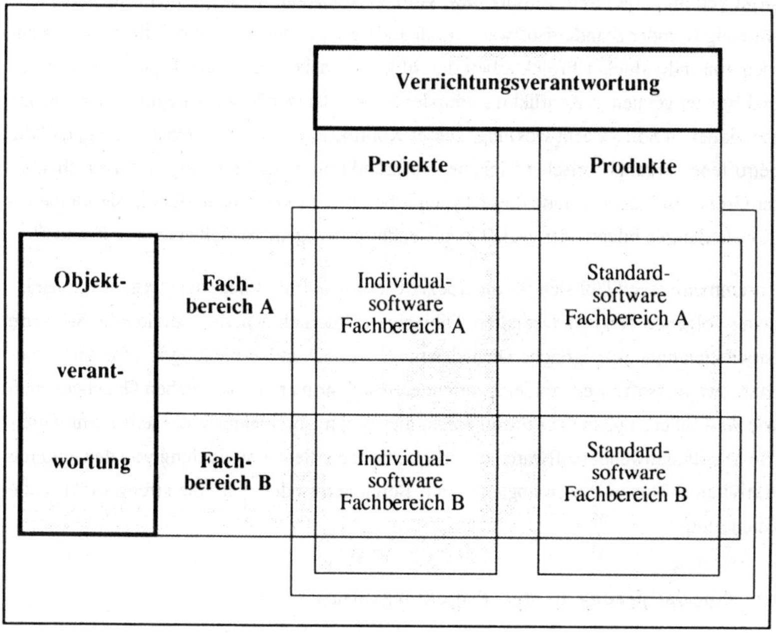

Abb. 6-3: Alternative Gliederungsprinzipien

software angeboten werden. Ein **unternehmensbezogener** Konflikt entsteht, da verschiedene Anwendungs-/Fachbereiche auf dieselben bzw. auf redundante Ressourcen zurückgreifen müssen.

---

59 Die Objektorientierung ermöglicht z.B. Synergieeffekte durch Erfahrungsaustausch zwischen Projekt- und Produktarbeit und durch die Konzentration von Fach- bzw. Anwendungs-Know-how innerhalb einer Einheit. Als problematisch erweisen sich die unterschiedlichen vertrieblichen Anfor-

Sofern die verrichtungsorientierte Gliederung auf höchster Ebene nicht zwischen Projekt- und Produktbereichen unterscheidet, erfolgt diese Trennung auf der zweiten Ebene; denn in der Regel verfolgen die Unternehmen eine konsequente Trennung zwischen Individual- und Standardsoftware, d.h., sie trennen Projekte und Produkte in organisatorische Einheiten. Der Bereich "Produkte" ist dann häufig streng in die Funktionen Vertrieb, Entwicklung und Service getrennt. Besonders deutlich ist diese Trennung bei dem Unternehmenstyp Software-Spezialist und dem Spezialist für Querschnittsfunktionen. Die Entwicklung von Standardsoftware (Anwendersoftware oder systemnahe Software) findet strikt getrennt von ihrem Einsatz bzw. vom Vertrieb statt. Dies gilt nicht für die Unterstützung fremder Standardsoftware durch andere Unternehmenstypen, die dies im Rahmen von individueller Projektarbeit durchführen. Insbesondere die Typen Dienstleister und Berater geraten in Konflikt mit fremder Standardanwendersoftware und einer eigenen individuellen Softwareentwicklung. Dieser Konflikt kann dadurch gelöst werden, daß die betroffenen organisatorischer Einheiten aufgrund regionaler Trennung von überschaubarer Größe sind; denn gerade diese Typen arbeiten sehr kundennah, indem sie kleine regionale Zentren bilden oder gezielt in anwendungsbezogene Einheiten unterteilt sind.[60]

Zusammenfassend läßt sich für die Spezialisierung auf der Ebene von Organisationseinheiten folgende Tendenz festhalten: Diejenigen Unternehmen, die individuelle Software entwicklen und umfangreiche Dienstleistungen – auch in Verbindung mit fremder Standardanwendersoftware – anbieten, orientieren sich primär an marktlichen Gegebenheiten wie Anwendergruppen oder Fachthemen; diejenigen Unternehmen, die selbst umfangreiche Standardanwendersoftware entwickeln, trennen diese Entwicklung von den anderen Aktivitäten. Nur in diesen abgegrenzten Bereichen findet sich eine streng funktionale Gliederung.

b) Spezialisierung in der Projektorganisation

Die Projektorganisation hat in der Softwarebranche eine lange Tradition. In der jüngeren Vergangenheit wurden die zahlreichen konzeptionellen Arbeiten auch um praktische Erfahrungsberichte ergänzt.[61] Die große Bedeutung der Projektorganisation in der Soft-

---

derungen von Projekten und Produkte, die innerhalb einer Einheit koordiniert werden müssen. Umgekehrtes gilt für die Verrichtungsorientierung.

60 Die Bildung von Geschäftsstellen kann sogar soweit gehen, daß in derselben Stadt mehrere getrennte, unabhängige Standorte unterhalten werden, da die Größe einer Geschäftsstelle die Zahl von 100 Mitarbeitern nicht übersteigen soll.

61 Eine ausführliche Arbeit zum Projektmanagement in der Software stellt z.B. Cave/Maymon (1988) dar und eine umfangreiche Sammlung aktueller und detaillierter Projekterfahrungen findet sich z.B.

wareentwicklung ist angesichts der geringen Strukturiertheit und der hohen Veränderlichkeit in der Aufgabe der Erstellung von Software offensichtlich.[62] Dieser Abschnitt beschäftigt sich mit dem Aspekt der Spezialisierung innerhalb der Projektkonstellation, d.h. mit der Zusammensetzung des Projektteams bezüglich der Qualifikation (Art und Breite) einzelner Mitarbeiter und ihrer phasenbezogenen Projektzugehörigkeit.[63] In der Abwicklung von Kundenprojekten zeigten sich bei den untersuchten Unternehmen Gemeinsamkeiten und Unterschiede. Während die Anwenderberatung, die Integration und die Anwenderunterstützung von standardisierter Anwendersoftware durchweg von hochqualifizierten Mitarbeitern in konstanten Projektteams realisiert wurde, unterscheidet sich die Teambesetzung bei der Durchführung individueller Entwicklungsprojekte erheblich.[64] Abbildung 6-4 zeigt drei verschiedene Projektprinzipien, die sich durch unterschiedliche Projektkonstellationen auszeichnen.[65]

Die Prinzipien "Phasenbezogene Arbeitsteilung" und "Alles aus einer Hand" bilden die Extrempunkte der drei Möglichkeiten. Das Prinzip "Alles aus einer Hand" versucht das Projektteam über die gesamte Laufzeit möglichst konstant zu halten, indem es eine höhere Qualifikation der Mitarbeiter (Breite des Know-hows) verlangt und sich gleichzeitig auf bestimmte Problem- und Anwendungsbereiche beschränkt. Dieses Vorgehen tritt häufig bei solchen Unternehmen auf, die sich auf bestimmte Bereiche im Produkt-/Leistungsspektrum der Software konzentrieren, insbesondere bei den Unternehmenstypen Branchenspezialist und Berater. Typisch für dieses Projektprinzip ist die Verwendung hochentwickelter Entwicklungswerkzeuge oder quasi-standardisierter Software als Ausgangsbasis.

---

in Ludewig (1991). In Schelle/Schwald (1988) findet sich eine umfangreiche Sammlung zum Management von Softwareprojekten.

62 Vgl. z.B. Schelle (1988), S. 5, wo festgestellt wird, daß die Leistungserstellung grundsätzlich Projektcharakter hat. Bezüglich der formalen Merkmale läßt sich die Aufgabe der Softwareentwicklung in der Aufgabentypologie nach Picot/Reichwald als *Einzelfall* und nicht als *sachbezogener Fall* oder gar als *Routinefall* bezeichnen (vgl. hierzu Picot/Reichwald (1985), S. 70). Entsprechend diesem Aufgabentyp ergeben sich funktionale Anfoderungen an die erforderliche Information, Informationsverarbeitung, Kommunikation und Flexibilität (vgl. hierzu z.B. Nippa (1988), S. 93).

63 Zur allgemeinen Projektorganisation in der Softwareentwicklung sei auf die einschlägige Literatur verwiesen, wie z.B. Elzer (1989) und die dort angegebene Literatur.

64 Dabei ist nicht die Entwicklungstechnik bzw. -methode selbst gemeint, sondern lediglich die Realisierung derselben. Vgl. zur Entwicklungsmethodik die folgenden Abschnitte.

65 Die drei Prinzipien sind nicht als gleichwertige Substitute zu betrachten, da sie teilweise für bestimmte Anwendungen nicht geeignet sind.

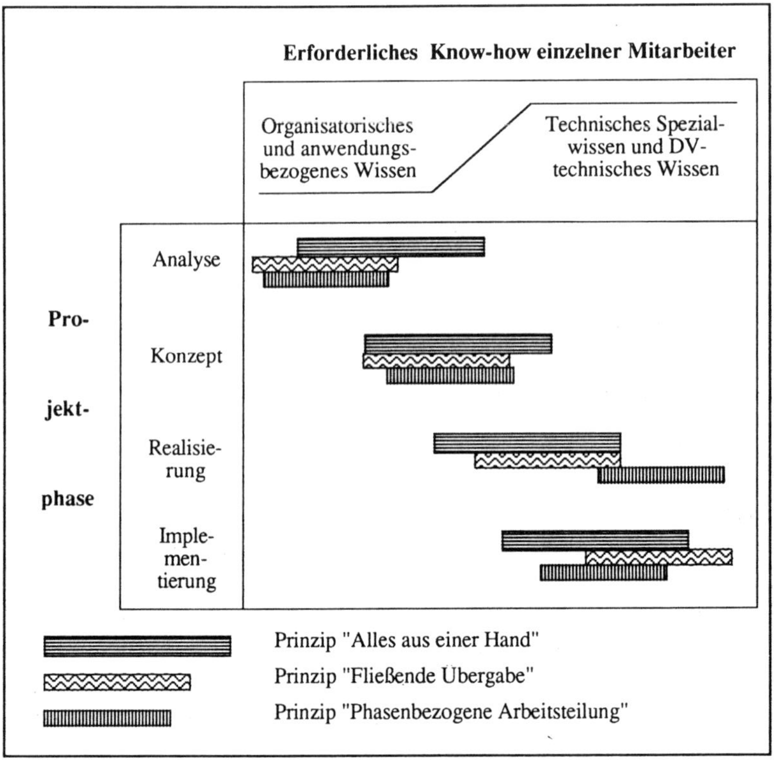

Abb. 6-4: Prinzipdarstellung alternativer Projektkonstellationen

Den zweiten Extrempunkt stellt das Prinzip "Phasenbezogene Arbeitsteilung" dar. Hierbei werden phasenabhängige Spezialisten mit schmaler Know-how-Basis gezielt eingesetzt. Dieses Prinzip wird insbesondere dort verwendet, wo umfangreiche reine Codiertätigkeit erforderlich ist, die zum Teil durch Dritte oder zumindest nicht vor Ort bewerkstelligt wird. Außergewöhnliche technische Anforderungen an die Anwendung können hierbei weitgehend berücksichtigt werden. Wichtiger Aspekt in diesem Prinzip sind Kostenüberlegungen, da davon ausgegangen wird, daß die reine Codiertätigkeit im Vergleich zu anderen Tätigkeiten zu niedrigeren Stundensätzen erfolgen kann. Typischerweise verwenden Softwarespezialisten dieses Projektprinzip in der Entwicklung individueller Anwendersoftware.

Das dritte Prinzip schließlich, die "Fließende Übergabe", stellt einen Kompromiß zwischen den beiden Extrempunkten dar. Die Mitarbeiter verfügen über eine mittlere Spezialisierung und zwischen den einzelnen Phasen bestehen Überschneidungen, so daß eine gewisse Konstanz über die gesamte Laufzeit gewährleistet ist. Häufig werden sehr umfangreiche und langfristige Projekte in dieser Form realisiert. Besonders der Unternehmenstyp Dienstleister bedient sich dieses Prinzips.

In den drei Projektprinzipien bilden sich strukturelle Merkmale der gesamten Unternehmung ab. Während das Prinzip "Alles aus einer Hand" vergleichsweise selbständig und unabhängig im Sinne erforderlicher Handlungsfreiheiten agiert, benötigen die beiden anderen Prinzipien tendenziell stärkere Kontrollstrukturen. Wie die Erläuterung der organisatorischen Programmierung im folgenden zeigt, ist die Sinnhaftigkeit des Prinzips "Alles aus einer Hand" jedoch nur in Verbindung mit einer hochentwickelten Verfahrenstechnik gegeben, da hier Qualitätssicherungsmechanismen ihren Ansatzpunkt *innerhalb* der Projektarbeit haben, wohingegen insbesondere das Prinzip "Phasenbezogenen Arbeitsteilung" kontinuierlich an projektexternen Maßstäben gemessen werden muß.

2. Koordination

Die Koordination kann als Komplement zur arbeitsteiligen Spezialisierung aufgefaßt werden: Ziel der Koordination ist die Abstimmung interdependenter arbeitsteiliger Prozesse und die Ausrichtung aller Aktivitäten auf Unternehmensziele.[66] Als technokratische Koordinationsinstrumente unterstützen die **organisatorische Programmierung** und die **Formalisierung** diese Zielsetzung.[67] Im folgenden wird die Anwendung dieser beiden Instrumente in den betrachteten Softwareunternehmen analysiert.

a) Organisatorische Programmierung

Organisatorische Programmierung bedeutet die "Steuerung des Problemlösungsverhaltens organisatorischer Aufgabenträger durch Vorgabe von allgemeinen Instruktionen."[68] Richtlinien oder generelle Anweisungen sollen dabei spezielle Anweisungen unterstützen bzw. völlig ersetzen. Insbesondere in der Softwareentwicklung, die hier als branchenspezifischer *Produktionsprozeß* von besonderem Interesse ist, sind erhebliche Anstrengungen zur Standardisierung unternommen worden. Der Anwendung von ingenieurwissenschaftlichen Verfahren und Prinzipien verdankt die Softwareentwicklung seit gerau-

---

66 Vgl. zum Begriff der Koordination z.B. Welge (1987), S. 411.

67 Vgl. zur Gegenüberstellung personenorientierter, technokratischer und struktureller Koordinationsinstrumente z.B. Welge (1987), S. 414 ff.

68 Picot (1990), S. 136. Dieses umfassende Verständnis geht damit weit über den begrifflichen Inhalt der Programmiertätigkeit in Rahmen der Softwareentwicklung hinaus.

mer Zeit die Bezeichnung Software-Engineering.[69] In vier interdependenten Stufen läßt sich die Strukturvariable der organisatorischen Programmierung in der Produktion von Software betrachten:[70]

- **Projekt*management***: Organisatorische Abwicklung der *Projekte.*
- **Entwicklungs*modell***: Beschreibung des angewandten *Verfahrens* als Folge einzelner Schritte.
- **Entwicklungs*methoden***: Umsetzung der Verfahrensschritte im Sinne methodisch strukturierter *Prozesse.*
- **Entwicklungs*werkzeuge***: Realisierung der Prozesse durch *Werkzeuge* und Hilfsmittel.

Für das **Projektmanagement**[71] ergibt sich ein hoher Bedarf an Flexibilität, da unterschiedlichste Anforderungen resultierend aus der Heterogenität der Software bei der Abwicklung von Softwareprojekten berücksichtigt werden müssen. Im Rahmen des Projektmanagements müssen z.B. sowohl kurzfristige Ein-Mann-Projekte erfaßt sein als auch komplexe Projekthierarchien, deren Gesamtgröße 100 Mann-Jahre übersteigen kann. Trotz umfangreicher Unterstützung durch Schulungen oder der Bereitstellung von technischen Hilfsmitteln sind auf dieser Ebene in der Regel nur Richtlinien vorgegeben, so daß ein Projektleiter zum Teil erhebliche Freiräume im Sinne einer breiten Entscheidungs- und Weisungskompetenz besitzt. Die individuelle Motivation und die bewußte Möglichkeit der persönlichen Entwicklung der Mitarbeiter sollen dadurch gefördert werden.

Diese Selbständigkeit ist jedoch vergleichsweise gering, wenn es sich um stark arbeitsteilige (Prinzip "Phasenbezogene Arbeitsteilung") oder interne Entwicklungsprojekte oder die kooperative Entwicklung von Standardsoftware mit Pilotanwendern handelt. Eine stark arbeitsteilige Verrichtung liegt tendenziell dann vor, wenn innerhalb der Projekte streng phasenorientiert gearbeitet wird, so daß wechselnde Spezialisten schrittweise

---

69 Vgl. z.B. Höcker (1984), S. 2.

70 Vgl. z.B. Rothhardt (1987), S. 15 ff., der folgende Einteilung vornimmt: (1) Phasen der Software-Entwicklung und -nutzung, (2) Methoden des Software-Entwicklers und (3) Hilfsmittels des Software-Entwicklers.

71 Vgl. zum Management von Softwareprojekten z.B. Elzer (1989); Cave/Maymon (1988), S. 15 ff.; Hausen/Müllerburg/Sneed (1985), S. 136 ff. und zu einer Sammlung von Aufsätzen z.B. Schelle/ Schwald (1988).

eingesetzt werden.[72] Aufgrund des unterschiedlichen Freiraums können daher zwei Arten der Projektführung unterschieden werden:

- Die **unabhängige Projektführung** ermöglicht Handlungsräume durch die Dezentralisierung von Entscheidungsrechten und Verantwortung. Das erforderliche Know-how und die Leitungskompetenz liegt dabei weitgehend innerhalb des Projektteams.

- Die **abhängige Projektführung** benötigt – in der Regel durch aktive Rücksprache – Weisungen und Entscheidungen von außerhalb des Projektteams und ist somit in eine Projekthierarchie eingebettet oder einer Linienfunktion unterstellt.

Beide Führungsarten kommen in den betrachteten Unternehmen vor, wobei der gezielte Einsatz qualifizierter und kompetenter Projektleiter immer häufiger mit dem Ziel der Dezentralisierung über weitgehend handlungsfähige Projekteinheiten unter unabhängiger Projektführung angestrebt wird. Insbesondere in den Kundenprojekten der Unternehmenstypen Berater und Dienstleister korrespondiert die Selbständigkeit der Projektleiter mit der Verantwortung, die sie über das Projekt übernehmen.

Die Auswahl des **Entwicklungsmodells**[73] ist von der Art der Projektführung unabhängig. Das historische Modell der getrennten sequentiellen Abfolge von Entwicklungsschritten ist in der heutigen Praxis nicht mehr zu finden. Traditionelle Phasenmodelle, die die Softwareentwicklung als vorausschauenden iterativen Prozeß verstehen,[74] bestimmen – obwohl in der modernen Fachliteratur nur noch selten behandelt – das Bild in den Unternehmen.[75] Ihr Verdienst in der Softwareentwicklung und ihre bleibende Bedeutung sind jedoch unbestritten: "Die Phasenmodelle haben Ordnung in die SW-Entwicklung gebracht. Es gilt jetzt, die hilfreiche, weil Ordnung stiftende und Zusammenarbeit ermöglichende Idee der Phasenmodelle so zu erweitern, daß dieses dialektische Prinzip darin Platz hat und nicht als Störfaktor wirkt."[76] Die dem Prototyping[77] zuzurechnenden neu-

---

72 Vgl. hierzu das Prinzip "Phasenbezogene Arbeitsteilung" aus Abbildung 6-4.

73 Vgl. zu einer Übersicht von Entwicklungsmodellen z.B. Boehm (1988), S. 61 ff., der folgende Modelle nennt: *code-and-fix model, stagewise and waterfall models, evolutionary development model, transform model* und das *spiral model.*

74 Vgl. z.B. Sneed (1986), S. 42.

75 Vgl. z.B. Fähnrich (1990), S. 1.

76 Dörfel (1990), S. 10.

77 Vgl. zu einer Übersicht zum Begriff Prototyping z.B Diebold (1989b), S. 1 ff. und die dort angegebene Literatur.

eren Modelle, wie das Spiral-Modell[78] oder das Phasennetz-Modell[79], berücksichtigen die traditionellen Entwicklungsphasen insofern, als diese sich in zyklischen Schritten wiederholen (Prototypen) bzw. dadurch, daß interdependente Wechselwirkungen zwischen den einzelnen Phasen systematisch erfaßt werden. Trotz durchweg positiver Erfahrungen mit diesen neuen Ansätzen werden in der Praxis immer noch vorwiegend die konventionellen Phasenmodelle eingesetzt.

Die Tatsache, daß die unabhängige Projektführung und die innovativen, prototypenorientierten Entwicklungsmodelle stetig an Bedeutung gewinnen, erklärt sich durch die Weiterentwicklung der **Entwicklungsmethoden**[80] im Sinne einer systematischen Vorgehensweise in der Umsetzung einzelner Verfahrensschritte in strukturierte Prozesse.[81] Die allgemein hochentwickelte Methodik in der Softwareentwicklung ermöglicht organisatorische Freiräume, ohne Verzicht auf Effizienz oder Qualität. Die Anwendung unterschiedlicher phasenbezogener und phasenübergreifender Methoden[82] und der hierin integrierten Maßnahmen der Qualitätssicherung führen bei konsequenter Anwendung zu einem hohen Niveau aller relevanten Qualitätsmerkmale.[83] Die Umsetzung der Methoden erfolgt in der fortschreitenden Formulierung einer umfassenden, unternehmensspezifischen Prozeßtechnologie. Hier wird ein verbindlicher Konsens für die Produktion von Software vorgegeben, der bei gleicher Struktur problemangepaßt eingesetzt wird. Übereinstimmend wurde in den untersuchten Unternehmen betont, daß die angewandte Prozeßtechnologie in der Softwareentwicklung von den Eigenschaften der zu entwickelten Software weitgehend unabhängig ist. Mit derselben Prozeßtechnologie wird also sowohl individuelle Software als auch standardisierte Software bzw. systemnahe oder Anwendersoftware entwickelt.

---

78 Vgl. hierzu z.B. Boehm (1988), S. 64 ff.

79 Vgl. hierzu z.B. Dörfel (1990), S. 10 f.

80 Vgl. zu einem Überblick von Entwicklungsmethoden z.B. Rothhardt (1987), S. 22 ff.; Schulz (1988), S. 59 ff.; Platz (1983); Sneed (1986) ; Dworatschek/Höcker (1985), S. 183 ff.; Höcker (1984), S. 64 ff.

81 Vgl. zum Methodenverständnis in der Softwareentwicklung z.B. Platz (1988), S. 25.

82 Vgl. zu einer beispielhaften Übersicht von Methoden z.B. Rothhardt (1987), S. 16. Rothhardt nennt hier: (1) Projektbegleitendes Dokumentieren und Verwalten, (2) Hierarchisches Gliedern, (3) Modularprogrammierung, (4) Strukturierte Programmierung, (5) Softwareergonomie, (6) Tolerieren von Nutzungsfehlern, (7) Schreiben verständlicher Quelltexte, (8) Systematisches Testen, (9) Wartungsmethoden und (10) Mehrfachnutzung.

83 Vgl. zu einer umfassenden Darstellung von 18 Qualitätsindikatoren innerhalb einer Zielhierarchie z.B. Sneed (1986), S. 31 ff. ein ausführliche, phasenorientierte Qualitätscheckliste findet sich bei Rothhardt (1987), S. 272 ff.

Die strikte Anwendung der ausformulierten Prozeßtechnologie steht nur scheinbar im Widerspruch zu der Flexibilität auf der Ebene des Projektmanagements und der Entwicklungsmodelle. Die Prozeßtechnologie betrifft vielmehr die Arbeitsweise der einzelnen Mitarbeiter und nicht die direkte Koordination zwischen diesen. Die Formulierung und Beherrschung einer Prozeßtechnologie unterstützt die Kommunikation und Kontrolle zwischen allen Beteiligten und schafft so erst die Voraussetzung für eine unabhängige Projektarbeit mit hohen Freiheitsgraden einzelner Mitarbeiter. Ihre Einhaltung ist gleichzeitig eine Voraussetzung für die implizite Qualitätsicherung.[84]

Die **Entwicklungswerkzeuge**[85] stellen schließlich die vierte Ebene der Betrachtung der organisatorischen Programmierung dar. Die Zusammenhänge zwischen den Entwicklungswerkzeugen und den anderen genannten Ebenen sind besonders stark. Einerseits werden die verwendeten Methoden, Modelle oder das Management in Form von Computergestützten Softwareentwicklungswerkzeugen (CASE) umgesetzt, und andererseits besitzen die Werkzeuge auch prägenden Einfluß auf die anderen Ebenen. Häufig bedeutet die Verwendung bestimmter Werkzeuge gleichzeitig die Beschränkung auf die hierin integrierten Methoden. Aufgrund dieses Konflikts sind die phasenübergreifenden Verbindungen von Entwicklungswerkzeugen (integrated CASE-Tools) und die Offenheit zu alternativen einzelnen Werkzeugen aktuelle Problemfelder in der Entwicklung von Werkzeugen. Es besteht grundsätzlich Einigkeit, daß die Menge aller Softwareentwicklungswerkzeuge im Sinne einer Software-Produktionsumgebung[86] (SPU) neben der Erhöhung der Qualität vor allem erheblichen Einfluß auf die Effizienz der Herstellung hat. Dabei kann sowohl eine Beschleunigung durch die Automatisierung von Arbeitsschritten[87] (z.B. Generierung von Programmcode oder Dokumentation) maßgeblich sein als auch eine erhöhte Wiederverwendbarkeit standardisierter Komponenten (z.B. Funktionen oder Module). Für die kommerzielle Produktion von Software ergibt sich somit die Notwendigkeit einer langfristigen Planung des Einsatzes von Entwicklungswerkzeugen.

Anders als auf der Ebene der Entwicklungsmethoden ist bei den Entwicklungswerkzeugen noch kein "stabiler" Zustand erreicht. Aufgrund der hohen Innovationsrate in diesem Bereich verändern sich die Voraussetzungen laufend. Die untersuchten Softwareunter-

---

84 Vgl. z.B. Pohl (1991), S. 18.

85 Vgl. zu einer Einführung und einem systematischen und klassifizierenden Überblick von CASE z.B. Balzert (1990), S. 103 ff.; Schulz (1988), S. 177 ff.; Hildebrand (1991), S. 14 ff.; Ruf (1988), S. 14 ff.

86 Vgl. hierzu z.B. Hausen/Müllerburg/Sneed (1985), S. 52.

87 Vgl. Boehm (1981), S. 292, wo Dokumentation und Programmcode als aufwandsintensivste Projektaktivitäten dargestellt werden.

nehmen reagieren in der Zusammenstellung ihrer SPU grundlegend verschieden. Die bestehenden Richtlinien schreiben zum Teil den Einsatz ausgewählter Werkzeuge vor, bieten Alternativen oder klammern bestimmte Werkzeuge aus. Nur in Ausnahmefällen wird ausschließlich innerhalb der Projektgruppe entschieden. Üblich ist vielmehr eine systematische Pflege des Werkzeugbestands, der – im Sinne eines *Produktionsstandards* – eine einheitliche, die Prozeßtechnologie unterstützende Landschaft darstellt.

Die Anbieter von individuellen Kundenprojekten benötigen einen besonders flexiblen Produktionsstandard; denn in ihren Projekten sind sie z.B. häufig vor die Situation gestellt, eine vorhandene Produktionsumgebung unterstützen zu müssen. Dies gilt besonders für den Unternehmenstyp Dienstleister, der innerhalb aller Phasen kompetente Unterstützung anbieten will. Grundsätzlich gilt dies im gesamten Leistungsbereich der individuellen Software und in eingeschränktem Maß auch bei Standardsoftware, da hier in der Regel spezifische Werkzeuge zur Wartung und Pflege benötigt werden. Spezialisten für Querschnittsfunktionen oder Branchen-Spezialisten verfügen häufig über einen standardisierten Entwicklungsprozeß, der nur geringfügig an Problemstellungen angepaßt werden muß. Im Vergleich zu den Unternehmen, die sich intensiv mit Individualsoftware im Rahmen von Kundenprojekten beschäftigen, sind hier die Möglichkeiten der organisatorischen Programmierung zum Teil weniger hoch entwickelt, da sich ein unternehmensinterner Standard bildet, der sich nur langsam weiterentwickelt.

Zusammenfassend kann für die Strukturvariable der organisatorischen Programmierung folgendes festgehalten werden: Der maßgebliche Anteil der Standardisierung im Herstellungsprozeß der Software liegt auf der Ebene der hochentwickelten Methoden, die bei den betrachteten großen Softwareunternehmen in Form einer bindenden Prozeßtechnologie dokumentiert ist. Auf der Ebene des Projektmanagements und der Entwicklungsmodelle sind häufig lediglich Richtlinien bzw. große Freiräume eingerichtet, um den hohen Forderungen nach Flexibilität gerecht zu werden. Auf der Ebene der Entwicklungswerkzeuge zeigt sich ein differenziertes Bild, da die Berücksichtigung kundenspezifischer Infrastrukturen erforderlich ist, aber andererseits deutliche Bestrebungen vorhanden sind, die mit der Methodenebene – und somit mit der Prozeßtechnologie – eng verbundene SPU konsistent und übersichtlich zu halten.

b) Formalisierung und Kommunikation

Allgemein bezeichnet die Formalisierung das *Ausmaß*, in dem organisatorische Regeln, Prozesse, Richtlinien und Kommunikationsprozesse fixiert sind.[88] Sowohl hinsichtlich des Detaillierungsgrades der Formulierung von Regeln als auch bezüglich der Kommunikation zeigt sich in Übereinstimmung mit den bisherigen Ergebnissen zur organisatorischen Gestaltung eine geringe Formalisierung bei allen betrachteten Unternehmen.

Demnach werden nicht Aufgaben und Stellenbeschreibungen detailliert definiert, sondern intensiv übergeordnete Identifikationsbilder auf der Ebene des Unternehmens und seiner Ziele formuliert und auch vermittelt. Aus der transparenten Vision, die selbst Gegenstand einer kontinuierlichen Planung ist, erfolgt die Formulierung strategischer Richtlinien und der unternehmensweiten Werte.[89] Nur in Ausnahmefällen wurden ausführliche Stellen- bzw. Rollenbeschreibungen festgelegt, mit dem Ziel einer größeren Kontrollmöglichkeit in Form einer persönlichen Überwachung. Die Regel ist vielmehr die Unterstützung der formellen und informellen Kommunikation als zentrales Koordinationsmittel und zur Ermöglichung der dezentralen Selbststeuerung. Die Dokumentation und die direkte und offene Kommunikation der unternehmensweiten Leitbilder stellen eine Voraussetzung für die Abstimmung der selbständigen und unabhängigen organisatorischen Einheiten dar. Gezielt wird immer stärker die "Politik der offenen Türen" zur unternehmensweiten Transparenz eingesetzt.

In den vergangenen Jahren rückte neben der internen Kommunikation auch die externe Kommunikation in den Vordergrund. Die intensive Darstellung des Unternehmens am Markt (Profilierung) unterstützt durch eine gezielte Imagebildung gleichzeitig den Vertrieb und die Personalplanung. Die Pflege intensiver Außenkontakte wird darüber hinaus auch immer stärker zur Marktsondierung genutzt.

Auf der Ebene der Softwareentwicklung sind die Variablen Formalisierung und Kommunikation anders zu beurteilen als im primär administrativen Bereich. In Anlehnung an die strikte Prozeßtechnologie sind hier klare Anforderungen an Art und Umfang projektbegleitender Dokumentation formuliert. Die Umsetzung unterscheidet sich jedoch bei einzelnen Unternehmen, da sie von den Automatismen hochentwickelter Werkzeuge bestimmt wird. Insbesondere die Software-Spezialisten, die typischerweise hochwertige eigene

---

88 Vgl. z.B. Welge (1987), S. 428.

89 Vgl. zum Begriff der Vision in der Unternehmensführung z.B. Westly/Mintzberg (1989); Hinterhuber/Winter (1990).

Entwicklungswerkzeuge im Einsatz haben, verfügen über ein standardisiertes umfangreiches Dokumentationswesen, das sich sowohl in den späten Phasen desselben Projekts positiv niederschlägt als auch im Sinne einer Erfahrungsdokumentation übertragbare Auswertungen ermöglicht.

3. Zusammenfassung

Die *adhocracy* , die sich aus der Sicht der gesamten Branche als geeigneter Strukturtyp herausgestellt hat, läßt sich für die gebildeten Branchensegmente differenziert betrachten. Anhand der Hauptdimensionen der praxisrelevanten Strukturkonzeptionen, der *Spezialisierung* und *Koordination*, können Strukturvariablen entsprechend der Segmente bzw. der Segmentierungskriterien einzeln betrachtet werden.

Auf den höchsten Gliederungsebenen dominieren organisatorische Einheiten, die nach Fachbereichen oder nach Projekten bzw. Produkten gegliedert sind. Die funktionale Gliederung ist nur innerhalb von Produktbereichen zu finden und teilt diese in der Regel in Entwicklung, technischen Vertrieb und Service. Für die Arbeitsverrichtung ist die Projektorganisation bestimmend. Je nach Aufgabenstellung oder Fachbereich können hier unterschiedliche Prinzipien eingesetzt werden, die jeweils bestimmte projektphasenbezogene Konstellationen in der Teambesetzung mit sich bringen.

In der Koordination der arbeitsteiligen Leistungserstellung lassen sich bezüglich der vier interdependenten Ebenen Projektmanagement, Entwicklungsmodell, Entwicklungsmethoden und Entwicklungswerkzeuge nur bedingt segmentspezifische Ableitungen durchführen. Von weitreichender Bedeutung für alle Unternehmenstypen sind vor allem die Entwicklungsmethoden. Durch die verbindliche Beschreibung einer systematischen Vorgehensweise ermöglichen sie ein hohes Maß an Selbständigkeit und Unabhängigkeit in kleinen, handlungsfähigen organisatorischen Einheiten. Als wesentliche Voraussetzung hierfür können die Methoden projektinterne Maßnahmen der Qualitätssicherung beinhalten, die eine externe Kontrolle erheblich reduziert oder zumindest auf eine leichter nachvollziehbare und von der Realisierung entfernte Betrachtungsebene verlagert.

Kapitel VII

Zusammenfassung wichtiger Untersuchungsergebnisse

Der in Kapitel V aus Sicht der gesamten Softwarebranche skizzierte Gestaltungsrahmen für die Unternehmensentwicklung ließ sich durch die Untersuchung auf der Ebene von Branchensegmenten verfeinern (Kapitel VI).[1] Neben der Beschreibung der strategischen und strukturellen Gestaltung in der Softwarebranche lag ein Schwerpunkt dieser Arbeit in der Schaffung der notwendigen Voraussetzung für diese Ableitungen. Die Systematisierung des Leistungsspektrums der Software (Kapitel III) erwies sich als erforderlich, um die ausführliche Branchenanalyse im Rahmen der Industrieökonomie durchzuführen (Kapitel IV).

Entsprechend der Konzeption der Untersuchung sollen in diesem Kapitel abschließend wesentliche Ergebnisse in den Schritten Unternehmensumfeld, Unternehmensstrategie und Organisationsstruktur rekapituliert werden.

A. Analyse des Unternehmensumfeldes

Aufgrund formaler Beschreibungsmerkmale kann das typische Umfeld in der Softwarebranche bezüglich verschiedener Umfeldtypologien als *turbulent* oder *herausfordernd* klassifiziert werden.[2] Die ausgesprochene Dynamik und die hohe Komplexität der technischen Dienstleistungen oder Produkte im heterogenen Spektrum der gesamten Software waren für diese Klassifizierung ausschlaggebend. Ebenso wie das realisierte Leistungsangebot eines Softwareunternehmens einen Ausschnitt des gesamten marktbezogenen Spektrums der Software darstellt, ergibt sich die Möglichkeit der Präzisierung des relevanten Umfeldes für jedes Unternehmen. Die Einteilung der Softwareunternehmen in fünf verschiedene Typen bedeutet also gleichzeitig die Unterscheidung in dazugehörige, leistungsspezifische Umfeldsituationen.[3] Die Zusammenfassung von Unternehmenstypen und Umfeldsituationen werden als Branchensegmente verstanden und in Abbildung 6-1 zusammengefaßt als *Software-Spezialist*, *Branchen-Spezialist*, *Dienstleister*, *Spezialist für Querschnittsfunktionen* und *Berater* vorgestellt.

---

1 Dabei wurden neben dem veränderten Blickwinkel auch eine differenzierte Betrachtungsweise angewendet: Die branchenweiten Ergebnisse beruhen auf der Überprüfung der Eignung strategischer und struktureller *Typen* im Sinne von zusammengehörigen Merkmalskonfigurationen; die Verfeinerung dieser Ergebnisse erfolgt durch die Betrachtung ausgewählter Strategie- und Strukturvariablen auf der Ebene der Branchensegmente, sofern eine Unterscheidung der Segmente sinnvoll ist.

2 Vgl. hierzu Kapitel V, Abschnitt A, Punkt 3)b).

3 Vgl. hierzu Kaptiel VI, Abschnitt A.

Das breite Leistungsspektrum der betrachteten großen Softwareunternehmen deutet zahlreiche Überschneidungen in den angebotenen Produkten und Leistungen der Unternehmenstypen an. Bei allen Unternehmen ließen sich jedoch deutliche Schwerpunkte erkennen, die eine Zuordnung zu einem der Typen ermöglichte. Maßgeblich für die Unterscheidung waren die drei Schlüsselkriterien zur Klassifizierung von Software selbst, und zwar insbesondere die Konzentration bezüglich des *Standardisierungsgrades*, die Trennung zwischen Anwendersoftware bzw. systemnaher Software auf der Ebene der *Informationstechnologie* und schließlich die Unterscheidung des Leistungsangebots anhand der lebenszyklusorientierten *Leistungsart*.[4]

Über die Präzisierung formaler Merkmale wie z.B. der Dynamik im Bereich der raschen Neuentwicklungen in der Standardsoftware – insbesondere bei der "fundamentalen" systemnahen Software – hinaus, wirken sich andere marktbezogene Eigenschaften auf die Heterogenität der Software aus. Der Dienstleistungscharakter individueller Kundenprojekte steht dabei z.B. im Gegensatz zum Produktcharakter der Standardsoftware.[5] Zusätzlich ist hier zu unterscheiden, ob es sich um selbstentwickelte Software handelt oder ob die Produkte anderer Anbieter unterstützt werden. Weitere Rahmenbedingungen stellen z.B. die Netzeffekte zwischen Leistungen innerhalb des Softwaremarktes und im Zusammenhang mit branchenfremden Leistungen dar.[6]

B. Gestaltung strategischer Variablen

Auf der Betrachtungsebene der Branche lassen sich die Strategie-Typologien von Porter und Miles/Snow auf ihre Eignung in der Softwarebranche überprüfen.[7] Dabei erweisen sich insbesondere die Strategietypen *Differenzierung* und *Prospector* bzw. *Analyzer* als der Umfeldbeschreibung der Branche angemessen. Obwohl die Kostenführerschaft im Vergleich zu den anderen Strategietypen als ungeeignet eingestuft wird, muß die zunehmende Bedeutung der *Kostenposition* in den Softwareunternehmen anerkannt werden. Durch den steigenden Preiswettbewerb rückt die Notwendigkeit der Verbesserung von Kostenpositionen weiter in den Vordergrund. Somit kommt auch der Beachtung isolierter Gestaltungsvariablen der Strategie der Kostenführerschaft eine Relevanz zu.[8]

---

4 Vgl. zu den Schlüsselkriterien zur Klassifizierung Kapitel III, Abschnitt B und insbesondere Abbildung 3-6.

5 Vgl. hierzu Kapitel IV, Abschnitt A, Punkt 2.

6 Vgl. hierzu Kapitel IV, Abschnitt A, Punkt 3 und 4.

7 Vgl. hierzu Kapitel V, Abschnitt B, Punkt 2.

8 Vgl. hierzu Kapitel VI, Abschnitt B.

Die zahlreichen Möglichkeiten der Differenzierung lassen sich nach technisch innovativen oder marktbasierten Ursprüngen unterscheiden.[9] Die ausgesprochen hohe Veränderlichkeit in der Branche und die hohe Bewertung der technischen Modernität von Produkten und Leistungen machen die kontinuierliche Weiterentwicklung der Leistungsspektren und des damit verbundenen Know-hows in den Softwareunternehmen unverzichtbar. Hier zeigen sich jedoch zwei grundsätzlich verschiedene Verhaltensweisen: Der Unternehmenstyp Software-Spezialist übernimmt als Technologieführer typischerweise Pionierfunktionen, wohingegen andere Unternehmenstypen, wie z.B. der Dienstleister oder der Branchen-Spezialist, tendenziell eher technische Innovationen anderer übernehmen oder reproduzieren. Der zunehmende Wettbewerbsdruck in der Softwarebranche führt dazu, daß neben der technischen Weiterentwicklung verstärkt auch die Möglichkeiten der marktbasierten Differenzierung ausgeschöpft werden. Die Produkt- und Programmgestaltung orientiert sich dabei stärker an Kundenbedürfnissen, neue Wege der Distribution für Produkte und insbesondere die Mittel der externen Kommunikation werden intensiver eingesetzt.

C. Gestaltung organisatorischer Variablen

Die für die Softwarebranche herausgearbeitete Kombination des Umfeld- und Strategietyps ergänzt sich durch den von Mintzberg als *adhocracy* bezeichneten Strukturtyp.[10] Dies bedeutet, daß die Organisationsstruktur der Softwareunternehmen weitgehend frei sein sollte von bürokratischen Mechanismen, gleichzeitig jedoch über weitaus differenziertere Koordinationsmittel verfügen muß als die einfache Kleinunternehmung. Die von Mintzberg definierten Strukturtypen *professional bureaucracy* und *divisionalized form* sind prinzipiell mögliche Alternativen, weisen jedoch jeweils konkrete Nachteile auf.

Als Hauptdimensionen der Strukturkonzeption werden schließlich die *Spezialisierung* und die *Koordination* auf der Ebene der Branchensegmente analysiert.[11] Die **Spezialisierung in der Organisationsstruktur** zeigt mit der internen, verrichtungsorientierten und der externen, objektorientierten Verantwortung zwei prinzipiell verschiedene Kriterien für die Bildung organisatorischer Einheiten. Häufig ist die verrichtungsorientierte Gliederung auf höchster Ebene der Strukturierung zu finden. Den hiernach gebildeten Geschäftsbereichen mit den Bezeichnungen "Produkte" oder "Projekte" liegt die Motivation zugrunde, individuelle Software und standardisierte Software voneinander zu tren-

---

9 Vgl. hierzu Kapitel VI, Abschnitt B.

10 Vgl. hierzu Kapitel V, Abschnitt C, Punkt 2.

11 Vgl. hierzu Kapitel VI, Abschnitt C.

nen. Auf der zweiten Ebene dominiert die Gliederung in anwendungs- bzw. fachbezogene Einheiten. Die Ebene der Arbeitsverrichtung ist schließlich durchweg von der Projektorganisation geprägt.

Die **Spezialisierung in der Projektorganisation** zeigt drei Prinzipien der Projektkonstellation.[12] Das Prinzip "Alles aus einer Hand" versucht mit breit ausgebildeten und in der Regel besonders qualifizierten Mitarbeitern eine möglichst konstante Teambesetzung aufrechtzuerhalten. Dieses Prinzip findet sich situationsabhängig bei allen Unternehmenstypen, besonders ausgeprägt jedoch bei Dienstleistern und Beratern. Das Prinzip "Phasenbezogene Arbeitsteilung" stellt den Gegensatz zu dem erstgenannten Prinzip dar: Hochspezialisierte Mitarbeiter werden phasenabhängig eingesetzt. Wechselnde, von der individuellen Qualifikation bestimmte Teamzusammenstellungen finden sich insbesondere bei den Software-Spezialisten. Das dritte Prinzip, die "Fließende Übergabe", stellt einen Kompromiß der beiden anderen Prinzipien dar und weist die breitesten Einsatzmöglichkeiten auf.

Unter der Strukturdimension Koordination sind diejenigen Variablen zusammengefaßt, die – aufgrund der arbeitsteiligen Spezialisierung – auseinanderfallende Entscheidungs- und Weisungsbefugnisse aufeinander abstimmen. Als zentrale Variable wurde die **organisatorische Programmierung** in der Softwareentwicklung untersucht. Während auf den Ebenen der Projektorganisation und der Entwicklungsmodelle eine tendenziell flexible Verhaltens- und Funktionsregelung zu finden ist, geht die Festlegung der Methoden in einer Prozeßtechnologie weit über den Charakter von Richtlinien hinaus. Ein gemischtes Bild zeigt sich bei den Vorgaben zur Verwendung von Software-Entwicklungswerkzeugen. Die in ihrer Ausführlichkeit unterschiedlichen Vorgaben führen teilweise zu einer unvermeidbaren und bewußten Einengung des Handlungsraums von Projekten und haben anderenorts lediglich den Charakter von Empfehlungen.

In Übereinstimmung mit den Erwartungen des Strukturtyps *adhocracy* zeigt sich allgemein ein geringer Grad der **Formalisierung** in den Softwareunternehmen. Der direkten informellen und formellen Kommunikation im Unternehmen kommt dabei eine entscheidende Bedeutung in der Steuerung der organisatorischen Einheiten zu. Der geringe Grad der Formalisierung steht unmittelbar in Verbindung mit der organisatorischen Programmierung: Ohne eine fundierte Basis im Methodenbereich wären ausgeprägtere Kontrollmechanismen erforderlich, die wiederum tendenziell bürokratische Strukturen und formale Mechanismen voraussetzten.

---

12 Vgl. Abbildung 6-4.

D. Resümee

Aus methodischer Sicht bleibt abschließend festzuhalten, daß die moderne Industrieökonomie ein praktikables Instrumentarium zur umfassenden Untersuchung einer heterogenen und dynamischen Branche bietet. Die komplexe Zielsetzung dieser Arbeit erlaubt es jedoch nur grundlegende Rahmenbedingungen zu skizzieren und kann daher zahlreiche interessante Problemstellungen nur anreißen, so daß aus der Vielfalt des gesamten Instrumentariums nur ein kleiner Ausschnitt eingesetzt werden konnte.

Als wesentliches inhaltliches Ziel konnten Marktstruktur und Marktverhalten der Softwarebranche dargestellt sowie zukünftige Entwicklungen[13] erfaßt werden. Grundelemente der strategischen und strukturellen Gestaltung in Softwareunternehmen ließen sich angesichts der Ergebnisse der industrieökonomischen Analyse aufzeigen. Gleichzeitig mußte dabei ein Defizit in der Literatur festgestellt werden; denn, anders als bei ausgewählten, speziellen Problemstellungen in Bereichen der Software, haben sich bisher nur wenige Arbeiten umfassend mit der Unternehmensentwicklung beschäftigt. Während z.B. die zunehmende Integration ingenieurwissenschaftlicher Verfahrenstechniken in den Herstellungsprozeß von Software gerade dort Strukturen schuf, wo die Komplexität und Kompliziertheit lange Zeit nicht ohne ein Übermaß an Kreativität und Intuition beherrschbar schienen, ist im Bereich der systematischen Unternehmensentwicklung erst sehr wenig geleistet worden.

Mit den Grundtypen Differenzierung und Ad hoc-Kratie sind bezüglich Unternehmensstrategie bzw. Organisationsstruktur Ausgangspositionen gefunden worden, die sich jeweils für individuelle Unternehmen anpassen lassen. Auf dieser Basis können weitere, differenziertere Untersuchungen durchgeführt werden.

---

13 Vgl. Kapitel IV, Abschnitt D.

Anhang A: Erhebungsleitfaden

Teil I

Unternehmenskenngrößen

1) Gründungsjahr

2) Rechtsform

3) Konzerneinbindung

4) Unternehmenskennzahlen
(Mitarbeiterzahl, Umsatz, Geschäftsstellen etc.)

Teil II

Unternehmensbeschreibung

A. Umfeld

I. Produkt-/Leistungsprogramm

1) Wie verteilt sich der Umsatz auf die DV-Märkte (Prozentanteile und Tendenzen: Hardware, Software, Beratung und Dienstleistung (inkl. Service, ohne Programmierung)

2) Wie verteilt sich der Umsatz des Unternehmens hinsichtlich der Kriterien Informationstechnologie und Leistungsart?

3) Wie verteilt sich das Leistungsangebot hinsichtlich des Standardisierungsgrades (elementare Wiederverwendung und Installationshäufigkeit)?

4) Wie verteilen sich die Leistungen auf kleine (PC, Mikro), mittlere (Workstation, Mini) und große (Mainframe) Rechnersysteme?

5) In welcher Größenordnung verteilt sich der Umsatz des Leistungsprogramms

- auf *einen* HW/System-Hersteller,
- auf *nicht mehr als drei* HW/System-Hersteller und
- auf *mehr als drei* HW/System-Hersteller?

6) Existiert eine "eigene Softwarewelt"? Werden andere Welten berücksichtigt?

7) Wie hoch ist der Anteil von Fremdbezugsleistungen bezüglich Individual- und Standardsoftware?

II. Unternehmensumfeld, Kunden und Absatz

8) Welche Konzerneinbindung existiert?

9) Produziert oder vertreibt das Unternehmen bzw. ein beteiligtes Unternehmen Hardware, Systemsoftware oder systemnahe Software?

10) Wie hoch ist der Umsatzanteil von Leistungen, die (erfolgswirksam!) an verbundene Unternehmen abgegeben werden?

11) Welche Bedeutung haben Unternehmensbeteiligungen für das Unternehmen?

12) Welche Bedeutung haben Unternehmenskooperationen für das Unternehmen?

13) Wie beurteilt das Unternehmen das Umfeld seines Produktleistungsprogramms?

14) Wie ist die Position in den entscheidenen Umsatzfeldern des Unternehmens zu bezeichnen (z.B. als Nische)?

15) Wie erfolgt die Preisbildung innerhalb der wesentlichen Geschäftsfelder?

16) Welche Bedeutung haben unterschiedliche Branchen hinsichtlich ihres Umsatzbeitrages für das gesamte Unternehmen?

17) Wie verteilt sich der gesamte Umsatz des Unternehmens auf den nationalen und den internationalen Markt?

18) In welcher Größenordnung verteilt sich der Umsatz innerhalb des geschäftlichen Sektors auf die Abnehmergruppen

- Software- und Systemhäuser (Zwischenhändler),
- Hardware-Hersteller (Kombination HW-SW) und
- Endabnehmer aus Wirtschaft und Verwaltung)?

19) Welche Rolle spielen Drittländer bei den Fremdbezugsleistungen?

B. Struktur

I. Aufbaustruktur und Aufgabenverteilung

20) Beschreibung der Organisationseinheiten (top-down):

   a) Gliederungskriterium (funktional, divisional, Matrix, Projekt, regional, Mischform),

   b) Anzahl gleichgestellter Einheiten,

   c) Beziehung zu hierarchisch höheren Organisationseinheiten,

   d) Anzahl der untergeordneten Einheiten (Bezeichnungen/ Funktionen),

   e) Anzahl der Mitarbeiter in untergeordneten Einheiten und

   f) Beschreibung der Verantwortung/Selbständigkeit der Leiter

      - Aufgabenbeschreibung (Management vs. Fachaufgaben),
      - Kompetenz (i.S. von Fähigkeiten) und
      - Machtbeschreibung (i.S. von Rechten und Befugnissen).

21) Wie entwicklet sich das Verhältnis Management zu Fachkompetenz innerhalb der Hierarchie des Unternehmens (Fähigkeiten und Aufgaben)?

22) Existieren Profit-, Cost- oder Investitions-Center? (Wieviele, nach welchen Kriterien gegliedert, wie häufig werden sie umgestellt?)

23) Erfolgt die unternehmensweite Aufgabenverteilung sparten- oder funktionsorientiert?

24) Wie kann die Zusammenarbeit zwischen den Organisationseinheiten beschrieben werden?

25) Wie arbeiten Entwicklung, Marketing und Vertrieb zusammen (Schnittstellenüberwindung)?

26) Wie verteilen sich die Mitarbeiter zahlenmäßig auf die Gruppen

- **Management** (vorwiegend Führungs- und Leitungsaufgaben, Verantwortliche von Organisationseinheiten),
- **Leitende Fachkräfte** (vorwiegend mit Fachaufgaben beschäftigt / Projektleitung / Produktmanagement),
- **Qualifizierte Fachkräfte** (ausschließlich mit Fachaufgaben beschäftigt/aus Entwicklung, Vertrieb Marketing, Technik) und
- **Verwaltungskräfte** (ohne Führungs- und Fachaufgaben?

a) Wie erfolgt die Vergütung in den Gruppen (feste, leistungs- oder erfolgsbezogene Beteiligung)?

b) Wie verteilt sich das Ausbildungsniveau auf die Gruppen?

c) Wie hoch ist der Anteil freier Mitarbeiter in den Gruppen?

27) Wie verteilen sich Verantwortung und Kompetenz bezüglich Produkten, Märkten und Kunden auf Funktionen und Personen (Entwickler,Vertriebs- und Marketing-Mitarbeiter, Mitarbeiter der Geschäftsleitung oder sonstige Sonderbeauftragte)?

28) Wie lang sind Fachkräfte durchschnittlich im Unternehmen beschäftigt?

II. Arbeitsstrukturierung

29) Liegt ein eher projekt- oder phasenorientiertes Prinzip der Arbeitsverrichtung in der Produktion / Entwicklung vor?

30) Welche Rolle bzw. welchen praktischen Wert haben Arbeitsanweisungen oder interne Richtlinien zur Arbeitsverrichtung?

31) Existiert eine einheitliche Prozeßablaufbeschreibung zur Herstellung von Software? Welche Meilensteine sieht sie vor? Wie strikt ist sie? Wird sie tatsächlich streng eingehalten?

32) Sind Richtlinien für das Projektmanagement dokumentiert und werden regelmäßig vermittelt? An wen und wie häufig?

33) Wie wird die Bedeutung von Methoden und Tools eingeschätzt? Wie groß sind die Wahlmöglichkeiten? Existieren diesbezüglich einschränkende Vorschriften und / oder zentrale Datenbanken?

34) Wie groß sind diesbezüglich Handlungsspielräume von qualifizierten Fachkräften und von leitenden Fachkräften?

35) In welche Hierarchie sind Fachkräfte eingebunden?

36) Wieviele Fachgebiete bearbeitet durchschnittlich ein Projektleiter, wieviele ein Projektmitarbeiter?

37) Wie häufig wechselt ein Mitarbeiter sein Aufgabengebiet, wie häufig seine Arbeitsumgebung (z.B. Profitcenter oder Organisationseinheit)?

38) Wie unterscheiden sich die Richtlinien und die Realisierung für den Verrichtungsprozeß zur Erstellung von Standard- und Individualsoftware?

39) Wie sind die Individual- und Standardsoftwarewelten getrennt (disziplinarisch / räumlich)?

III. Planung und Steuerung

40) Welche Planungsebenen existieren?

41) Welchem Planungshorizont unterliegen die einzelnen Geschäftsfelder bzw. Geschäftsbereiche?

42) Wie kann die Informationspolitik des Unternehmens beschrieben werden?

43) In welcher Weise treffen die verschiedenen Führungsprinzipien zu (leistungsorientiert, autoritär, partizipativ und weitgehende Selbständigkeit aufgrund "individueller Intuition")?

44) Wie kann die Verteilung des Weisungsrechts ab Arbeitsgemeinschaften aufwärts beschrieben werden (Einlinien- und Mehrliniensysteme)?

45) Über welche Entscheidungsrechte (im Sinne von Gestaltungsbefugnissen) verfügen einzelne Stufen der Hierarchie?

- Zugriffskompetenz auf verschiedene Ressourcen,
- Mitsprache- und Antragskompetenzen,
- Anordnungskompetenz bezüglich bestimmter Maßnahmen und der
- Entscheidungskompetenz bezüglich grundsätzlicher Anweisungen und Richtlinien.

46) Sind Verantwortungs- und Kompetenzbereiche weitgehend deckungsgleich oder entstehen z.B. doppelte Wege, erhöhter Aufwand für Absprachen und Rückfragen?

47) Welchen Stellenwert hat die Qualitätskontrolle bei der Softwareproduktion? Wie wird sie realisiert? Welche Produktivitäts- und Qualitätsmessungen bzw. -kontrollen werden eingesetzt?

48) Welche Kontrollprinzipien und -mechanismen bestehen?

49) Welche Rolle spielt das Kostenmanagement (welche Kostenrechnung findet Anwendung: projektbezogene, stellenbezogene oder artenbezogene Rechnung)?

IV. Anreizsysteme / Motivation / Qualifizierung

50) Welche Formen des Anreizsystems (incentives) oder organisatorische Maßnahmen zur Steigerung der Motivation existieren?(z.B. gleitende Arbeitszeit (Wandlung der Überstunden in Freizeit), optionaler Urlaub neben Jahresfixum, Bildungsurlaub)?

51) Existiert ein Vorschlagswesen?

52) Wie häufig kommt es vor, daß ehemalige "U-Boote" zu erfolgreichen Produkten werden?

53) Wie ist die Anlernung der Mitarbeiter geregelt (organisierte Know-how-Weitergabe, Training on the job)?

54) Wie läuft die Weiterbildung im Unternehmen (festgelegte Weiterbildungsprogramme, Anreizsysteme, Karriereplanung etc)?

55) Welche Bedeutung wird Branchen-Know-how beigemessen? Wie wird es angelernt und gepflegt?

56) Wie wird Know-how bezüglich Querschnittsfunktionen eingeschätzt? Wie wird es angelernt und gepflegt?

57) Wie lange dauert es erfahrungsgemäß, bis Projektmitarbeiter bzw.Projektleiter annähernd vollwertig eingesetzt werden können?

C. Strategie

I. Ziele und Objekte der strategischen Planung

58) Welche Bedeutung haben die folgenden Zielgrößen für das Unternehmen:

- Wachstum (Größenvorteil),
- Kostenreduktion (Preisführer),
- Leistungsorientiert (Qualitätsführer),
- Innovation (Technologieführer),
- Herstellerunabhängigkeit und
- Marktführerschaft (Marktdominanz)?

59) Wie ermittelt das Unternehmen die Erfolgsfaktoren für seine wesentlichen Geschäftsfelder?

60) Wie wird das derzeitige Erfolgspotential softwarebezogener Produkte und Leistungen, differenziert nach Informationstechnologieebene und Leistungsart, beurteilt?

61) Welche Tendenzen werden erwartet?

62) Welche zukünftigen Schwerpunkte des Engagements werden hinsichtlich der Ebenen Informationstechnologie und Leistungsart gesetzt?

63) Wie unterscheiden sich, falls vorhanden, die geschäftsfeldbezogenen Strategien? Weichen sie zum Teil von der Unternehmensstrategie ab?

64) Existieren klar definierte Produktstrategien?

65) Wie verteilen sich die Verantwortlichkeiten und Kompetenzen im Falle verschiedener Produktstrategien?

66) Wie verteilen sich die Verantwortlichkeiten und Kompetenzen im Falle verschiedener Geschäftsbereichsstrategien?

67) Inwieweit wird das strategische Planungsziel "Kontinuität" beachtet (im operativen Tagesgeschäft, in der organisatorischen Struktur oder in der Außendarstellung)?

II. Durchführung und Umsetzung der strategischen Planung

68) Welchem Planungshorizont unterliegen die einzelnen Geschäftsfelder bzw. Geschäftsbereiche?

69) Wo liegt die Initiative und Verantwortung der strategischen Planung?

70) Wie verteilen sich die Kompetenzen strategische Zielsetzungen zu ändern (Unternehmens-, Geschäftsfeld- und Produktstrategie)?

71) Wie verteilen sich die Kompetenzen bezüglich strategischer Weisungen (d.h. außerhalb des operativen Geschäfts)?

72) In welchen Regelmäßigkeiten erfolgt eine Strategieanpassung:

- Systematisch (gemäß Turnus) oder eher
- sporadisch (nach Bedarf)?

73) Wie intensiv ist die Marktsteuerung? Wie wird sie berücksichtigt?

Anhang B: Fragebogen

Beschreibung des Leistungsprogramms und der Marktmerkmale der Unternehmensaufgabe

		Eigenschaft links trifft sehr stark zu — Indifferent — Eigenschaft rechts trifft sehr stark zu	
1) Die angebotenen Produkte und Leistungen sind	**homogen**	☐ ☐ ☐ ☐ ☐ ☐ ☐	**heterogen**
2) Die angebotenen Produkte und Leistungen sind	**einfach und überschaubar**	☐ ☐ ☐ ☐ ☐ ☐ ☐	**komplex und kompliziert**
3) Entscheidungen und Trends in der eingesetzten Technologie (Innovationszyklen) verlaufen	**kontinuierlich**	☐ ☐ ☐ ☐ ☐ ☐ ☐	**diskontinuierlich**
4) Unsicherheiten in der Entwicklung in Markt und Technologie sind	**gering**	☐ ☐ ☐ ☐ ☐ ☐ ☐	**sehr stark**
5) Die Kundenspezifität des Leistungsgrogramms ist	**niedrig**	☐ ☐ ☐ ☐ ☐ ☐ ☐	**sehr hoch**
6) Der Preiswettbewerb ist	**niedrig**	☐ ☐ ☐ ☐ ☐ ☐ ☐	**sehr hoch**
7) Die Anzahl der unmittelbaren Mitbewerber ist	**niedrig**	☐ ☐ ☐ ☐ ☐ ☐ ☐	**sehr hoch**
8) Die Markteintrittsbarrieren sind	**niedrig**	☐ ☐ ☐ ☐ ☐ ☐ ☐	**sehr hoch**
9) Die Marktaustrittsbarrieren sind	**niedrig**	☐ ☐ ☐ ☐ ☐ ☐ ☐	**sehr hoch**
10) Die Kapitalintensität eingesetzter Technologie ist	**niedrig**	☐ ☐ ☐ ☐ ☐ ☐ ☐	**sehr hoch**

S3-TG-0128-1

(vgl. Abbildung 5-1)

Kaufentscheidende Faktoren

Allgemeine Bedeutung der Faktoren für das Produkt-/Leistungsspektrum am Markt und Beurteilung der eigenen Stärke

	Wie sind die Faktoren hinsichtlich der Bedeutung für die Kaufentscheidung in dem Produkt-/Leistungsspekrtum Ihres Unternehmens aus Sicht des gesamten Marktes zu beurteilen?	Wie kann die Stärke des eigenen Unternehmens bezüglich der Faktoren beurteilt werden?
Aktualität der Technologie (Modernitätsgrad)		
Hoher Leistungs- /Funktionsumfang (Mächtigkeit)		
Hohe Qualität der Produkte und Leistungen (im Sinne der Produktsicherheit)		
Niedriger Preis		
Qualität von Service und Wartung		
Gewährleistung von hoher Kundennähe		
Hohe Qualifikation des Vertriebspersonals		
______________		
______________		

****** extrem wichtig / extrem stark** ***** sehr wichtig / sehr stark** **** wichtig / stark** *** nicht unbedeutend / gut**

S3-TG-0128-2

(vgl. Abbildung 4-14)

Strategische Zielsetzung

Welche Bedeutung läßt sich den folgenden strategischen Zielsetzungen für Ihr Unternehmen beimessen?

	Zielsetzung	Bemerkungen		
____	Größenvorteile (Economy of scale durch)	____________	****	extrem wichtig
____	Marktdominanz	____________	***	sehr wichtig
____	Preisführerschaft	____________	**	wichtig
____	Qualitätsvorsprung	____________	*	nicht unbedeutend
____	Technologieführerschaft	____________	-	nicht relevant
	Herstellerunabhängigkeit	____________		
	____________	____________		
	____________	____________		

S3-TG-0129-1

(vgl. Abbildung 5-2)

Literaturverzeichnis:

Bemerkung zur Zitierweise:

Die in den Klammern angegebene Jahreszahl bezieht sich auf das erste Erscheinungsjahr der jeweiligen Arbeit, sofern die neue Auflage nicht überarbeitet wurde. Die mit dem Verlagsort genannte Jahreszahl gibt das Erscheinungsjahr der verwendeten Auflage an.

Abdel-Hamid, T.K.; Madnick, S.E. (1990); The Elusive Silver Lining: How We Fail to Learn from Software Development Failures; in: Sloan Management Review, Fall 1990, S. 39 - 47

Andexer, H. (1991); AD/Cycle – Das IBM-Softwareentwicklungs-Konzept ... und wie geht es weiter?; in: Wirtschaftsinformatik, Jg. 33, Heft 1, Februar 1991, S. 26 - 32

Backhaus, K.; Piltz, K. (1990); Strategische Allianzen - eine neue Form kooperativen Wettbewerbs?; in: Zeitschrift für betriebswirtschaftliche Forschung, Jg. 42, Sonderheft 27/1990, S. 1 - 10

Backhaus, K.; Plinke, W. (1990); Strategische Allianzen als Antwort auf veränderte Wettbewerbsstrukturen; in: Zeitschrift für betriebswirtschaftliche Forschung, Jg. 42, Sonderheft 27/1990, S. 21 - 33

Bäuml, G. (1990); Der Markt für Informatikprodukte; in: Kurbel/Strunz (1990), S. 777 - 791

Bain, J.S. (1959); Industrial Organization, New York 1959

Balzert, H. (1990); CASE: Systeme und Werkzeuge, Mannheim 1990

Baumol, W.J.; Panzar, J.C.; Willig, R.D. (1982); Contestable Markets and the Theory of Industy Structure, New York 1982

BDU (1991); Boom in der Technikberatung; Bundesverband deutscher Unternehmensberater, Pressemitteilung; in: highTech, März 1991, S. 17

Benölken, H.; Greipel, P. (1990); Dienstleistungskultur, Wiesbaden 1990

Berchtold, R. (1990); Strategische Unternehmensplanung: Instrumente zur Umweltanalyse im Rahmen strategischer Unternehmensplanung, Augsburg 1990

Berkhoff, H.; Blumenthal, P. (1983); Kostenrechnung und Kalkulation für Software; in: Zeitschrift für Betriebswirtschaft, Jg. 53, Heft 4, 1983, S. 407 - 419

Bigler, W.R.; Kedia, B.L. (1988); Environment, Strategy, and Performance: an Emperical Analysis in Two Service Industries; in: Grant (1988), S. 181 - 211

Bischoff, R. (1990); Die Auswahl von Informatikprodukten; in: Kurbel/Strunz (1990), S. 793 - 811

Bleeke, J.A. (1990); Strategic Choices for Newly Opened Markets; in: Harvard Business Review, September-Oktober 1990, S. 158 - 165

Bleicher, K. (1979); Unternehmensentwicklung und organisatorische Gestaltung, Stuttgart 1979

Bock, K.W. (1986); Unternehmenserfolg und Organisation, Bonn 1986

Böbel, I. (1984); Wettbewerb und Industriestruktur - Industrial Organization im Überblick, Heidelberg 1984

Boehm, B.W. (1981); Wirtschaftliche Software-Produktion, Wiesbaden 1986*

Boehm, B.W. (1988); A Spiral Model of Software Development and Enhancement; in: IEEE Computer, May 1988, Vol. 21, S. 61 - 72

Bombach, G.; Gahlen, B.; Ott, A.E. (1985); Industrieökonomik: Theorie und Empirie, Tübingen 1985

Bourgeois, L.J. (1980); Strategy and environment: A conceptual integration; in: Academy of Management Review, Vol. 5, 1980, S. 25 - 39

Brandt, R. (1991); Can the U.S. Stay Ahead in Software?; in: Business Week, March 11, 1991, S. 62 - 67

Buchowicz, B.S. (1988); The Make or Buy Decision for Manufacturing Software: An Inquiry into the Formulation an Implementation of Technology Policy, Diss. Northwestern University, Ann Arbor 1988

Bühner, R. (1989); Strategie und Organisation; in: Zeitschrift für Organisation, 4/1989, S. 223 - 232

Bürger, F.C. (1991); Outsourcing: Manager haben den DV-Überblick verloren; in: Computerwoche 10, 8.3.1991, S. 24 - 25

Buttler, G.; Stegner, E. (1990); Industrielle Dienstleistungen; in: Zeitschrift für betriebswirtschaftliche Forschung, Jg. 42, 11/1990, S. 931 - 946

Card, D.N.; McGarry, F; Page, G.T. (1987); Evaluating Software Engineering Technologies; in: IEEE Transactions on Software Engineering, Vol. SE-13, No. 7, July 1987, S. 845 - 851

Cave, W.C.; Maymon, G.W. (1988); Leitfaden des Software-Projektmanagements, Wiesbaden 1988

Chandler, A.D. (1962); Strategy and Structure, 2. Aufl., Cambridge (Mass.) 1970*

Child, J. (1972); Organization structure, environment, and performance: The role of strategic choice; in: Sociology, Vol. 6, 1972, S. 1 - 22

Christensen, S. (1991); Die unendliche Geschichte - Vom CASE-Einstieg, -Ausstieg und -Umstieg; in: Computerwoche Focus, Nr. 3, 28.06 1991, S. 8 - 9 und S. 23

Davis, D. (1989); U.S. Giants Run a $ 50 Billion IS Tab; in: Datamation, 15.11.1989, S. 42 - 76

Dess, G.G.; Ireland, R.D.; Hitt, M.A. (1990); Industry Effects and Strategic Management Research; in: Journal of Management, Vol. 16, No. 1, 1990, S. 7 - 27

Diebold (1989); Softwaremanagement statt Flickschusterei; in: Diebold Management Report, 8/9-1989; S. 1 - 7

Diebold (1989a); Dynamik im Softwaremarkt; in: Diebold Management Report, 10/89, S. 1 - 5

Diebold (1989b); Software-Modellierkunst; in: Diebold Management Report, 11/1989, S. 1 - 6

Diebold (1990a); Standardsoftware: Sackgasse oder Innovation; in: Diebold Management Report, 2/1990, S. 1 - 8

Diebold (1990b); Hardwarehersteller: Freund oder Feind der Software- und Systemhäuser?; in: Diebold Management Report, 12/1990, S. 6 - 10

Dirlewanger, W. (1991); Outsourcing; in: Praxis der Informationsverarbeitung und Kommunikation (PIK) 14/1989, Nr. 2, S. 117 - 119

Dörfel, F. (1990); Software Engeneering zu Beginn der 90er Jahre: Von Ernüchterung zu Realismus; in: Online (1990), S. VI.09.01 - VI.09.12

Duncan, R. (1972); Characteristics of Organizational Environments and Perceived Environmental Uncertainty; in: Administrative Science Quarterly, Vol. 17, 1972, S. 313 - 327

Dworatschek, S.; Höcker, H. (1985); Möglichkeiten einer Bewertung software-technologischer Methoden; in: Angewandte Informatik, Jg. 5, 1985, S. 183 - 190

Eatwell, J.; Milgate, M.; Newman, P. (1987); The New Palgrave: A Dictionary of Economics, London 1987

EDV-Marketing (1991); Software-Übersicht, Hrsg: 1&1 EDV-Marketing GmbH, Kassel 1991

Elzer, P.F. (1989); Management von Softwareprojekten; in: Informatik-Spektrum 12/1989, S. 181 - 197

Emery, F.E.; Trist, E.L. (1965); The causal texture of orgnizational environments; in: Human Relations, Vol. 18, 1965, S. 21 - 32

Engelsing, J. (1991); Trend zum externen Informationsmanagement; in: Datacom 7/1991, S. 21 - 28

Eßlinger, A.E. (1990); Orientierung in einer dynamisch wachsenden Branche – das strategische Planungssystem der IBM; in: Herbsttagung der GSP 20./21. September 1990, München

Fähnrich, K.-P. (1990); CASE für graphisch interaktive Systeme; in: Online (1990), S. VI.01.01 - VI.01.34

Frank, W.L. (1983); Critical Issues in Software, A guide to Software Economics, Strategy, and Profitability, New York 1983

Fritz, W. (1990); Ansätze der Wettbewerbstheorie aus der Sicht der Marketingwissenschaft; in: Die Betriebswirtschaft, Jg. 50, 1990, S. 491 - 512

Fuchs, H.J. (1991); Fülle der Fakten; in: highTech, März 1991, S. 50 - 53

Geroski, P.A.; Masson, R.T. (1987); Dynamik models in industrial organization; in: International Journal of Industrial Organization, Vol. 5, 1987, S. 1 - 13

Gershkoff, I. (1990); The Make or Buy Game; in: Datamtion, February 15, 1990, S. 73 - 77

Gewald, K.; Schelle, H. (1981); Prognose von Software-Entwicklungskosten; in: Software: Moderne Methoden zur Planung, Realisierung und Kontrolle der Entwicklung; Molzberger, P. (Hrsg.), München 1981, S. 143 - 189

Giloi, W.K. (1981); Rechnerarchitektur, Berlin 1981

Ginsberg, A. (1984); Operationalizing Organizational Strategy: Toward an Integrative Framework; in: Academy of Management Review, Vol. 9, No. 3 1984, S. 548 - 557

Glaser, B.G.; Strauss, A.L. (1967); The Discovery of Grounded Theory: Strategies for Qualitative Research, New York, 1967

GMD (1983); Der Markt für Software, Systeme und DV-bezogene Dienstleistungen in der Bundesrepublik Deutschland, Gesellschaft für Mathematik und Datenverarbeitung (Hrsg.), Studie 74, St. Augustin 1983

GMD (1989); Der Software-Markt in der Bundesrepublik Deutschland; Gesellschaft für Mathematik und Datenverarbeitung (Hrsg.), Studie Nr. 167, St. Augustin 1989

Grant, J.H. (1988); Strategic management frontiers, 2. Aufl., Greenwich 1988

Grobe, H.-J.(1991); Informatik-Ausgliederung: Facettenreiches Problem; in: Diebold Management Report, 1/1991, S. 14 - 20

Hambrick, D.C. (1988); Strategies for mature industrial product businesses; in: Grant (1988), S. 107 - 137

Hanker, J. (1990); Die strategische Bedeutung der Informatik für Organisationen, Stuttgart 1990

Hanssmann, F. (1987); Einführung in die Systemforschung, München 1987

Harman, K.; McClure, Ch.R. (1985); Strategic Planning for Sponsored Projects Administration, Westport 1985

Harrington, J.E. (1987); Strategic Behaviour and Market Structure; in: Eatwell/Milgate/Newman (1987), S. 513 - 516

Hausen, H.-L.; Müllerburg, M.; Sneed, H.M. (1985); Software-Produktionsumgebungen, Köln 1985

Hay, G.A. (1987); Interaction of Market Structure nad Conduct; in: The Economics of Market Dominance, Hrsg.: Hay, D.; Vickers, J., Oxford 1987, S. 105 - 128

Hay, D.A.; Morris, D.J. (1979); Industrial Economics: Theorie and Evidence, Oxford 1979

v. Hayek. F.A. (1968); Der Wettbewerb als Entdeckungsverfahren, Kiel 1968

Heinen, E. (1985); Industriebetriebslehre, Wiesbaden 1985

Herrmann, G. (1991); Neue Organisationsformen des IV-Betreibs: Ourtsourcing, Facilities Management; in: Handbuch der modernen Datenverarbeitung 158/1991, S. 8 - 15

Herrmann, O. (1983); Kalkulation von Softwareentwicklungen, München 1983

Hildebrand, K. (1991); Klassifizierung von Software Tools; in: Wirtschaftsinformatik, Jg. 33, Heft 1, Februar 1991, S. 13 - 25

Hinterhuber, H.H. (1982); Wettbewerbsstrategie, Berlin 1982

Hinterhuber, H.H.; Winter, L. G. (1990); Individuum und Gruppe als Träger der Vision; in: Gablers Magazin 1/1990, S. 27 - 30

Höcker, H.-J. (1984); Die Bewertung von Software-Entwurfsmethoden, Bremen 1984

Hoch, D. (1990); Unternehmensorganisation als Netzwerk ermöglicht schnelle und flexible Reaktionen; in: Computer und Programme, Nr. 140, 24.7.1990, S. 19

Hughes, C.T.; Clark, J.D. (1990); The Stages of CASE Usage; in: Datamation, February 1st, 1990, S. 41 - 44

IDC (1990); Ausgaben für Datenverarbeitung; in: Wirtschaftswoche 9.3.1990, S. 68

IDC (1991); Markt unter zwei Aspekten; in: Online 6/1991, S. 14

Illingworth, V. (1990); Dictionary of Computing, Illingworth, V. (Hrsg.), New York 1990

Input (1988); Applications Software Opportunities – Western Erope; Input Ltd.(Hrsg.), London 1988

Input (1991); Applications Solutions Opportunities – Western Erope; Input Ltd.(Hrsg.), London 1991

iwd (1990); Industrielle Dienste – Do-it-yourself-Mentalität; in: Informationsdienst des Instituts der deutschen Wirtschaft, Jg. 47, 22.11.1990, S. 7

Jagoda, F. (1991); Outsourcing: Offenbarungseid des DV-Managers?; in: Diebold Management Review, 3/91, S. 3 - 8

Kaas, K.P. (1990); Marketing als Bewältigung von Informations- und Unsicherheitsproblemen im Markt; in: Die Betriebswirtschaft, 1990, Nr. 4, S. 539 - 548

Kaminski, B. (1990); CASE und Softwarequalität – löst der Einsatz von CASE-Tools das Qualitätsproblem?; in: Online (1990), S. VI.12.02 - VI.12.12

Kantzenbach, E. (1985); Bericht über die Generaldiskussion von A.E. Ott; in: Bombach/ Gahlen/Ott (1985), S. 333 - 335

Kay, A. (1989); Software; in: Computer-Anwendungen, Spektrum der Wissenschaft, Heidelberg 1989, S. 10 - 19

Keats, B.W.; Hitt, M.A. (1988); A causal model of linkages among environmental dimensions, macro orgnizational characteristics, and performance; in: Academy of Management Journal, Vol. 31, No. 3, S. 570 - 598

Kieser, A.; Kubicek, H. (1983); Organisation, 2. Aufl., Berlin 1983

Kirsch, W. (1990); Unternehmenspolitik und strategische Unternehmensführung, München 1990

Kirzner; I.M. (1987); Austrian School of Economics; in: Eatwell/Milgate/Newman (1987), S. 145 - 151

Klein, L.R. (1969); Essays in Industrial Economics, Pennsylvania 1969

Kreikebaum, H. (1989); Strategische Unternehmensplanung, Stuttgart 1989

Kurbel, K.; Strunz, H. (1990); Handbuch Wirtschaftsinformatik, Stuttgart 1990

Lawless, M.W.; Finch, L.K (1989); Choice and Determinism: A Test of Hrebiniak and Joyce´s Framework on Strategy-Environment Fit; in: Strategic Management Journal, Vol. 10, 1989, S. 351 - 365

Lehner, F. (1989); Organisation und methodische Unterstützung der Softwarewartung; in: Praxis der Informationsverarbeitung und Kommunikation (PIK) 12/1989, Nr. 3, S. 160 - 173

Lenz, R.R.; Engledow, J.L. (1986); Environmental Analysis; in: Strategic Management Journal, Vol. 7, 1986, S. 329 -346

Lippold, D. (1991); Jedes dritte Softwarehaus in einer gefährlichen Sackgasse; in: Computerwoche 26, 28. Juni 1991, S. 8

Ludewig, J. (1991); Software- und Automatisierungsprojekte – Beispiele aus der Praxis; Stuttgart 1991

Lünendonk (1990); Die größten DV-Beratungs- und Software-Unternehmen der Bundesrepublik Deutschland, Redaktionsbüro Lünendonk (Hrsg.), Bad Wörishofen 1990

Maenner, U. (1986); Der deutsche Software-Markt, Hamburg 1986

Marr, R. (1984); Betrieb und Umwelt; in: Vahlens Kompendium der Betriebswirtschaftslehre, Band 1, München 1984, S. 47 - 110

Mason, E.S. (1957); Economic Concentration and the Monopoly Problem, London 1957

McCann, J.E.; Selsky, J. (1984); Hyperturbulence and the Emergence of Type 5 Environments; in: Academy of Management Reviev, Vol. 9., No. 3, S. 460 - 470

McCusker, T. (1991); There is life after outsourcing; in: Datamation, 1.4.1991, S. 62 - 64

Merlyn, V.; Boone, G. (1990); The Ins and Outs of AD/Cycle; in: Datamation, March 1, 1990, S. 59 - 64

Mertens, R.; Borokowski, V.; Geis, W. (1990); Betriebliche Expertensystem-Anwendungen, 2. Aufl., Berlin 1990

Miles, R.E.; Snow, Ch.C. (1978); Organizational Strategy, Structure and Process, New York 1978

Miles, R.E.; Snow, Ch.C. (1986); Organizations: New Concepts for New Forms; in: California Management Review, Vol. 28, No. 3, Spring 1986, S. 62 - 73

Miles, R.E.; Snow, Ch.C.; Meyer, A.D.; Coleman Jr., H.J. (1978); Organizational Strategy, Structure, and Process; in: Academy of Management Review, July 1978, S. 546 - 562

Miller, D. (1981); Toward a new contingency Approach: The search for organizational gestalts; in: Journal of Management Studies, Vol. 18, No. 1, 1981, S. 1 - 26

Miller, D. (1982); Evolution And Revolution: A Quantum View of Structural Change in Organizations; in: Journal of Managemnt Studies, Vol. 19, No. 2, 1982, S. 131 - 151

Miller, D. (1983); The Correlates of Entrepreneurship in Three Types of Firms; in: Management Science, Vol. 29., No. 7, July 1983, S. 770 - 791

Miller, D. (1986); Configurations of Strategy and Structure: Towards a Synthesis; in: Strategic Management Journal, Vol. 7, 1986, S. 233 - 249

Miller, D. (1987); The Structural and Environmental Correlates of Business Strategy; in: Strategic Management Journal, Vol. 8, 1987, S. 55 - 76

Miller, D. (1988); Relating Porter´s Business Strategies to Environment and Structure: Analysis and Performance Implications; in: Academy of Management Journal, Vol. 31, No. 2, 1988, S. 280 - 308

Miller, D.; Dröge, C; Toulouse, J.-M. (1988); Strategic Process and Contnent as Mediators between Organizational Context and Structure; in: Academy of Management Journal, Vol. 31, 1988, S. 544 -569

Miller, D.; Friesen, P.H. (1978); Archetypes of Strategy Formulation; in: Management Science, Vol. 24, No. 9, 1978, S. 921 - 933

Miller, D.; Friesen, P.H. (1980); Archetypes of Organizational Transition; in: Administrative Science Quarterly, Vol. 25, June 1980, S. 268 - 299

Miller, D.; Friesen, P.H. (1983); Strategy-Making and Environment: The Third Link; in: Strategic Managemnt Journal, Vol. 4, 1983, S. 221 - 235

Miller, D.; Friesen, P.H. (1986a); Porter's (1980) Generic Strategies and Performance: An Empirical Examination with American Data, Part I: Testing Porter; in: Organization Studies, Vol. 7, No. 1, 1986, S. 37 - 55

Miller, D.; Friesen, P.H. (1986b); Porter's (1980) Generic Strategies and Performance: An Empirical Examination with American Data, Part II: Performance Implications; in: Organization Studies, Vol. 7, No. 3, 1986, S. 255 - 261

Minderlein, M. (1988); Markteintrittsbarrieren, Disskussionsbeitrag Heft 43 am Lehrstuhl für Allgemeine Betriebswirtschaftslehre und Unternehmensführung Universität Erlangen-Nürnberg, Nürnberg 1988

Mintzberg, H. (1979); The Structuring of Organizations, Englewood Cliffs 1979

Mintzberg, H. (1980); Structures in 5'S: A synthesis of the research on organization design; in: Management Science, Vol. 26, No. 3, March 1980, S. 322 - 341

Mintzberg, H. (1991); The Effective Organization; in: Sloan Management Review, Winter 1991, S. 54 - 67

Moad, J. (1990); Maintaining the competitive Edge; in: Datamation, February 15, 1990, S. 61 - 66

Moerike, M. (1991); Organisation der Qualitätssicherung; in: Handbuch der modernen Datenverarbeitung 158/1991, S. 16 - 26

Morarty, R.T.; Kosnik, Th.J. (1989); High-Tech Marketing: Concepts, Continuity, and Change; in: Sloan Management Review, Summer 1989, S. 7 - 17

Mosakowski, E.M. (1990); Structure, Strategy, and Performance of Entrepreneurial Firms: A Dynamic Analysis of the Computer Industry, Ann Arbor 1990

Neugebauer, U. (1985); Das Software-Unternehmen - Empirische Untersuchung des Unternehmensverhaltens und der Faktoren des Unternehmenserfolges; Diss. an der Ludwig-Maximilians-Universität München, München 1985

Neumann, M. (1979); Industrial Organization - Ein Überblick über die quantitative Forschung; in: Zeitschrift für Betriebswirtschaft, Jg. 49, 1979, S. 645 - 660

Niemeier, J. (1986); Wettbewerbsumwelt und interne Konfiguration, Frankfurt 1986

Nieschlag, R.; Dichtel, E.; Hörschgen, H. (1976); Marketing, Berlin 1976

Nippa, M. (1988); Gestaltungsgrundsätze für die Büroorganisation, Berlin 1988

Oberender, P (1989); Marktstruktur und Wettbewerb in ausgewählten Branchen der Bundesrepublik, München 1989

OECD (1985); Software: An Emerging Industry, Paris 1985

Online (1990); Software-Engeneering und Software-Werkzeuge, Kongressband VI der Online 1990, vom 5.2.90 bis 9.2.90; Fähnrich, K.-P. (Hrsg), Velbert 1990

Österle, H. (1989); Zukunft der Programmierung; in: Online Special, Mai 1989, S. 38 - 42

Ott, A.E. (1985); Einleitungsreferat zur Gesamtdiskussion der Industrieökonomik; in: Bombach/Gahlen/Ott (1985), S. 319 - 331

Otto, H. (1983); Kalkulation von Softwareprojekten, München 1983

Ovum (1990); IBM kassiert ein Drittel der europäischen SW-Investitionen; Pressemitteilung der Ovum Ltd., London; in: Computerwoche 33, 17. August 1990, S. 11

O.V. (1991); Hersteller: Kompensation im Software- und Servicegeschäft; in: Computerwoche, Jg. 18, 2/1991, S. 1

Pärli, H.G. (1985); Beobachtungen zur Entwicklung der Software-Branche; in: Seibt/Szyperski/Hasenkamp (1985), S. 267 - 277

Picot, A. (1990); Organisation; in: Vahlens Kompendium der Betriebswirtschaftslehre, Band 2, München 1984, S. 95 - 158

Picot, A. (1990a); Der Produktionsfaktor Information in der Unternehmensführung; in: Information Management 1/1990, S. 6 - 14

Picot, A. (1990b); Strukturwandel und Wettbewerbsdruck; in Zeitschrift für betriebswirtschaftliche Forschung, Jg. 42, 2/1990, S. 119 - 134

Picot, A.; Laub, U.-D.; Schneider, D. (1989); Innovative Unternehmensgründungen, Berlin 1989

Picot, A.; Reichwald, R. (1985); Bürokommunikation – Leitsätze für den Anwender, 2. Aufl., München 1985

Platz, G. (1983); Methoden der Softwareentwicklung, München 1988*

Platz, J. (1988); Produkt- und Projektstrukturierung; in: Schelle/Schwald (1988), S. 9 - 24

Pohl, M. (1991); Vom Projektmanagement zum Prozessmanagement, in Office Management, 5/1991, S. 14 - 24

Porter, M. (1980); Wettbewerbsstrategie, Frankfurt 1988*

Porter, M. (1985); Wettbewerbsvorteile, Frankfurt 1989*

Reid, G.C. (1989); Theories of Industrial Organization, New York 1989

Riedl, J.E.; Wirth, W.; Kretschmer, H. (1985); Kalkulation von Softwareprojekten zur Unterstützung des Controlling in Forschung und Entwicklung; in: Zeitschrift für betriebswirtschaftliche Forschung, Jg. 37, 11/1985, S. 993 - 1006

Rösch, M. (1991); Warten auf AD/Cycle; in: Computerwoche Focus, Nr. 3, 28.06 1991, S. 10 - 12

Rosenthal S.R.; Salzman, H. (1989); Managerial Challenges in Procuring Effective Applications Software; unveröffentlichtes Arbeitspapier am Center For Applied Social Science, Bosten University, July 1989

Rothhardt, G. (1987); Praxis der Softwareentwicklung, Heidelberg 1987

Ruf, W. (1988); Ein Software-Entwicklungs-System auf der Basis des Schnittstellen-Management-Ansatzes, Berlin 1988

Rumelt, R.P. (1974); Strategy, Structure, and Economic Performance, Cambridge (Mass.), 1974

Rutt, H.N. (1990); Die flexible Organisation - eine zeitoptimale Vielzweckmaschine; in: Harvard Manager, 3/1990, S. 62 - 72

Saalfrank, R.; Schelle, H.; Schnopp, R. (1987); Produktivitätseffekte von Aufwandseinflußgrößen bei der Softwareentwicklung; in: Angewandte Informatik 3/1987, S. 95 - 103

Salzman, H.; Rosenthal S.R. (1989); Organizational Dimensions of the Software Design Process: Applications Developed by Software Vendors; unveröffentlichtes Arbeitspapier Center For Applied Social Science, Bosten University, July 1989

Schäfer, G. (1990); Software; in: highTech 5/1990, S. 62

Schelle, H. (1988); Gedanken zu einer Betriebswirtschaftslehre der Software-Entwicklung und -Wartung; in: Schelle/Schwald (1988), S. 1 - 8

Schelle, H.; Schwald, A. (1988); Symposium Management von Softwareprojekten, Köln 1988

Scherer, F.M. (1980); Industrial Market Structure and Economic Performance, Chicago 1980

Scherer, F.M. (1985); Stand und Perspektiven der Industrieökonomie; in: Bombach/Gahlen/Ott (1985), S. 3 - 19

Schmidhäusler, F.J. (1990); Software: Brot der Softwarehäuser; in: Office Management, 11/1990, S. 69 - 70

Schmitz, P. (1990); Outsourcing – eine Modeerscheinung?; in: Wirtschaftsinformatik, Jg. 32, Heft 4, August 1990, S. 305 - 306

Schmalensee, R. (1987); Industrial Organization; in: Eatwell/Milgate/Newman (1987), S. 803 - 808

Schneider, H.-J. (1986); Lexikon der Informatik und Datenverarbeitung, Schneider, H.J. (Hrsg.), München 1986

Schulz, A. (1986); Ein Klassifizierungs und Bewertungsschema für Software-Engineering-Werkzeuge, insbesondere für CAS-Systeme; in: Angewandte Informatik, Jg. 5, 1986, S. 191 - 197

Schulz, A. (1988); Software-Entwurf: Methoden und Werkzeuge, München 1988

Schwald, A. (1988); Software-Werkzeuge für das Projektmanagement; in: Schelle/Schwald (1988), S. 69 - 85

Segev, E. (1989); A Systematic Comparative Analysis and Synthesis of Two Business-Level Strategic Typologies; in: Stategic Management Journal, Vol. 10, 1989, S. 487 - 505

Seibt, D.; Szyperski, N.; Hasenkamp, U. (1985); Angewandte Informatik, Braunschweig 1985

Smeltz, W.J; Miller, V.V. (1988); An Emperical and Historical Examination of how Organizations Manage and Manipulate their Environments; in: Grant (1988), S. 361 - 375

Sneed, H.M. (1986); Software-Entwicklungsmethodik, Köln 1986

Snow, Ch.C.; Hambrick, D.C. (1980); Measuring Organizational Strategies: Some Theoretical and Methodological Problems; in: Academy of Management Review, Vol. 5, No. 4, S. 527 538

Staehle, W. (1990); Management, 5. Aufl., München 1990

Stahlknecht, P. (1989); Einführung in die Wirtschaftsinformatik, 4. Aufl.,Berlin 1989

Steinbeißer, K.; Dräger, U. (1989); Ein betriebstypologisches Verfahren zur Segmentierung des Anwendungssoftware-Marktes; in: Informatik, Forschung und Entwicklung, No. 5, 1990, S. 63 - 71

Streicher, H. (1991); Software-Markt 1990: Größe als Faktor im Wettbeweb; in: Online, 6/1991, S. 32 - 36

Strunz, H. (1985); Strukturwandel in der Softwareindustrie; in: Seibt/Szyperski/Hasenkamp (1985), S. 279 - 287

Thome, R. (1990); Wirtschafltiche Informationsverarbeitung, München 1990

Thome, R. (1991); CASE – der Weg ist das Ziel; in: Wirtschaftsinformatik, Jg. 33, Heft 1, Februar 1991, S. 4 - 5

Thommen, J.-P. (1988); Managementorientierte Betriebswirtschaftslehre, Bern 1988

Tirole, J. (1989); The Theory of Industrial Organization, Cambridge (Mass.) 1989

Trux, W.; Müller-Stewens, G.; Kirsch, W. (1988); Das Management strategischer Programme, 1. Halbband, 3. Aufl., München 1988

Tse, E.; Syed, J. (1990); Industry Structure Modeling for competitive Analysis: An Integrated AI and Systems Approach; in: Computer Science in Economics and Management, Vol. 3, No. 1, 1990, S. 43 - 61

Tüschen, N. (1989); Unternehmungsplanung in Softwarehäusern; Bergisch Gladbach 1989

UBM (1989); Studie zur Zukunft der deutschen Softwareindustrie; Unternehmensberatung München (Hrsg.), München 1989

Venkatraman, N.; Camillus, J. (1984); Exploring the concept of ´fit´ in strategic management; in: Academy of Management Review, Vol. 9, 1984, S. 513 - 525

Welge, M.K. (1987); Unternehmensführung, Band 2: Organisation, Stuttgart 1987

Westly, F; Mintzberg, H. (1989); Visionary Leadership and Strategic Management; in: Strategic Management Journal, Vol. 10, 1989, S. 17 - 32

White, R.E. (1986); Generic Business Strategies, Organizational Context and Performance: An Empirical Investigation; in: Strategic Management Journal, Vol. 7, 1986, S. 217 - 231

Wiese, H. (1990); Netzeffekte und Kompatibilität, Stuttgart 1990

Williamson; O.E. (1990); Industrial Organization, Vermont 1990

Willig, R.D. (1987); Contestable Markets; in: Eatwell/Milgate/Newman (1987), S. 618 - 622

Whitaker, J.K. (1987); Alfred Marshall; in: Eatwell/Milgate/Newman (1987), S. 350 - 362

Whittington, R. (1988); Environmental Structure and Theories of Strategic Choice; in: Journal of Management Studies, Vol. 25, No. 6, November 1988, S. 521 - 536

Wohlgemuth, A. C. (1990); Dem Unternehmenserfolg auf der Spur; in: Die Unternehmung, 44. Jg. 1990, Nr. 1

Wollnik, M. (1988a); Ein Referenzmodell des Informations-Managements; in: Infomation Management, 3. Jg., 3/1988, S. 34-43

Wollnik, M. (1988b); Reorganisationstendenzen in der betrieblichen Informationsverarbeitung – Der Einfluß neuer informationstechnologischer Infrastrukturen; in: Handbuch der modernen Datenverarbeitung 142/1988, S. 62 - 80

* Die in den Klammern angegebene Jahreszahl bezieht sich auf das erste Erscheinungsjahr der jeweiligen Arbeit, sofern die neue Auflage nicht überarbeitet wurde. Die mit dem Verlagsort genannte Jahreszahl gibt das Erscheinungsjahr der verwendeten Auflage an.

Stichwortverzeichnis

UNTERNEHMENSENTWICKLUNG

INFORMATION · KOMMUNIKATION · ORGANISATION

Hans-Egbert Hubmann
Elektronisierung von Beschaffungsmärkten und Beschaffungshierarchien
Informationsverarbeitung im Beschaffungsmanagement unter dem Einfluß neuer I. und K.-Techniken
1989, Band 1, 305 Seiten, Manuskriptdruck, Paperback, DM 54,80, ISBN 3-88259-636-8

Ulf D. Laub
Zur Bewertung innovativer Unternehmensgründungen im institutionellen Zusammenhang
Eine empirisch gestützte Analyse
1989 Band 2, 306 Seiten, Manuskriptdruck, Paperback, DM 57,80, ISBN 3-88259-643-0

Agathe Kilian-Momm
Dezentralisierung von Büroarbeitsplätzen mit neuen Informations- und Kommunikationstechniken
Eine Analyse unter betriebswirtschaftlich-organisatorischen Aspekten
1989, Band 3, 340 Seiten, Manuskriptdruck, Paperback, DM 57,80, ISBN 3-88259-655-4

Eberhard Groetschel
Matrixprojektorganisation
Bedingungen für den erfolgreichen Einsatz in industriellen Großunternehmen
1989, Band 4, 210 Seiten, Manuskriptdruck, Paperback, DM 36,80, ISBN 3-88259-678-3

Günter Seeser
Strategische Planung von Technologien zur Unterstützung des Entwicklungsprozesses
Entwicklung einer Konzeption und Anwendung am Beispiel des CAE - Verbundes im Automobilbau
1990, Band 5, 256 Seiten, Manuskriptdruck, Paperback, DM 44,80, ISBN 3-88259-714-3

Edgar Wittmann
Neue Informations- und Kommunikationstechnik und Macht in der Unternehmung
1990, Band 6, 328 Seiten, Manuskriptdruck Paperback, DM 57,80, ISBN 3-88259-737-2

Franz Xaver Straßburger
ISDN - Chancen und Risiken eines integrierten Telekommunikationskonzeptes aus betriebswirtschaftlicher Sicht
1990, Band 7, 330 Seiten, Manuskriptdruck, Paperback, DM 55,80, ISBN 3-88259-748-8

Cornelius Baur
Make-or-Buy-Entscheidungen in einem Unternehmen der Automobilindustrie - empirische Analyse und Gestaltung der Fertigungstiefe aus transaktionskostentheoretischer Sicht
1990, Band 8, 286 Seiten, Manuskriptdruck, Paperback, DM 42,80, ISBN 3-88259-769-0

Matthias Maier
Theoretische Bezugsrahmen und Methoden zur Gestaltung computergestützter Informationssysteme
1990, Band 9, 249 Seiten, Manuskriptdruck, Paperback, DM 43,80, ISBN 3-88259-775-5

Heinrich Seidlmeier
Kostenrechnung und wissensbasierte Systeme
Theoretische Überlegungen und Entwicklung eines prototypischen Anwendungssystems
1991, Band 10, 244 Seiten, Manuskriptdruck, Paperback, DM 44,80, ISBN 3-88259-870-0

VVF

Wolfgang Brezina
Unternehmensstrategie und FuE-Strategie
Ein neuer Ansatz zur Nutzung von Synergien im FuE-Bereich und zwischen Geschäftseinheiten
1991, Band 11, 148 Seiten, Manuskriptdruck, Paperback, DM 27,80, ISBN 3-88259-874-3

Christian Mantke
Methodik zur wirtschaftlichen und strategischen Bewertung von CIM bei Einzel- und Kleinstserienfertigung
1991, Band 12, 150 Seiten, Manuskriptdruck, Paperback, DM 29,80, ISBN 3-88259-879-4

VVF